ABC DU BAC

Excellence

LA MENTION EN PLUS

W0203592

# Anglais

## 2de - 1re - Term

Christelle Brouteele-Guille

Caroline Gallicher-Falguière

Avec la collaboration
de Regan Kramer

Le papier de cet ouvrage est composé de fibres naturelles, renouvelables et fabriquées à partir de bois provenant de forêts gérées de manière responsable.

Nathan

# Mode d'emploi

*Un ouvrage efficace pour réviser et aller plus loin*

## PARTIE 1 – FICHES DE GRAMMAIRE

- **24 fiches de grammaire** pour vous accompagner tout au long du lycée, de la Seconde à la Terminale.
- **Des explications simples** et toujours illustrées par des exemples traduits en français.
- Chaque fiche propose **des exercices d'application corrigés**, de difficulté progressive, pour bien assimiler les règles.

## PARTIE 2 – LES NOTIONS DU LYCÉE – 2de, 1re, Term

### COURS

- Un **cours très complet en anglais** qui vous propose des axes d'analyse sur toutes les **notions du programme**.
- Des petits encadrés donnent **des informations complémentaires**, du vocabulaire…

### REPÈRES

- Des **biographies**, des zooms sur des éléments de **civilisation**…
- Des suggestions de **livres à lire**, de **films à voir**…

### LEXIQUE

- **Les mots indispensables** associés au thème du chapitre, pour mieux comprendre et s'exprimer plus facilement.
- Un classement par **sous-thèmes** pour faciliter la mémorisation.

### MÉTHODE pour le BAC

- **Des méthodes claires et efficaces** pour maîtriser tous les savoir-faire de l'épreuve du bac.
- Des **conseils** et **astuces utiles** et concrets pour réussir.

## SUJET de BAC

- **Des extraits de vrais sujets de bac** construits comme ceux proposés au bac, pour vous entraîner à l'épreuve et vous mettre en situation.

## CORRIGÉS

- Les corrigés sont **entièrement rédigés.**
- Ils sont accompagnés de petits encadrés présentant **des conseils**, **des remarques**, **des astuces** pour gagner des points…

## CAHIER SPÉCIAL ORAL

- **La présentation claire et détaillée de l'épreuve d'oral** au bac, selon les séries.
- La méthodologie de **la compréhension orale** et de **l'expression orale**.
- **Des enregistrements audio**, avec des grilles d'analyse pour s'entraîner.

## ANNEXES

- Des cartes des États-Unis et des Îles britanniques,
- des tableaux récapitulatifs de grammaire,
- les erreurs à éviter,
- les principaux faux-amis,
- les principaux verbes irréguliers…

**Connectez-vous à abcbac.com**

GRAMMAIRE
COURS
REPÈRES
LEXIQUE
MÉTHODE pour le BAC
SUJET de BAC


ISBN : 978-2-09-188090-7

# SOMMAIRE

## PARTIE 2 - LES NOTIONS DU LYCÉE – 2de, 1re, Term

### CHAPITRE 1 L'art de vivre ensemble – *The Art of Living Together*



### CHAPITRE 2 Espaces et échanges – *Spaces and Exchanges*



### CHAPITRE 3 L'idée de progrès – *The Idea of Progress*



### CHAPITRE 4 Lieux et formes du pouvoir – *Places and Forms of Power*



### CHAPITRE 5 Mythes et héros – *Myths and Heroes*

## CAHIER SPÉCIAL ORAL



**ANNEXES**

# DESCRIPTION DE L'ÉPREUVE ÉCRITE

*Pour l'épreuve orale, reportez-vous au Cahier Spécial Oral, p. 237*

■ L'épreuve de langue vivante obligatoire au baccalauréat comporte **une épreuve écrite** et **une épreuve orale**, respectivement notées sur 20 points. La note globale de l'épreuve est obtenue en faisant la moyenne de ces deux notes.

■ Toutes les épreuves prennent appui sur **une ou plusieurs des quatre notions** étudiées en classes de Première et de Terminale.

## 1 Coefficients et durée de l'épreuve écrite

| | | L | ES et S | STI2D, STD2A, STL | STMG | ST2S |
|---|---|---|---|---|---|---|
| Coefficient | LV1 | 4 | 3 | 2 | 3 | 2 |
| | LV2 | 4 | 2 | 2 | 2 | 2 |
| Durée | LV1 | 3 h | 3 h | 2 h | 2 h | 2 h |
| | LV2 | 3 h | 2 h | 2 h | 2 h | 2 h |

## 2 Structure de l'épreuve écrite

■ L'épreuve écrite comprend deux sous-parties : la première sous-partie porte sur la **compréhension de l'écrit** et la seconde sur l'**expression écrite**.

### Première sous-partie : compréhension de l'écrit

■ Elle est notée sur 10 points, au demi-point près.

■ Cette épreuve prend appui sur **un, deux ou trois documents en anglais**. Ces documents peuvent relever de différents genres (extraits d'œuvres littéraires ou d'articles de presse) et être informatifs, descriptifs, narratifs ou argumentatifs.

■ Certains documents peuvent comporter des **éléments iconographiques**. Ils renvoient aux notions du programme, sans exiger de connaissances trop spécifiques.

## Deuxième sous-partie : expression écrite

- Elle est notée sur 10 points, au demi-point près.
- Le candidat devra rédiger **un ou plusieurs textes construits**, prenant appui sur des événements, des faits, ou des prises de position qu'il aura identifiées dans le(s) document(s) de la compréhension écrite ou, **pour les LV1, construire une argumentation personnelle** à partir des mêmes documents ou d'un nouveau document « tremplin » en relation avec la compréhension écrite.
- Cette épreuve vise à évaluer l'aptitude du candidat à rédiger **un ou des textes cohérents** et **clairement articulés** dans un **anglais correct**, compréhensible et aussi précis que possible.
- Les **LV1** sont évalués aussi sur leur aptitude à **exprimer une opinion de façon nuancée et argumentée**.

# MÉTHODOLOGIE POUR L'ÉPREUVE ÉCRITE

■ L'épreuve écrite se compose de deux parties complémentaires (compréhension et expression), que vous traiterez différemment et qui chacune compte pour un quart de la note globale.
■ Comme dans toute épreuve écrite, il faut **soigner l'écriture et la présentation** et il faut **surveiller l'heure** pour garder un temps de relecture.

## 1. Compréhension écrite

■ Dans la **compréhension écrite**, il s'agit de montrer au correcteur que vous avez très **bien compris les documents**. Vous êtes amené à reformuler le texte ou à justifier vos réponses en le citant. Par conséquent :

• **Lisez** d'abord attentivement les documents et les questions qui vont vous guider vers une compréhension fine des documents.

• **Relisez** les documents et **soulignez** les mots et les expressions significatifs. Ils vous aideront à répondre aux questions. N'hésitez pas à utiliser différentes couleurs pour gagner du temps car vous ne pourrez pas tout rédiger au brouillon.

• Lorsque vous avez une vision claire des documents, **répondez dans l'ordre** aux questions. Vérifiez que vous n'avez pas oublié de justifier lorsqu'on vous le demande. N'oubliez pas de mettre entre guillemets les citations et d'en indiquer les lignes.

• **Répondez clairement et simplement** en reprenant la formulation de la question et en employant le même temps verbal. N'hésitez pas à préciser et à clarifier, par exemple en indiquant quel est le mot auquel renvoie un pronom.

• **Relisez vos réponses** avant de passer à la seconde partie de l'épreuve.

## 2. Expression écrite

■ Dans **l'expression écrite**, vous allez rédiger une ou deux réponses en prenant appui sur les documents de la compréhension écrite. On évalue votre capacité à construire une argumentation personnelle, cohérente et articulée, dans une langue claire et aussi précise que possible.

• Si vous devez choisir entre deux questions, lisez-les bien avant de vous décider.

• **Faites un plan** et une première recherche d'idées et de vocabulaire.

• **Rédigez un brouillon** sur lequel vous allez travailler.

• **Relisez votre brouillon** et enrichissez-le : variez le vocabulaire, cherchez les structures qui expriment aussi précisément que possible votre pensée, utilisez des mots de liaison… Vous pouvez réutiliser des structures ou des formulations des documents, mais à condition d'en introduire d'autres, de les commenter ou les nuancer.

- **Recopiez au propre** en soignant l'écriture et l'orthographe : vérifiez les accents, formez bien les lettres finales des verbes et des mots…
- **Relisez bien** avant de conclure votre travail.

# PARTIE 1

# Fiches de grammaire

# 1 DÉNOMBRABLES ET INDÉNOMBRABLES

## 1 Comment les reconnaître

• Un nom est **dénombrable** lorsqu'il désigne un ou des éléments que l'on peut compter séparément : un, deux, trois, quatre, cinq, etc. Exemples : *chair, car, house, student, window, book...*

• Un nom est **indénombrable** lorsqu'il désigne un élément que l'on ne peut séparer en unités (liquides, noms abstraits comme « l'argent », « la violence »...). Pour le compter, on utilise une unité de mesure spécifique telle que les litres, les bouteilles, les tonneaux, les kilogrammes, les verres...

**Attention**
Les sommes d'argent restent au singulier.
→ *Ten dollar**s is** a lot of money.*

• Il y a de nombreuses différences entre le français et l'anglais. Sont indénombrables en anglais :
– les noms de matériaux et d'aliments : *wool* la laine, *milk* le lait, *bread* le pain, *tea* le thé
– les noms renvoyant à un ensemble d'éléments concrets ou à une notion abstraite :
  • **éléments concrets** : *furniture* les meubles, *hair* les cheveux, *rubbish/trash* les ordures, *luggage* les bagages
  • **notions abstraites** : *advice* les conseils, *evidence* des preuves, *news* des nouvelles, *information* des renseignements, *progress* le/les progrès, *knowledge* les connaissances/le savoir, *research* la (les) recherche(s), *damage* les dégâts, *growth* la croissance, *work* le travail/l'emploi, *business* les affaires.

**Attention**
Ces mots (même *news*) n'ont qu'une forme singulier (ils sont invariables), ils ne peuvent être précédés de *a/an* et sont toujours suivis d'un verbe au singulier.

## 2 Comment fragmenter les noms indénombrables

• Si l'on veut faire référence à un seul ou à plusieurs éléments, on peut utiliser *a piece of* ou simplement *some*.
→ *Furniture* des meubles, le mobilier, *a piece of furniture* un meuble
→ *Information* des renseignements, *some information* un renseignement
→ *News* des nouvelles, *some news* une nouvelle

• Mais certaines expressions sont particulières :
→ *A fit of anger / madness* une crise de colère / de folie
→ *A stroke of genius* un trait de génie
→ *A lump of sugar* un morceau de sucre
→ *A loaf of bread* une miche de pain (un pain)

**Attention**
*A piece of bread* un morceau de pain

GRAMMAIRE

## 3 Quelques particularités

• ***People*** a un sens collectif mais se comporte grammaticalement comme un dénombrable :

→ ***Many** people **are** happy.* Beaucoup de gens sont heureux.

Il peut être précédé de *a/an* et prendre la marque du pluriel uniquement dans le cas où il signifie : le(s) peuple(s).

→ *The Incas were **a** South American people.* Les Incas étaient un peuple d'Amérique du Sud.

→ *The people**s** of the world* les peuples du monde.

• **Certains noms terminés en -*s*** sont toujours suivis d'un verbe au singulier : *news, mathematics* (et tous les noms en *–ics*), *the United States, the Netherlands.*

→ *Physic<u>s</u> **is** a fascinating subject.* La physique est une matière passionnante.

→ *The United State<u>s</u> **is** one of the most powerful countries in the world.* Les États-Unis sont l'un des pays les plus puissants du monde.

→ *This **is** good news.* Ce sont de bonnes nouvelles.

• En anglais britannique, certains noms sont suivis d'un verbe au singulier lorsqu'ils désignent le groupe dans son ensemble et d'un verbe au pluriel lorsqu'ils parlent des éléments du groupe : *government, family, crowd, audience.* En anglais US, ils restent singuliers.

→ *The typical family **is** composed of a father, a mother and two children.* La famille typique est composée d'un père , d'une mère et de deux enfants.

→ *My family **are** very angry with me.* Ma famille est en colère contre moi.

→ *The government **has** decided to pay for the damage.* Le gouvernement a décidé de payer les dégâts.

→ *The government **were** gathered in the castle.* Le gouvernement était réuni dans le château.

• ***Sheep* et *fish* ne prennent jamais la marque du pluriel**. Ils sont suivis tantôt d'un verbe au pluriel tantôt d'un verbe au singulier et sont précédés ou non de l'article *a* selon qu'ils renvoient à une unité ou à l'ensemble.

→ *They could see a sheep ; the sheep was lonely.* Ils voyaient un mouton ; le mouton était seul.

→ *The sheep are in the barn.* Les moutons sont dans la grange.

• **Certains noms changent de sens** selon qu'ils sont dénombrables ou indénombrables.

→ *I couldn't buy any **papers** because it's Sunday and all the shops are closed.* Je n'ai pas pu acheter de journal parce que c'est dimanche et tous les magasins sont fermés (dénombrable).

→ *Can you lend me some wrapping **paper**?* Peux-tu me prêter du papier cadeau ? (indénombrable)

→ *I need **an iron** to iron my shirt.* J'ai besoin d'un fer à repasser pour repasser ma chemise (dénombrable).

→ *Popeye always eats a lot of spinach because it is full of **iron** and makes him strong.* Popeye mange toujours beaucoup d'épinards parce que c'est plein de fer et que cela le rend fort (indénombrable).

## Exercices

**1** **Classer les mots suivants en deux catégories : dénombrables et indénombrables.** ➔ Corrigé p. 81

*Book, pencil, happiness, milk, love, river, flower, beauty, anger, house.*

**2** **Trouver et corriger les erreurs dans les phrases suivantes.** ➔ Corrigé p. 81

**1.** *I am sorry, but the news are bad.*
**2.** *Can you help me, please? I need an advice.*
**3.** *You aren't allowed to take your luggages with you.*
**4.** *The cinema was empty. There wasn't much people.*
**5.** *The young couple only had a few furniture.*
**6.** *Economics were my favourite subject at the time!*

**3** **Traduire.** ➔ Corrigé p. 81

**1.** Je vais te donner trois conseils.
**2.** Les renseignements fournis étaient faux.
**3.** Attendez s'il vous plait avant de prendre mes bagages.
**4.** Les nouvelles que je viens de recevoir ne sont pas bonnes.
**5.** Pourquoi y a-t-il tant de gens aujourd'hui ?
**6.** Les peuples d'Europe devraient s'entendre.

# 2 LES QUANTIFIEURS INDÉFINIS *SOME, ANY, NO*

Ils expriment une certaine quantité qui n'est pas précise, qui est indéfinie.

## 1 *Some, any, no*

• **Dans les phrases affirmatives,** on emploie ***some.***
➔ *I have got some very interesting new photographs to show you.* J'ai de nouvelles photos très intéressantes à vous montrer.

• **Dans les phrases négatives** on utilise ***not any*** ou ***no.***
➔ *I am sorry but we have**n't** got **any** magazines* ou *I am sorry but we have got **no** magazines.* Je suis désolé mais nous n'avons pas de magazines.

• Devant les noms **dénombrables singuliers,** on préfère utiliser ***a*** plutôt que ***not... any*** :
➔ *He has **not** got **any** brothers and sisters.* Il n'a pas de frères et sœurs. (*Not any* est ici correct, car utilisé avec un nom pluriel).
➔ *He has **not** got **a** car.* Il n'a pas de voiture. (*Not any* ne serait pas correct, car il s'agit d'un dénombrable singulier).

• **Dans les phrases interrogatives :**
– lorsqu'on ne connaît vraiment pas la réponse (peu, pas, ou beaucoup), on utilise ***any***.
➔ *Do you have any change?* Avez-vous de la monnaie ?
– mais dans les questions purement formelles (questions de politesse qui sont des offres), on utilise ***some*** :
➔ *Would you like some coffee?* Voulez-vous du café ? (si on en propose, c'est qu'il y en a !)

• **Emploi particulier de *any* dans une phrase affirmative :**
Il prend en compte toutes les possibilités de choix qui s'offrent.
➔ *You can choose any book you want.* Tu peux choisir n'importe quel livre (celui que tu veux).

• **Emploi de *any* avec d'autres mots négatifs que *not* :**
➔ *He left without any money.* Il est parti sans argent.
➔ *He had hardly any money on him.* Il n'avait presque pas d'argent sur lui.

Donc *without* et *hardly* sont considérés comme des mots négatifs.

## 2 Les composés de *some, any, no* suivent les mêmes règles

• ***Someone, somebody*** : quelqu'un

➔ *So finally someone arrived and told me to come in.* Donc finalement quelqu'un est arrivé et m'a dit d'entrer.

• ***Somewhere*** : quelque part

➔ *This little town must be somewhere in Wales.* Cette petite ville doit être quelque part au pays de Galles.

• ***Something*** : quelque chose

➔ *He wanted something new.* Il voulait quelque chose de nouveau.

• ***Anyone, anybody*** : quelqu'un / n'importe qui

➔ *Has anybody seen my pullover?* Est-ce que quelqu'un a vu mon pull ?

➔ *Anybody can come, of course!* N'importe qui peut venir, bien sûr !

• ***Anywhere*** : quelque part, n'importe où

➔ *Where do you want to go? Anywhere, I don't mind.* Où veux-tu aller ? N'importe où, cela m'est égal.

• ***Anything*** : n'importe quoi

➔ *He could have given her anything.* Il aurait pu lui offrir n'importe quoi (au sens : les choses les plus chères…).

• ***No one, nobody*** : personne

➔ *There was absolutely nobody.* Il n'y avait absolument personne.

• ***Nowhere*** : nulle part

➔ *I have nowhere to go.* Je n'ai nulle part où aller.

• ***Nothing*** : rien

➔ *He said nothing.* Il ne disait rien.

## Exercices

### 1 Réécrire ces phrases en utilisant *no*.

➔ Corrigé p. 81

1. *Sarah hasn't got any children.*
2. *These people haven't got any money.*
3. *There aren't any people leaving in this part of the country.*
4. *They haven't put any pictures on this wall.*

### 2 Réécrire ces phrases en utilisant *not… any*.

➔ Corrigé p. 81

1. *There is no coffee left.*
2. *We have got no books at all.*
3. *This little boy has got no friends.*
4. *There are no buses today.*

GRAMMAIRE

# 3 D'AUTRES QUANTIFIEURS

## 1 *Both, each, every, several…*

- ***Both*** : les deux

→ *Both children were rather happy.* Les deux enfants étaient plutôt heureux.
→ *Both of them enjoyed being together.* Tous les deux appréciaient d'être ensemble.

- ***Each*** + nom singulier : chaque

→ *Each bedroom had its own bathroom. What luxury!* Chaque chambre avait sa salle de bains. Quel luxe !
→ *Each of you should make an effort.* Chacun d'entre vous devrait faire un effort.

- ***Every*** + nom singulier : chaque / tous.

Le sens est presque le même que pour ***each***, mais ***every*** considère plutôt les éléments dans leur ensemble au lieu de les prendre un par un.

→ *Every day we went to the same places, it was boring.* Tous les jours (chaque jour) nous allions aux mêmes endroits, c'était ennuyeux.

**Remarque**

*Every* est le seul quantifieur à n'être jamais suivi de *of*.

- ***Most*** : la plupart

→ *Most people are on holiday in August in France.* La plupart des gens sont en vacances en août en France.
→ *Most of them like going to the seaside.* La plupart d'entre eux aiment aller au bord de la mer.
→ *Most of the people I know are going abroad to study.* La plupart des gens que je connais vont à l'étranger pour étudier.

**Attention !**

Ne pas confondre ***most*** avec ***the most*** (→ Fiche 6 : le superlatif).

- ***Whole*** : tout, tout entier

→ *The whole school was making fun of them.* Toute l'école se moquait d'eux.

- ***All*** : tout, tous

→ *All the people are happy now.* Tous les gens sont heureux maintenant.
→ *All of them were present.* Tous étaient présents.

- ***Several*** : plusieurs

→ *I could see several friends in the assembly.* Je voyais plusieurs amis dans l'assemblée.
→ *Several of them had come from very far away.* Plusieurs d'entre eux étaient venus de très loin.

## 2 *Few, little, many, much*

| | Dénombrables | Indénombrables |
|---|---|---|
| Petite quantité | ***Few*** peu de<br>→ *This writer is more a poet than a playwright, in the end he wrote more poems and very* ***few*** *plays.* Cet écrivain est plus un poète qu'un dramaturge, finalement il a écrit beaucoup de poèmes et peu de pièces de théâtre. | ***Little*** peu de<br>→ *He showed very* ***little*** *patience.* Il a fait preuve de très peu de patience. |
| | ***A few*** quelques<br>→ *I will tell you* ***a few*** *other stories.* Je te raconterai quelques autres histoires. | ***A little*** un peu de<br>→ *I had* ***a little*** *time before taking the train so I could go shopping.* J'avais un peu de temps avant de prendre le train, alors j'ai pu faire des courses. |
| | ***Fewer*** moins de<br>→ *There were* ***fewer*** *students than I had expected.* Il y avait moins d'étudiants que je ne l'avais imaginé. | ***Less*** moins de<br>→ *She had* ***less*** *money at this time of her life.* Elle avait moins d'argent à cette période de sa vie. |
| Grande quantité | ***Many*** beaucoup<br>→ *Did they ask* ***many*** *questions?* Ont-ils posé beaucoup de questions ? | ***Much*** beaucoup<br>→ *There wasn't* ***much*** *water.* Il n'y avait pas beaucoup d'eau. |

**Remarque**

*Much* et *many* s'utilisent surtout dans les phrases interrogatives et négatives. On les remplace par *a lot of* dans les phrases affirmatives.

→ *The child ate* ***a lot of*** *cookies.* L'enfant a mangé beaucoup de gâteaux.

→ *We heard* ***a lot of*** *noise.* Nous avons entendu beaucoup de bruit.

## Exercices

**1 Choisissez la bonne solution.** → Corrigé p. 81

**1.** *The comment meant nothing to …….. the children who were there.*
*a) more b) most of c) few d) several*

**2.** *…….. project will have to be illustrated by genuine photographs.*
*a) Both b) Whole c) Few d) Each*

**3.** *They spent their …….. lives saving money in order to buy this house.*
*a) several b) little c) whole d) most*

**4.** …….. *the children were so happy.*
*a) all* *b) whole* *c) little* *d) both*
**5.** *There were …….. famous celebrities who were taking part in the demonstration.*
*a) most of* *b) little* *c) every* *d) several*
**6.** *They smiled first and then …….. them burst out laughing.*
*a) whole* *b) a few* *c) both of* *d) some*

**2** **Choisir entre *little, a little, few, a few* pour compléter les blancs.** ➔ Corrigé p. 82

**1.** *During the war, people were hungry, there was so …….. food.*
**2.** *In life you always need …….. luck.*
**3.** *There are …….. buses at night in big towns.*
**4.** *Ok, I think I need …….. time to think about it.*
**5.** *There were only …….. famous film stars in Cannes this year. It was disappointing.*

**3** **Choisir entre *much* et *many* pour compléter ces phrases.** ➔ Corrigé p. 82

**1.** *Did …….. students fail the exam?*
**2.** *We haven't got …….. petrol left.*
**3.** *I haven't seen my best friend for …….. years.*
**4.** *Oh no! You bought too …….. bread!*
**5.** *We were lucky last winter: there wasn't …….. snow.*

# 4 LES DÉTERMINANTS

La correspondance entre les systèmes français et anglais de détermination est limitée.
*A/an* correspond à peu près à « un/une » et *the* à « le/la/les ».
On peut dire qu'il y a trois types d'articles en anglais : *a/an* – *the* – *Ø*.
Chacun de ces déterminants permet d'envisager le nom de façon différente.

## 1 On parle d'un élément parmi d'autres sans véritable détermination (indéfini) : *a/an*

- Lorsqu'on parle d'un élément parmi d'autres, l'article est indéfini.

→ *I just saw a beautiful bird in the garden.* Je viens de voir un oiseau magnifique dans le jardin.

### A. On utilise *a* devant un son-consonne et *an* devant un son-voyelle.

→ ***A** bird* (son-consonne), mais ***an** animal* (son-voyelle)
Mais **attention :**

- Les graphies « eu » *(a European)*, « u » *(a university)*, « y » *(a year)* ou encore « h » *(a hotel, a house, a horse)* sont souvent des sons-consonnes et prennent donc ***a*** comme article.
- Le « h » est aspiré (*hotel, home, house…*) et il prend ***a*** comme article. Mais il y a **quatre exceptions**, où le « h » n'est pas aspiré : *honest* honnête, *heir* héritier, *hour* heure, *honour* honneur. Ces mots prennent donc ***an*** comme article :

→ *He is **an** honest person.* C'est une personne honnête.
→ ***An** heir to the throne was born last night.* Un héritier pour le trône est né la nuit dernière.
→ *It is **an** honour for me.* C'est un honneur pour moi.
→ *Half **an** hour* une demi-heure

**Conseil**
Il est préférable dans ces cas de vérifier la prononciation de la première lettre du mot dans un dictionnaire.

**Attention**
Il y a une 5e exception en **anglais US**, où le « h » de *herb* n'est pas aspiré :
→ *thyme is **an** herb.*

### B. *A/an* n'a pas de pluriel : on utilise alors le déterminant Ø.

→ *I just saw Ø beautiful birds in the garden.* Je viens de voir des oiseaux magnifiques dans le jardin.

### C. *A*, dans quelques cas particuliers

- **Les noms de métiers**

→ *He is **a** doctor.* Il est médecin. (Il y a un article en anglais, mais pas en français)

- **Les indénombrables** : on n'utilise jamais *a/an* avec les indénombrables, on le remplace souvent par *some* :

→ *The detective needed some evidence.* Le détective avait besoin d'une preuve.

> **Attention**
> Deux exceptions :
> *What a shame!* Quelle honte !
> *What a pity!* Quel dommage !

- **Dans certaines expressions :**

→ *It costs 3 pounds a kilo.* Ça coûte 3 £ au kilo.

→ *She ran 5 kilometers a day.* Elle courait 5 kilomètres par jour.

→ *They usually come twice a month.* D'habitude, ils viennent deux fois par mois.

## 2 On parle d'un élément connu de tous, repéré dans un contexte bien identifié : *the*

- On utilise *the* devant :

– les éléments identifiables par tous : *the sun, the world, the Earth, the Internet, the future…*

– les noms précisés par une relative :

→ *The books that are on the shelf are mine.* Les livres qui sont sur l'étagère sont les miens.

– Les noms précisés par un complément :

→ *The life of the inhabitants of this country is extremely difficult.* La vie des habitants de ce pays est extrêmement difficile.

– Les noms de pays au pluriel ou comportant un nom commun :

→ *The United States* les États-Unis

→ *The United Kingdom* le Royaume Uni

→ *The Netherlands* les Pays-Bas

– les instruments de musique :

→ *He plays **the** piano very well.* Il joue très bien du piano.

– les noms de fleuves, de montagnes, de mers : *the Atlantic, the Alps, the Thames* la Tamise.

## 3 On renvoie à la généralité, à la notion : Ø

- On utilise Ø pour :

– les indénombrables (→ Fiche 1)

→ *Progress can be very negative as well.* Le progrès peut être très négatif aussi.

GRAMMAIRE

– une vérité d'ordre général :

→ *Cats eat mice.* Les chats mangent les souris.

→ *Water boils at 100° C.* L'eau bout à 100° C.

– les noms propres et donc les titres accompagnés du nom :

→ *Queen Elizabeth II* la reine Elizabeth II mais *the Queen of England.*

→ *President Clinton* le président Clinton mais *the President of the United States.*

– les noms de pays *(Voir Annexes p. 283)*

→ *Denmark* le Danemark

→ *Poland* la Pologne

## 4 The ou Ø ?

| Le mot est pris dans son sens général | Le mot est pris dans un sens plus précis, plus concret |
|---|---|
| → *They go to church every Sunday.* Ils vont à l'église tous les dimanches. | → ***The** church they go to is just around the corner.* L'église (le bâtiment) où ils vont est juste au coin. |
| → *In this country, school begins very early in the morning.* Dans ce pays, l'école commence très tôt le matin. | → ***The** school is quite far away.* L'école (le lieu, le bâtiment) est assez loin. |
| → *Nature has been damaged by pollution.* La nature a été abîmée par la pollution. | → ***The** nature of his crime is so horrible!* La nature de son crime est tellement horrible ! (Le sens du mot est différent : le genre, la sorte) |
| → *She makes money.* Elle gagne de l'argent. | → *Where did he hide **the** money?* Où a-t-il caché l'argent ? (celui qu'on lui a donné, celui du vol, etc…) |
| → *Time is money.* Le temps c'est de l'argent. | → *Oh yes! That was **the** time when we were together on holiday.* Ah oui ! C'était la fois où nous étions en vacances ensemble (le sens du mot est différent). |

## 5 Quelques différences entre le français et l'anglais

| | |
|---|---|
| – la semaine dernière | *last week* |
| – le mois prochain | *next month* |
| – l'année dernière | *last year* |
| – tous les lundis | *on Mondays* |
| – à la télévision | *on television (on TV)* |
| – aller à la maison | *to go home* |

## 6 *This et that*

• *This* et *that* sont des **démonstratifs**, ils servent à montrer, ils ont la même racine que *the*.

• *This* (pluriel : *these*) désigne un objet ou une personne proche de celui qui parle.

➔ *Can you help me with this bottle ? It is difficult to open.* Peux-tu m'aider avec cette bouteille ? Elle est difficile à ouvrir.

• *That* (pluriel : *those*) désigne un objet ou une personne éloignés dans le temps ou dans l'espace de celui qui parle (avec parfois une connotation négative) :

➔ *Those were the days!* C'était le bon temps !

➔ *Can you consider that a real job?* Peut-on considérer ça/cela comme un vrai travail ?

• Ces mots peuvent aussi être pronoms et s'emploient alors avec les mêmes nuances :

➔ *Give me that!* Donne-moi cela !

➔ *This is a real mess!* C'est un vrai bazar !

## Exercices

### 1 Compléter par *a, an, the* ou Ø.

➔ Corrigé p. 82

1. ….. *air in this area is rather polluted.*
2. *Of course he was …… writer.*
3. *In England most schoolchildren eat……apple with lunch.*
4. ……. *queen arrived in France yesterday.*
5. ……. *President Obama has served two terms.*

### 2 Traduire.

➔ Corrigé p. 82

1. *C'était le genre de personne qui aimait donner des conseils aux autres.*
2. *Elle achète toujours des fleurs le dimanche.*
3. *Qui étaient Jefferson et Lincoln ? – Des présidents américains.*
4. *Il conduisait à 100 km/h en ville, et il a été arrêté.*
5. *La patience est une qualité que j'admire.*

GRAMMAIRE

# 5 LES ADJECTIFS

L'adjectif peut être épithète ou attribut. Il est toujours invariable.
– Les **adjectifs épithètes** se placent toujours devant le nom, même s'il y en a plusieurs et même s'ils sont précédés de *very*.
– Attention : en anglais, **certains adjectifs ne peuvent être qu'attributs :** *alive* vivant, *alike* semblable, *afraid* effrayé, *alone* seul, *asleep* endormi, *cross* fâché, *drunk* saoul, *glad* joyeux.
→ *He is alive* et non pas *he is an alive man.* Il est vivant.
→ *They are drunk* et non pas *they are drunk persons.* Ils sont saouls.

## 1 Ordre des adjectifs avant le nom

- Lorsqu'il y a plusieurs adjectifs avant le nom, ils se placent du plus vague au plus précis, du plus subjectif au plus précis.

Vous pouvez mémoriser la formule :

**STACOM**

**S**ubjectivité/opinion, **T**aille ou forme, **Â**ge, **C**ouleur, **O**rigine, **M**atière/Mesure

→ *A typical cloudy grey English sky.* Un ciel anglais typique, gris et nuageux.
De telles énumérations sont rares, heureusement.

- **Cas particuliers**

*Avec last* (dernier), *next* (prochain) et *first* (premier), accompagnés d'un **adjectif numéral**, contrairement au français, on met le numéral en **deuxième place**.
→ *The last three weeks* les trois dernières années
→ *The next five years* les cinq prochaines années
→ *The first two months* les deux premiers mois.

## 2 Les adjectifs composés

Il y a plusieurs sortes d'adjectifs composés, en voici quelques-unes :

- **Nom + verbe + *ing*** :

→ *A heart-breaking story* une histoire (déchirante) qui brise le cœur.

- **Adjectif + verbe + *ing*** :

→ *A hard-working girl* une fille travailleuse

**Remarque**
On dit de ces mots qu'ils ont un sens actif, c'est bien l'histoire qui déchire le cœur, et la fille qui travaille dur.

- **Nom + participe-passé** :
→ *He was heart-broken.* Il avait le cœur brisé.
- **Adjectif + participe-passé** :
→ *This is a widespread problem.* C'est un problème largement répandu.
- **Adverbe + participe-passé** :
→ *She is a smartly dressed woman.* C'est une femme bien habillée.
- **Adjectif + nom + *-ed*** :
→ *A green-eyed person* une personne aux yeux verts
- **Nom + adjectif** :
→ *Take my navy blue shirt.* Prends ma chemise bleu marine.
- **Adjectif + adjectif :**
→ *I love my dark grey dress.* J'aime ma robe gris foncé.

**Remarque**
On dit de ces mots qu'ils ont un sens passif : le sujet (*He*) subit l'action et le nom qualifié (*problem*) aussi.

- **Cas particulier** pour les adjectifs qui parlent d'âge, de durée, de distance ou de nombre de pages :

| | | |
|---|---|---|
| → *A man who is thirty years old* | *is* | *a thirty-year-old man* |
| → *A meeting which lasts three hours* | *is* | *a three-hour meeting* |
| → *A trip which is five kilometers long* | *is* | *a five-kilometer trip* |
| → *A book that is 100 pages long* | *is* | *a 100-pages book* |

Noter que ni *year*, ni *hour*, ni *kilometer* ne prennent la marque du pluriel car ils sont devenus **adjectifs** et donc sont **invariables.**

- **Attention à l'ordre des mots :** dans un adjectif composé, c'est toujours **le deuxième terme qui est le plus important** et qui porte vraiment le sens, le premier terme ne fait que préciser le sens du deuxième.

GRAMMAIRE

## 3 Les adjectifs nominalisés

- **Ce sont des adjectifs qui sont employés comme des noms** grammaticalement :
– ils renvoient à un groupe,
– ils sont précédés de *the*,
– ils sont suivis d'un verbe au pluriel,
– ils gardent leur caractéristique d'invariabilité et ne prennent pas la marque du pluriel.
- **Voici les plus connus :** *the blind* les aveugles, *the deaf* les sourds, *the rich* les riches, *the poor* les pauvres, *the dead* les morts, *the elderly* les gens âgés, *the homeless* les sans-abris, *the unemployed* les chômeurs…
→ *I am collecting money for the blind.* Je ramasse de l'argent pour les aveugles.
- Les adjectifs de nationalité rentrent dans cette catégorie, mais attention, il y a une exception : on dit *the Whites* les Blancs, *the Blacks* les Noirs.
→ *Even today the Blacks ar still being discrimated.* Même aujourd'hui, les Noirs sont encore discriminés.

• Si on veut parler d'une seule personne ou d'un nombre précis, on fera suivre l'adjectif d'un nom : *man, woman, people.*

→ *He helped the blind man cross the street.* Il a aidé l'aveugle à traverser la rue.

→ *A few English people attended the match.* Quelques Anglais assistaient au match.

## 4 Les adjectifs de nationalité

• Ils prennent toujours une majuscule, dans toutes les circonstances (en français, on ne met la lettre capitale que pour désigner les habitants d'un pays).

→ *The English are famous for their humour.* Les Anglais sont réputés pour leur humour.

→ *It is a French company.* C'est une société française.

• Les adjectifs de nationalité terminés en *-sh, -ch, -ese,* lorsqu'ils désignent le peuple, suivent les mêmes règles que les adjectifs nominalisés, c'est-à-dire qu'ils sont invariables et sont suivis d'un verbe au pluriel : *The Dutch* les Hollandais, *the English* les Anglais, *the French* les Français, *the Irish* les Irlandais, *the Welsh* les Gallois, *the Chinese* les Chinois, *the Scottish* les Écossais, *the Japanese* les Japonais, *the Portuguese* les Portuguais, *the Vietnamese* les Vietnamiens, *the Swiss* les Suisses.

→ *The French are so proud of themselves.* Les Français sont si fiers d'eux-mêmes.

→ *The Chinese have always been very hard-working people.* Les Chinois ont toujours été des gens très travailleurs.

• Les autres adjectifs de nationalité se comportent comme des adjectifs ordinaires et s'ils prennent le rôle d'un nom, ils le deviennent à part entière et s'accordent si besoin.

→ *The Americans love Paris so much.* Les Américains aiment tellement Paris.

• Il existe certains noms de peuple particuliers : *voir Annexes p. 283.*

## 5 Les adjectifs suivis d'une préposition

• Certains adjectifs anglais introduisent leur complément par une préposition qui n'a rien à voir avec celle utilisée en français : *different from* différent de, *responsible for* responsable de, *interested in* intéressé par, *good at* bon en, *keen on* passionné de, *dependent on* dépendant de, *kind to* gentil avec, *disappointed with* déçu par.

## Exercices

**1 Complétez les phrases en utilisant un adjectif composé.** ➔ Corrigé p. 82

**1.** *We had to write an essay of 200 words. → We had to write a ......... essay.*
**2.** *She has a very bad temper. → She is a ......... person.*
**3.** *This actor is famous all over the world. → He is a ......... actor.*
**4.** *Her eyes have the shape of almonds. → She has ......... eyes.*
**5.** *This singer is known well in France. → She is a ......... singer.*

**2 Traduire.** ➔ Corrigé p. 82

**1.** Il était gaucher et son frère était rouquin.
**2.** Il souffrait d'une grave maladie mentale.
**3.** La petite fille de deux ans vient juste de commencer à parler.
**4.** Ils sont très différents l'un de l'autre, le garçon s'intéresse aux animaux et la fille est très bonne en dessin.
**5.** Les Gallois ont battu les Canadiens par un score de trois à un.
**6.** Les riches ont plus de privilèges que les pauvres, c'est évident.

# 6 LA COMPARAISON

Pour comparer plusieurs éléments on utilisera différents degrés de l'adjectif :
- soit le **comparatif** pour mettre en balance deux éléments (plus… que / moins… que),
- soit le **superlatif** pour mettre en valeur un seul élément (le plus / le moins).

## 1 Le comparatif

• **Le comparatif de supériorité : plus… que**

Il faut distinguer les adjectifs courts des adjectifs longs.

| Adjectifs courts | Adjectifs longs |
|---|---|
| Ils sont formés soit d'une seule syllabe (*soft*), soit de deux syllabes et terminés par *-y,-er, -ow, -le* (*sunny* ensoleillé, *clever* intelligent, *shallow* peu profond, *gentle* doux) | Ils sont formés de deux syllabes ou plus (*beautiful*). |
| On ajoute la terminaison *-er* à la fin de l'adjectif et on introduit le deuxième élément de la comparaison par ***than***.<br>➔ *You are tall**er** **than** your friend.* Tu es plus grand que ton ami.<br>➔ She is definitely happ**ier** **than** her sister. Elle est vraiment plus heureuse que sa sœur. | On ajoute ***more*** devant l'adjectif et on introduit le deuxième élément de comparaison par ***than***.<br>➔ *His house was **more** beautiful **than** the others in the village.* Sa maison était plus belle que les autres maisons du village. |

**Attention**

Attention aux changements orthographiques :
*Happy* → *happier* : le *y* devient *i*.
*Big* → *bigger* (on double la consonne finale dans un mot d'une seule syllabe terminé par une seule consonne précédée d'une seule voyelle)

• **Comparatif d'égalité : aussi… que**

La formation est la même pour tous les adjectifs, qu'ils soient courts ou longs :

*as* + adj + *as*

et si la phrase est négative : *not so* + adj + *as* ou *not as* + adj + *as*.

➔ *The young boy is **as** tall **as** his father now.* Le jeune garçon est aussi grand que son père maintenant.
➔ *This new book is **as** interesting **as** the other one.* Ce nouveau livre est aussi intéressant que l'autre.
➔ *He was **not so** nervous **as** before.* Il n'était pas aussi anxieux qu'avant.
➔ *This suitcase isn't **as** heavy **as** that one.* Cette valise n'est pas aussi lourde que l'autre.

GRAMMAIRE

- **Comparatif d'infériorité : moins... que**

La forme est la même pour tous les adjectifs, qu'ils soient courts ou longs :

*less* + adj + *than*.

➔ *He is **less** bright **than** I thought.* Il est moins intelligent que je ne le pensais.

Il est peu utilisé en anglais courant car on préfère utiliser le comparatif d'égalité négatif, qui est plus nuancé.

➔ *Her brother is less tall than her husband.* → *Her brother is **not so tall** as her husband* ou ***not as tall** as her husband.*

Les deux phrases ont le même sens, mais la seconde donne un sens moins direct, plus adouci.

## 2 Le superlatif

- **Le superlatif de supériorité : le plus**

Là aussi, il faut distinguer les adjectifs courts des adjectifs longs.

| Adjectifs courts | Adjectifs longs |
|---|---|
| *The* + adj + *-est* | *The most* + adj |
| ➔ ***The** tall**est** man on Earth is my cousin.* L'homme le plus grand de la Terre est mon cousin. | ➔ *It is **the most** interesting book.* C'est le livre le plus intéressant. |

**Remarque**

Attention aux changements orthographiques (comme indiqué plus haut pour le comparatif)

*sunny* → *the sunniest*

*big* → *the biggest*

- **Les compléments du superlatif**

➔ *It is the most interesting book **in** the world.* C'est le livre le plus intéressant du monde.

➔ *She is one of the most famous singers **in** her country.* C'est l'une des chanteuses les plus connues de son pays.

Dans ces deux exemples, on utilise ***in*** pour introduire le complément car il s'agit d'un lieu.

➔ *It is the warmest autumn **of** the century.* C'est l'automne le plus chaud du siècle.

Dans ce dernier exemple, on utilise *of* car le complément désigne une période de temps.

- **Le superlatif d'infériorité : le moins**

Pour tous les adjectifs, courts ou longs, on utilise *the least*.

➔ *It is **the least** interesting film I've ever seen.* C'est le film le moins intéressant que j'aie jamais vu.

GRAMMAIRE

## 3 Les comparatifs et superlatifs irréguliers

| Adjectif | Comparatif | Superlatif |
|---|---|---|
| *Good (well)* | *Better than…* | *The best…* |
| *Bad* | *Worse than…* | *The worst…* |
| *Far* | *Farther/further than…* | *The farthest/the furthest* |
| *Old* | *Older than…*<br>Pour l'adjectif attribut, le « o » se transforme en « e » *(elder)* lorsqu'on parle des membres d'une même fratrie *(the elder sister, the elder of two).* | *The eldest in the family*<br>idem |

**Attention**
Lorsqu'on compare deux éléments seulement, on utilise une forme spéciale qui est un mélange du comparatif et du superlatif : *he was the younger of the two brothers.*

## 4 Progression et accroissement

- **De plus en plus /de moins en moins**

– De plus en plus + adjectif long : *more and more interesting* de plus en plus intéressant
– De plus en plus + adjectif court : *happier and happier* de plus en plus heureux
– Avec les irréguliers : *worse and worse / better and better* de pire en pire /de mieux en mieux
– De moins en moins : *less and less intelligent* de moins en moins intelligent
– Avec un nom : de plus en plus d'élèves : *more and more students* de plus en plus d'élèves
– De moins en moins + dénombrable : *fewer and fewer houses* de moins en moins de maisons
– De moins en moins + indénombrable : *less and less wine* de moins en moins de vin

- **Plus il… plus il ; plus il… moins il ; moins il… moins il**

Lorsque *the more* ou *the less* sont suivis d'un verbe avec un attribut ou avec un complément d'objet direct, cet attribut ou ce complément d'objet direct viennent se placer juste après *the more* ou *the less*. L'ordre des mots en anglais dans ce cas est donc radicalement différent de celui du français.

→ *The more it rained, the more tired they were.* Plus il pleuvait, plus ils étaient fatigués.
→ *The more tired they were, the less they walked.* Plus ils étaient fatigués, moins ils marchaient.
→ *The more people we saw, the more surprised we were.* Plus on voyait de gens, plus on était surpris.
→ *The less money he had, the more he drank.* Moins il avait d'argent, plus il buvait.
→ *The more interested they were, the more they wrote.* Plus ils étaient intéressés, plus ils écrivaient.

## 5 Plus de… moins de ; autant de…

- On peut utiliser *more* et *less* ou *fewer* devant des noms pour parler d'une plus grande quantité de… ou d'une moins grande quantité de… :

→ *There were* ***more*** *people* ***than*** *last time.* Il y avait plus de gens que la dernière fois.

GRAMMAIRE

→ *We collected* ***less*** *money* ***than*** *usual.* Nous avons récolté moins d'argent que d'habitude. (*Less* devant un nom indénombrable).
→ *They had* ***fewer*** *books* ***than*** *their friends.* Ils avaient moins de livres que leurs amis. (*Fewer* devant un nom dénombrable).

- On utilise *as much* ou *as many* pour parler de quantités égales (autant de…)

– Pour un mot dénombrable : *as many*
→ *There were not* ***as many boys*** *as last year.* Il n'y avait pas autant de garçons que l'année dernière.
– Pour un mot indénombrable : *as much*
→ *We did not have* ***as much wind*** *as usual.* Nous n'avons pas eu autant de vent que d'habitude.

## 6 Nuancer les quantités

- **Beaucoup plus / beaucoup moins**

→ *We had* ***a lot more*** *instruments.* Nous avions beaucoup plus d'instruments. (dénombrable)
→ *There were* ***not many more*** *candles.* Il n' y avait pas beaucoup plus de bougies. (dénombrable)
→ *There was* ***much more*** *room.* Il y avait beaucoup plus de place. (indénombrable)

- **Un peu plus / un peu moins**

→ *You got* ***a bit more*** *luck.* Tu as un peu plus de chance.
→ *There was* ***a bit less*** *sun than last year.* Il y avait un peu moins de soleil que l'année dernière.

- **Deux fois plus**

→ *They had* ***twice as many*** *children as their friends.* Ils avaient deux fois plus d'enfants que leurs amis.

GRAMMAIRE

## Exercice

### 1 Traduire.

➔ Corrigé p. 83

**1.** *Elle est beaucoup plus jeune que lui.*
**2.** *Ma voiture n'est pas aussi puissante que la leur.*
**3.** *Elle est meilleur pianiste que lui. C'est la meilleure pianiste que j'ai jamais entendue.*
**4.** *Vos résultats sont de plus en plus mauvais / de pire en pire.*
**5.** *Il est de plus en plus difficile de trouver un appartement à Londres.*
**6.** *Il est de plus en plus égoïste. Plus il vieillit, plus il est égoïste.*
**7.** *Nous avons des trains de plus en plus rapides.*
**8.** *Plus elle grandit, plus elle ressemble à sa mère.*
**9.** *Plus nous attendions, plus il était impatient.*
**10.** *L'Empire State building est trois fois plus haut que le bâtiment des Nations Unies. Mais ce n'est plus le plus haut gratte-ciel de Manhattan.*
**11.** *La plus jeune de leurs deux filles va encore au lycée, l'aînée est médecin.*

# 7 LE CAS POSSESSIF OU GÉNITIF

## 1 Généralités

• Le cas possessif est l'équivalent du **complément du nom** en français : il exprime une relation d'appartenance entre deux noms.

• **Construction** :

**possesseur + *'s* + personne ou chose possédée**

→ *My father's car* la voiture de mon père
→ *The dog's bone* l'os du chien

Le premier terme du cas possessif est un **être animé** dans la majorité des cas.

**Remarque**
L'ordre des mots est inversé par rapport au français.

## 2 Quelques particularités de construction

• Si le premier terme est un pluriel en -s : on ajoute seulement l'apostrophe :
→ *The girls' dresses* les robes des filles

Attention : s'il s'agit d'un **nom propre** singulier qui se termine en *–s*, on garde le *-s* :
→ *Prince Charles's son* le fils du prince Charles

• L'objet possédé peut rester sous-entendu :
→ *At the baker's* chez le boulanger (le mot *shop* est sous-entendu)
→ *At the Smiths'* chez les Smith (le mot *home* est sous-entendu)

• L'objet possédé peut rester sous-entendu également dans une réponse à une question commençant par *whose* (« à qui ») :
→ *Whose book is it? - It is Peter's.* À qui est le livre ? - C'est celui de Peter.

**Attention**
Ne jamais dire : *It is Peter's one,* c'est une erreur !

• Si le premier terme est un nom propre, il ne faut pas mettre d'article devant : → *Sarah's house* la maison de Sarah

• Le premier terme du cas possessif peut servir de repère **dans le temps** ou **dans l'espace** ou être un élément connu de tous :
→ ***Last year's** programme* le programme de l'année dernière
→ *Read **today's** article in the paper.* Lis l'article d'aujourd'hui dans le journal.
→ *The **world's** population* la population du monde
→ ***London's** museums* les musées de Londres

**Remarque**
Ici, on peut aussi utiliser un adjectif composé : *a two-hour walk.*

GRAMMAIRE

• Le premier terme du cas possessif est une durée :
→ *A two hours' walk* une promenade de deux heures (→ **Fiche 5** : Les adjectifs)

• On parle de génitif générique lorsque cette forme désigne une caractéristique de l'objet, un « genre » d'objet :
→ *A woman's magazine* un magazine féminin

## Exercices

**1 Choississez entre un génitif ou une construction avec *of*.** → Corrigé p. 83

1. *The car / my friends*
2. *The book / the cover*
3. *The toys / his sister*
4. *Her relatives / the admiration*

**2 Traduire.** → Corrigé p. 83

1. J'ai horreur d'aller chez le dentiste mais il le faut, j'ai tellement mal aux dents.
2. C'est ce que la femme du fermier m'a dit.
3. Peux-tu me donner l'adresse du médecin ?
4. Ils ne respectaient pas les droits des citoyens.

GRAMMAIRE

# 8 LE PRÉSENT

## 1 Le présent simple

• À la forme affirmative, toutes les formes sont semblables à l'infinitif sans *to*, sauf la 3e personne du singulier qui prend un -s. Attention aux modifications orthographiques pour les verbes terminés par –c, -o, -s et –sh : **on utilise –es** (pour faciliter la prononciation).

➔ *She goes in her bathroom, dresses herself and brushes her hair.* Elle va dans la salle de bains, s'habille et se brosse les cheveux.

➔ *Do you work? Does she work?* → *We do not work (we don't work) / He does not work (he doesn't work).*

• Le présent simple s'emploie dans les situations suivantes :

– Pour donner les **caractéristiques** d'une personne, d'un objet.

➔ *Clara doesn't like sweets.* Clara n'aime pas les bonbons.

➔ *Cats eat mice.* Les chats mangent les souris.

– Pour énoncer des **vérités d'ordre général**.

➔ *Water boils at 100 °.* L'eau bout à 100 °.

– Pour parler d'une **activité habituelle** ou d'une action qui se répète :

➔ *They always go to the seaside in summer.* Ils vont toujours au bord de la mer en été.

On l'emploie alors avec les adverbes de fréquence (*always, often, never, sometimes…*).

– Pour donner des **informations**, des **instructions**, **raconter** une histoire :

➔ *So the Queen leaves Buckingham Palace and her carriage heads toward the Houses of Parliament.* Alors la reine quitte le palais de Buckingham et son carosse prend la direction des Maisons du Parlement.

➔ *You boil the milk with the vanilla and you mix it with the butter.* Faites bouillir le lait avec la vanille et mélangez avec le beurre.

## 2 Le présent *be* + *V-ing*

• Le présent *be* + *V-ing* se construit avec l'auxiliaire *be* conjugué au présent + un verbe à la forme en *–ing*.

**auxiliaire *be*, base verbale + *ing***

*She is working*

- À la forme interrogative, on inverse simplement le sujet et l'auxiliaire.

➔ *Are we working?*

GRAMMAIRE

– À la forme négative, on ajoute *not* après l'auxiliaire.
→ *We are not working* (forme contractée : *we aren't working)*

• Le présent *be + V-ing* s'emploie dans les situations suivantes :
– Pour décrire **une action en train de se dérouler**.
→ *Look! They are cutting the trees.* Regarde ! Ils coupent les arbres.
→ *Listen! She is crying.* Écoute ! Elle pleure.

– Pour faire un **commentaire**, porter un jugement (reproche, désapprobation).
→ *You are being stupid!* Tu es idiot ! **(dans ce comportement-là, précisément)**
→ *He is always complaining.* Il se plaint tout le temps.

– Pour parler d'**actions futures organisées d'avance**.
→ *I am taking the children to the zoo tomorrow, I promised a long time ago!* J'emmène les enfants au zoo demain, je leur ai promis il y a longtemps.

– Pour décrire une **attitude**, une **posture** (être assis, couché, agenouillé etc…).
→ *They are sitting under the trees.* Ils sont assis sous les arbres.
→ *The dog is lying on the ground.* Le chien est couché sur le sol.

• Attention aux **verbes d'état** !
– Les verbes d'état **ne s'emploient pas** au présent *be + V-ing* (*to have, to know, to like, to agree, to understand, to want, to prefer, to see, to mean…*).
→ *I understand what he means.* Je comprends ce qu'il veut dire. (même si l'action est en train de se dérouler)

– **Attention : certains de ces verbes changent de sens** lorsqu'ils prennent *be + V-ing* car ils deviennent alors verbes d'action :
→ *Do you see the house over there?* Est-ce que tu **vois** la maison là-bas ? → *They are seeing each other a lot.* Ils **sortent ensemble** souvent.
→ *I don't think so.* Je ne **crois** pas. → *I am thinking about something else suddenly.* Je **réfléchis** à autre chose, tout à coup.

## Exercices

**1 Mettre au présent simple ou au présent *be + V-ing*.** → Corrigé p. 35

1. *Do you know what he (do) ……… at the moment?*
2. *What time this train (get) ……… to Edinburgh?*
3. *Well, of course, you (not/walk ) ……… there, it's too far!*
4. *He always (work) ……… very hard.*
5. *What (you/think) ……… about?*

GRAMMAIRE

**2 Traduire.** ➔ Corrigé p. 35

1. Le soleil se lève à l'Est.
2. Ma petite sœur aime beaucoup les fraises mais moi je les déteste.
3. Il n'est pas là pour le moment, il joue au golf avec son père. Ils jouent ensemble tous les samedis après-midi.
4. Cette peinture représente deux hommes qui discutent du mariage de leurs enfants.
5. Comprends–tu ce qu'ils disent ?

# 9 LA RÉFÉRENCE AU PASSÉ – LE PRÉTÉRIT

En anglais, il existe deux prétérits : le **prétérit simple** (*simple past*) et le **prétérit continu** (*be* +*V-ing*).

## 1 *Simple past* ou *preterite*

> **Attention**
> Prononciation de la terminaison *–ed* :
> – /t / après les sons : /s/, /p/, /k/, /f/, /sh/ : *they worked*
> – /id/ après les sons : /t/ et /d/ : *they wanted, the plane landed*
> – /d/ dans tous les autres cas.

- Pour les **verbes réguliers** à la forme affirmative, il se forme en ajoutant *–ed* à l'infinitif (sans *to*).

➔ *I worked hard yesterday.* J'ai travaillé dur hier.
➔ *We saw a plane in the sky.* Nous avons vu un avion dans le ciel.

*Pour les **verbes irréguliers**, voir la liste en Annexes, p. 284.*

- Pour les formes **interrogative** et **négative**, on utilise l'auxiliaire *did*.

➔ *The children did not (didn't) like the film.* Les enfants n'ont pas aimé le film.
➔ *Did your father come with you?* Est-ce que ton père est venu avec toi ?

- Le *simple past* s'emploie pour parler d'une action **passée, terminée** et donc sans lien avec le présent. On utilise souvent des marqueurs de temps pour repérer l'action dans le temps : *three weeks ago, last year, in the 19th century, before, during the night…*

➔ *I went to London three weeks ago.* Il y a trois semaines, je suis allée à Londres.
➔ *They attacked the country three months ago.* Il y a trois mois, ils ont attaqué le pays.

- **Cas particulier de l'expression *used to***

*Used to* est une expression toute faite sans équivalent en français qui sert à parler d'une habitude dans le passé en soulignant qu'elle ne se fait plus aujourd'hui. Il s'agit de marquer une rupture totale entre le passé et le présent.

> **Attention**
> À la forme interrogative et négative, comme pour tous les autres verbes lexicaux, le temps est porté par l'auxiliaire *did*, et donc on écrit *use* sans « d ».

➔ *When I was young I used to speak Spanish fluently but I don't anymore.* Quand j'étais jeune, je parlais espagnol couramment mais ce n'est plus le cas aujourd'hui.
➔ *Grandma, did you use to have a computer when you were little?* Grand-mère, est-ce que tu avais un ordinateur quand tu étais jeune ?
➔ *In those days people didn't use to go on holidays like today.* À cette époque, les gens n'allaient pas en vacances comme aujourd'hui.

• **Attention à ne pas confondre** *used to* et *be /get used to + V-ing*
→ *I am used to going to the cinema every week.* J'ai l'habitude d'aller au cinéma toutes les semaines.
→ *They got used to meeting their parents every Sunday.* Ils se sont habitués à rencontrer leurs parents tous les dimanches.
→ *Babies will get used to eating all sorts of food.* Les bébés s'habitueront à manger de la nourriture variée.

## 2 Prétérit *be + V-ing*

• **À la forme affirmative**, il se construit à partir de l'auxiliaire *be* conjugué au prétérit, suivi d'un verbe à la forme *V-ing*.
→ *You were listening.* Tu écoutais.
→ *I was writing.* J'écrivais.

– **À la forme interrogative**, on inverse le sujet et l'auxiliaire, que l'on fait passer en première position.
→ *Were you listening?* Est-ce que tu écoutais ?

– **À la forme négative**, on ajoute *not* après l'auxiliaire *was/were*.
→ *I was not (wasn't) writing.* Je n'écrivais pas.

• Le preterit *be + V-ing* décrit une action se déroulant dans le passé, en opposition à une action au prétérit simple (on le traduit souvent par un imparfait en français).
→ *He was having a bath when the bomb exploded.* Il prenait un bain lorsque la bombe explosa.



## Exercice

**1 Mettre au prétérit simple ou au prétérit *be + V-ing*.** → Corrigé p. 84

**1.** *The thieves, who (wear) ......... masks, (take) ......... all the jewels.*
**2.** *They (build) ......... this house ten years ago.*
**3.** *This time yesterday, I (lie) ......... on the beach.*
**4.** *He (have) ......... a coffee with his friend when someone (steal) ......... his wallet.*
**5.** *When their father (come) in ......... , all the children (stop) ......... talking.*
**6.** *I would rather you (tell) ......... my mother about the accident yourself.*
**7.** *I wish you (not cry) ......... so much.*
**8.** *In those days we (go) ......... to the seaside every summer, but we don't anymore.*

# 10 NI PRÉSENT, NI PASSÉ : LE *PRESENT PERFECT*

Il existe en anglais une forme verbale qui n'appartient ni au passé ni au présent et qui n'a donc aucun équivalent en français, c'est le *present perfect*.

## 1 Le *present perfect* simple (*have* + *EN*)

**Remarque**
EN est le symbole pour « participe passé » car en vieil anglais, les participes passés étaient tous en *-en*.

- On conjugue l'auxiliaire *have* au présent simple, et on ajoute le participe passé du verbe conjugué : infinitif sans *to* + *-ed* pour les **verbes réguliers**.
- Pour les **verbes irréguliers**, voir Annexes.

| | |
|---|---|
| **Forme affirmative** | → *Good job, they have picked 10 kilos of apples!* Bon travail, ils ont ramassé 10 kilos de pommes !<br>→ *He has just arrived.* Il vient d'arriver. |
| **Forme négative** | → *He has not (hasn't) eaten anything up to now.* Il n'a rien mangé jusqu'à maintenant. |
| **Forme interrogative** | On inverse le sujet et l'auxiliaire que l'on fait passer en première position.<br>→ *Have you seen him lately?* L'avez-vous rencontré récemment ? |

**Remarque importante :** l'auxiliaire *have* est au présent, cette forme est donc plutôt reliée au présent, très souvent avec l'adverbe *now*.

- Le *present perfect* considère l'action elle-même et son **résultat, ses conséquences dans le présent,** sans s'intéresser au moment où cela a été accompli. On fait un **bilan dans le présent** (qui peut être sous-entendu). On l'emploie avec des adverbes comme : *since, for, already, ever, never, not...yet, so far, it's the first time...*

→ *It's 12 o'clock and I have answered 7 e-mails this morning.* Il est midi, et j'ai répondu à 7 mails ce matin.
→ *Have you ever been to China? No, I haven't, but you have never been to Japan, which is worth visiting.* Êtes-vous déjà allés en Chine ? Non, mais vous n'êtes jamais allés au Japon, qui vaut la peine d'être visité.
→ *You haven't visited the house yet, come in!* Vous n'avez pas encore visité la maison, entrez !

- Avec l'adverbe *just*, il peut indiquer une action qui vient juste de se passer.

→ *I have just finished.* Je viens juste de terminer.
→ *He has just met her.* Il vient juste de la rencontrer.

**Remarque**
En anglais US, on emploie souvent le prétérit avec *just*.
→ *I just finished.* Je viens juste de finir.

## 2 Le *present perfect* en *be + V-ing*

| | |
|---|---|
| **Forme affirmative** | Il se forme avec *have* au présent + *been* + *V-ing*.<br>➔ *They have been working hard.* Ils ont travaillé dur. / Ils travaillent dur (depuis un moment). |
| **Forme négative** | C'est l'auxiliaire *have* qui porte la négation.<br>➔ *They have not been working hard.* Ils n'ont pas travaillé dur. /Ils ne travaillent pas beaucoup. |
| **Forme interrogative** | On inverse le sujet et l'auxiliaire, que l'on fait passer en première position.<br>➔ *Have they been working?* Ont-ils travaillé dur ? |

• Le *present-perfect* en *be + -ing* peut avoir une valeur de résultat, de bilan, mais l'action récente est considérée dans sa durée, et on montre qu'on en voit des traces dans le présent.
➔ *You have been painting, I guess! Your clothes are stained all over.* Tu as fait de la peinture, il me semble ! Tes vêtements sont tous tachés.
➔ *Where have you been going?* Où vas-tu ? (sous-entendu : tu as changé d'habitude récemment et cela m'intrigue.)

• Il peut s'agir d'une activité qui dure dans le présent (➔ **Fiche 12** : *For/Since*).
➔ *He has been living here for two months.* Il habite ici depuis deux mois.

### Exercice

**Mettre au prétérit ou au *present perfect* simple ou au *present perfect* en *be + V-ing*.** ➔ Corrigé p. 84

**1.** *Now look, you (break) ......... my best plate.*
**2.** *How often (you /be) ......... in love?*
**3.** *We (know) ......... each other for ages.*
**4.** *I (see) ......... Kate yesterday.*
**5.** *My children (catch) ......... a plane to New York this morning.*
**6.** *I can't stand it anymore, he (listen) ......... to that music for hours.*

# 11 LE *PAST PERFECT* OU *PLUPERFECT* (PLUS-QUE-PARFAIT)

## 1 Forme

On conjugue l'auxiliaire *have* au prétérit (*had*) et on ajoute le participe passé du verbe conjugué :

| | |
|---|---|
| **Forme affirmative** | → *They had waited for hours.* Ils avaient attendu pendant des jours. |
| **Forme négative** | → *They had not waited very long.* Ils n'avaient pas attendu très longtemps. |
| **Forme interrogative** | → *Had they waited for so many days?* Avaient-ils attendu pendant tant de jours ? |

## 2 Le *past perfect* s'emploie dans un contexte passé

• Il s'emploie pour parler d'actions qui ont eu lieu **avant** d'autres actions déjà passées, autrement dit pour faire le lien entre deux actions du passé (tout comme le plus-que-parfait français) :

→ *When he arrived the boy had started the game.* Quand il arriva, le garçon avait commencé le jeu.

→ *They had never seen such stars before.* Ils n'avaient jamais vu de telles étoiles auparavant.

• **Remarque :** l'auxiliaire *had* peut se contracter en *'d*.

→ *They had decided to work* → *They'd decided to work.* Ils avaient décidé de travailler.

Dans ce cas, **attention à ne pas le confondre avec la contraction de *would*.** Observez :

→ *They'd seen her.* → Il s'agit de la contraction de *had*, car on reconnaît un **participe passé.** Ils ne l'avaient pas vue.

→ *They'd see her.* → Il s'agit de la contraction de *would* car on reconnaît la base verbale. Ils la verraient.

## 3 Le *past perfect* peut avoir un sens modal

(→ **Fiche 13** sur le prétérit et *past perfect* modal)

• Le *past perfect* peut avoir un sens modal pour parler d'une action qui ne s'est pas réalisée dans le passé :

→ *I wish they had come.* J'aurais aimé qu'ils soient venus.

→ *If only they had come!* Si seulement ils étaient venus !

→ *I would rather they had come.* J'aurais préféré qu'ils soient venus.

## 4 Past perfect en *be* + *V-ing*

• **Forme :**

aux. *have* au prétérit + *been* (part. passé de *be*) + base verbale + *-ing*

→ *He had been working.* Il avait travaillé.

• **Emploi :** il s'emploie comme le *present perfect* en *be* + *V-ing*, mais dans un contexte passé.

→ *When we arrived we noticed that he had been crying.* Quand nous sommes arrivés, nous avons remarqué qu'il avait pleuré.

## Exercices

**1 Compléter les phrases suivantes par le verbe entre parenthèses au prétérit ou au *past perfect* :** → Corrigé p. 85

**1.** *He (remember) he (make) that promise twenty years before.*
**2.** *Yesterday I (arrive) late at work because I (oversleep).*
**3.** *Everybody (know) that she (send) me an invitation.*
**4.** *Before going to prison, he (be) a very good boy.*
**5.** *Before she (move) to Exeter in 2010, she (spend) two years in Brighton.*

**2 Traduire.** → Corrigé p. 85

**1.** Il n'avait pas joué aux échecs depuis des années.
**2.** J'avais déjà vu ce film.
**3.** Il n'était pas allé à Londres depuis 1995.
**4.** Saviez-vous qu'il avait été blessé à la guerre ?
**5.** Je lui ai dit que j'avais bien aimé son livre.
**6.** Si seulement j'avais eu une voiture à ce moment-là !

# 12 FOR, SINCE, AGO

Culturellement parlant, les anglophones n'envisagent pas le temps de la même manière que les Français. Pour traduire les mots exprimant des repères dans le temps tels que « pendant », « depuis », « cela fait… », « il y a… », il faut « penser à l'anglaise », c'est-à-dire partir des mots anglais. Les mots anglais à utiliser sont *ago, since, for,* du plus simple au plus compliqué.

## 1 *Ago* : il y a + complément de temps

- Attention : en anglais, le complément de temps **précède** *ago*. Et le verbe est au prétérit obligatoirement.

→ *Twelve years ago we went to Rome.* Il y a douze ans, nous sommes allés à Rome.

→ *I bought this car two years ago.* J'ai acheté cette voiture il y a deux ans.

## 2 *Since* : depuis

- *Since* marque le point de repère dans le temps du **début de l'action**, et est toujours traduit par « depuis ». Ce point de repère peut être un nom, une date, un événement : *Monday, last month, last week, 1965, when I was little, my birthday*, etc.
- Le verbe se met au ***present perfect*** **simple** si on considère le **résultat de l'action dans le présent.**

→ *I have written five postcards since this morning.* J'ai écrit cinq cartes postales depuis ce matin (j'ai les cartes postales sous les yeux).

- Le verbe se met au ***present perfect be + V-ing*** si on considère **l'action dans son déroulement** (c'est un peu comme si on faisait un gros plan sur l'action elle-même).

→ *They have been playing together since two o'clock, they must be tired.*
Ils jouent ensemble depuis 14 heures, ils doivent être fatigués.

→ *We have been living in a foreign country since the birth of our eldest child.*
Nous vivons à l'étranger depuis la naissance de notre aîné.

**Remarque**
En français, avec « depuis », les verbes sont toujours au présent.

- Le point de repère peut aussi être une proposition subordonnée introduite par *since* :

→ *The room has been much cooler since I installed a fan.* La pièce est beaucoup plus fraîche depuis que j'ai installé un ventilateur.

GRAMMAIRE

→ *He has met everybody in the family since he arrived.* Il a fait connaissance avec toute la famille depuis qu'il est arrivé.

→ *They have been working hard since they were born.* Ils travaillent dur depuis qu'ils sont au monde.

Dans ce cas, le verbe de la proposition principale est au ***present perfect*** (*He has met / They have been working*), mais le verbe de la proposition introduite par *since* est au **prétérit** (*arrived / was born*).

## 3 *For* : pendant ou depuis

• *For* est suivi d'une **expression de durée dans le temps** : *a week, a year, several months, a century, two days, five weeks, etc.* Dans ce cas, il se traduit par « depuis », ou par l'expression « cela fait… que… », ou « il y a… que… ».

• Si *for* est **le seul indicateur temporel** dans la phrase, le verbe se met au ***present perfect***. *For* se traduit alors par : « depuis » ou bien « cela fait…que… »

→ *I have been working for two days now.* Je travaille depuis deux jours maintenant, ou Cela fait deux jours que je travaille maintenant.

• S'il y a **un autre repère temporel** dans la phrase qui marque que **l'action est terminée** (tel que *two weeks ago* ou bien *last year)*, le verbe se met au **prétérit.** Dans ce cas, *for* se traduit par « pendant ».

→ *Last year he worked with them for five days.* L'année dernière, il a travaillé avec eux pendant cinq jours.

• **Attention :** ne pas confondre avec *while* qui est une conjonction de subordination et signifie : **pendant que**….

→ *He called me while I was in the garden.* Il m'a appelé pendant que j'étais dans le jardin.

**Remarque**

En français, on utilise le présent.

**Astuce**

Pour traduire « depuis », « pendant », « cela fait… que » :

**1.** savoir s'il s'agit d'un **point de repère dans le temps (→ *since*)** ou d'une **durée (→ *for*)** ;

**2.** choisir le temps du verbe en fonction du choix précédent (*since* → *present perfect* ; *for* → soit *present perfect* soit prétérit).

## 4 Les questions sur la durée

• *For, since, ago* s'emploient rarement dans les interrogations, mais plutôt dans les réponses (courtes ou longues) aux interrogations.

→ *How long have you been working here? – Since 2015. / I've been working here since 2015.* Depuis quand travaillez-vous ici ? – Depuis 2015. / Je travaille ici depuis 2015.

→ *When did you first meet? - A long time ago. / We first met a long time ago.* Quand vous-êtes vous rencontrés ? Il y a longtemps. / Nous nous sommes rencontrés il y a longtemps.

→ *How long have they lived here? – For many years. / They have lived here for many years.* Depuis quand vivent-ils ici ? – Cela fait plusieurs années (depuis plusieurs années). / Ils vivent ici depuis plusieurs années.

## Exercices

**1 Mettre *for* ou *since* devant les expressions suivantes.** ➔ Corrigé p. 85

**1.** ......... *five years*
**2.** ......... *last week*
**3.** ......... *1993*
**4.** ......... *your birthday*
**5.** ......... *10 months*

**2 Mettre le verbe au temps qui convient.** ➔ Corrigé p. 85

**1.** *We ......... (visit) England two years ago.*
**2.** *They ......... (work) together for such a long time! (now)*
**3.** *These students ......... (study) English for six years. (now)*
**4.** *He ......... (listen) since the beginning of the lecture.*
**5.** *It ......... (not rain) since last year around here.*

**3 Traduire.** ➔ Corrigé p. 85

**1.** Je suis allée les voir il y a quinze jours.
**2.** Il travaille depuis six heures du matin.
**3.** Il travaille sur ce livre depuis huit ans.
**4.** Cela fait des jours qu'ils gardent l'évènement secret.
**5.** Depuis combien de temps sont-ils mariés ?

# 13 EXPRIMER UN SOUHAIT, UN REGRET : PRÉTÉRIT ET PLUS QUE PARFAIT MODAL

## 1 Prétérit temporel et prétérit modal

• Comparons et observons les verbes au prétérit dans les exemples suivants :

1. *Last year when he **came** he **told** you the truth.* L'année dernière quand il est venu, il t'a dit la vérité.
2. *If only he **gave** me some money!* Si seulement il me donnait de l'argent !
3. *The child wishes his mother **came** more often.* L'enfant aimerait que sa mère vienne plus souvent.

**1.** Dans le premier exemple, les deux verbes *came* et *told* parlent d'une action située dans le passé et qui est terminée. C'est ce que l'on appelle le **prétérit temporel** **(→ Fiche 9)**.

**2 et 3.** Mais dans les deux autres phrases, *gave* et *came* parlent d'une action virtuelle, qui est seulement un souhait non réalisé. On appelle ce temps le **prétérit modal.** Il ressemble de très près au prétérit temporel car il a exactement la même forme : on ajoute *–ed* à l'infinitif sans *to* pour les verbes réguliers et pour les verbes irréguliers, voir la liste en Annexe.

**Remarque**
En français, dans la phrase 3 on utilise un subjonctif qui a à peu près la même valeur que le prétérit modal.

• Le seul verbe qui se distingue est l'**auxiliaire *be*** qui dans ce cas **garde la forme *were* à toutes les personnes** de la conjugaison : *I were, she were, we were*, etc…

## 2 Pour exprimer un souhait, une hypothèse, dans le présent

• On utilise le prétérit modal **pour des actions non réalisées dans le présent**, autrement dit pour exprimer un souhait, une hypothèse, après : *I wish, if, as if, as though, even if, suppose, I would rather, it is time* (*it is about time, it is high time*)…

→ *I wish he were here.* J'aimerais qu'il soit là.
→ *I wish I knew the truth.* J'aimerais savoir la vérité.
→ *If I were you I would refuse this offer.* Si j'étais toi, je refuserais cette offre.
→ *He behaves as if he were the boss.* Il se comporte comme s'il était le patron.
→ *Even if he came we would not be happy.* Même s'il venait, nous ne serions pas contents.
→ *Suppose he asked you, what would you say?* Et s'il te demandait, que dirais-tu ?
→ *I would rather they were with us.* Je préfèrerais qu'ils soient avec nous.
→ *It's (about) time we went home.* Il est temps que nous rentrions à la maison.
(*It's time to go home* est admis aussi mais d'un niveau de langue moins recherché.)
→ *It's high time you made up your mind.* Il est grand temps que tu te décides.

## 3 Pour exprimer un regret

• Pour parler **d'actions non réalisées dans le passé** (autrement dit, des regrets) on utilisera le ***past perfect*** aussi appelé plus que parfait modal, qui ressemble complètement pour sa forme au *past perfect* temporel :

➔ *I wish he had brought his camera.* J'aurais aimé qu'il apporte son appareil photo. (Mais il ne l'avait pas apporté au moment où se déroulait l'action : je le regrette…)

D'ailleurs, cet exemple peut se traduire aussi par : Je regrette qu'il n'aie pas apporté son appareil photo).

➔ *If he had come yesterday he would have repaired the dishwasher.* S'il était venu hier, il aurait réparé le lave-vaisselle.

➔ *I would rather he had come.* J'aurais préféré qu'il vienne.

• Attention aux pièges de traduction…

➔ *I wish he had been here.* J'aurais aimé qu'il soit là → Je regrette qu'il ne soit pas là.

➔ *I wish he had not been here.* J'aurais aimé qu'il ne soit pas là.

**Remarque**

En français, la marque du passé porte sur la première partie de la phrase et non sur la deuxième comme en anglais !

GRAMMAIRE

## 4 Pour parler de souhaits pour le futur

• Pour parler de ce qui est encore réalisable dans le futur selon la capacité ou la volonté du sujet, on utilisera les **modaux** *could* (capacité) et *would* (volonté).

➔ *I wish I could go with them.* J'aimerais pouvoir aller avec eux.

➔ *I wish that noise would stop.* J'aimerais que ce bruit s'arrête. (mais ça a l'air de durer)

## Exercices

**1 Compléter à l'aide d'un prétérit ou d'un plus que parfait modal selon le cas, en vous appuyant sur les modèles.** ➔ Corrigé p. 86

*I didn't see the film. I wish… → **I wish I had seen the film.***

*I haven't got a country house. I wish… → **I wish I had a country house.***

**1.** *I am not a good swimmer. → I wish…*

**2.** *I didn't have my camera with me. → I wish…*

3. *I didn't know he was married. → I wish…*
4. *He doesn't want to take riding lessons and I agree with him. → I'd rather….*
5. *You have had too much to drink, don't drive! → I wish you….*

**2 Reformuler l'énoncé selon l'amorce proposée de façon à conserver le même sens.** ➔ Corrigé p. 86

1. *If only I had answered that letter! → I wish…*
2. *Why don't you tell him the truth right now? → It's about time you…*
3. *I'd like him to come but I know he can't. → I wish…*
4. *I regret selling my old car. → I wish…*
5. *Had he been told the whole story, he would have come at once. → If he….*

**3 Traduire.** ➔ Corrigé p. 86

1. Même s'il était coupable, il était sympathique.
2. Je souhaite que notre équipe gagne le match demain.
3. Si tu parlais plus clairement, je te comprendrais mieux.
4. Je regrette qu'il fasse si chaud.
5. Supposons qu'il soit venu, que lui aurais-tu dit ?

# 14 L'EXPRESSION DU FUTUR

Il n'y a pas de temps grammatical « futur » en anglais, mais il existe plusieurs manières d'annoncer un événement futur, selon ce que l'énonciateur veut exprimer.

## 1 *Will* + base verbale

**Remarque**
Le *will* se contracte souvent en *'ll*
→ *They'll be there at ten.*

- **Construction**

– Construction à la forme affirmative :

Sujet + *will* + BV

→ *They will be there at ten.* Ils seront là à 10 heures.

– Construction à la forme négative :

Sujet + *will* + *not* ou bien sujet + *won't*

→ *I am sure they will not like it / I am sure they won't like it.* Je suis certain qu'ils n'aimeront pas cela.

– Construction à la forme interrogative :

*Will* + sujet + BV

→ *Will you be present as well?* Serez-vous présents aussi ?

- **Les emplois**

– Pour exprimer une prédiction (prévisions météorologiques, par exemple).
→ *Tomorrow, the weather will be nice.* Demain, il fera beau.

– Cette forme est également souvent utilisée dans les propositions principales dont les subordonnées sont introduites par *if* ou *when*.
→ *If you go away they will be sad.* Si tu t'en vas, ils seront tristes.
→ *When you go away they will be sad.* Quand tu partiras, ils seront tristes.

**Remarque :** en conséquence, en anglais, quand la principale est au futur, il n'y a pas de futur dans les subordonnées de temps introduites par *when, as soon as, while, once...*

**Mais dans les questions** au style direct ou indirect, on peut utiliser *will* après *when* et *if* :

→ *When **will** she come back?* Quand reviendra-t-elle ? (style direct)
→ *We would like to know when she **will** come back.* Nous voudrions savoir quand elle reviendra. (style indirect)

GRAMMAIRE

## 2 Présent *be* + *V-ing*

• On utilise cette forme pour parler de projets bien précis et repérés dans le temps ou inscrits dans un agenda :

→ *We are leaving tomorrow at nine.* Nous partons demain à neuf heures.

→ *They are meeting the headmaster on Monday.* Ils rencontrent le directeur lundi.

## 3 *Be going to* + base verbale

• Cette forme s'utilise lorsqu'on est certain que l'action va avoir lieu (on a des indices qui lient l'action future avec le présent).

**Remarque**
C'est l'équivalent du français « il va + verbe ».

→ *The sky is so dark, it is definitely going to rain.* Le ciel est si noir, il va certainement pleuvoir.

## 4 Le présent simple

Il s'utilise comme souvent en français, pour un événement à venir prévu que l'énonciateur annonce d'une manière neutre (horaires, programmes).

→ *We leave tomorrow at 9.* Nous partirons demain à 9 h.

## 5 *Be (just) about to* + base verbale

Pour dire qu'un événement est sur le point de se passer.

→ *I was (just) about to call you.* J'étais sur le point de t'appeler.

## 6 *Be to* + base verbale

Cette forme, plutôt soutenue, s'utilise pour une action qui est prévue officiellement, ou pour parler d'un engagement.

→ *The president is to make an important announcement today.* Le président doit faire une annonce importante aujourd'hui.

→ *She is to pick up her friend at the airport.* Elle va aller chercher son ami à l'aéroport.

## 7 *Be likely to* + base verbale

Cette expression s'utilise pour exprimer une probabilité.

→ *She is likely to miss the train.* Il est probable qu'elle rate le train.

## Exercices

### 1 Compléter par le verbe entre parenthèses à la forme qui convient.

➔ Corrigé p. 86

**1.** *Here is the weather forecast: tomorrow ......... (be) mainly dry but there ......... (be) a few showers in the South.*
**2.** *I am pretty sure there ......... (not/be) another film that good for a very long time.*
**3.** *I ......... (see) you again when I ......... (be) in London next week.*
**4.** *My train ......... (leave) at 10 o'clock sharp.*
**5.** *......... you (ask) your Maths teacher that question if you ......... (see) her tomorrow.*

### 2 Traduire.

➔ Corrigé p. 86

**1.** Vous m'avertirez dès que ma mère rentrera.
**2.** Il part pour Londres cet après-midi.
**3.** Je quitterai cette maison demain, c'est certain.
**4.** J'étais sur le point de vous écrire quand vous m'avez téléphoné.
**5.** Sa femme va avoir un bébé.

# 15 LE PASSIF

## 1 Construction

• **La langue anglaise utilise le passif plus fréquemment** que le français, car cela permet de mettre en valeur le **sujet en tête de phrase.**

• Quand on passe de la voix active à la **voix passive**, le complément d'objet direct devient sujet du verbe. La construction verbale est simple : on utilise l'auxiliaire *be* + participe passé.

| sujet | auxiliaire *be* | participe passé |
|---|---|---|
| *The house* | *is* | *sold* |
| *The house* | *is being* | *sold* |
| *The house* | *was* | *sold* |
| *The house* | *was being* | *sold* |
| *The house* | *has been* | *sold* |
| *The house* | *had been* | *sold* |
| *The house* | *can be* | *sold* |
| *The house* | *must be* | *sold* |
| *The house* | *will be* | *sold* |

Contrairement à la voix active, le sujet de la voix passive n'exécute pas l'action. Il la subit, il est victime ou bénéficiaire, il reçoit quelque chose ou il en bénéficie.

→ *The politician was killed.* L'homme politique a été tué (l'homme politique est victime).

→ *The child was given a bicycle.* On a donné une bicyclette à l'enfant (l'enfant est bénéficiaire).

## 2 Le complément d'agent

• Il est inutile la plupart du temps car on ne cherche qu'à **mettre en valeur le sujet** qui est victime ou bénéficiaire de l'action exprimée par le verbe.

→ *A road is being built.* On construit une route.

• Si le complément d'agent est indispensable, s'il apporte une précision indispensable au sens de la phrase, il est introduit par *by*.

→ *He was assassinated* ***by*** *a lunatic.* Il a été assassiné par un fou.

GRAMMAIRE

## 3 Les verbes à double complément

• Certains verbes ont deux compléments : un complément de personne, dit **complément d'attribution**, et un **complément d'objet direct**. Par exemple, *to allow* permettre, *to ask* demander, *to award* accorder, *to give* donner, *to lend* prêter, *to offer* offrir, *to promise* promettre, *to sell* vendre, *to send* envoyer, *to write* écrire, *to teach* enseigner…

→ *They asked my father a question.* Ils ont posé une question à mon père.

(*my father* ↑ complément de personne ; *a question* ↑ complément d'objet direct)

**En anglais, le complément de personne sera choisi prioritairement comme sujet du passif.**

→ *My father was asked a question.* On a posé une question à mon père.

**Remarque**
Cette tournure est traduite en français par « *on* ».



## 4 Les verbes prépositionnels

• Avec les verbes prépositionnels, on maintient la préposition **à la droite du verbe au passif,** même si le complément est devenu sujet du verbe. Par exemple, *to account **for*** expliquer, *to deal **with*** traiter de, *to take care **of*** s'occuper de, *to hear **from*** avoir des nouvelles de, *to make fun **of*** se moquer de, *to rely **on*** compter sur, *to look **after*** surveiller, *to pay attention **to*** faire attention à…

→ Voix active : *They were making fun **of** her.* Ils se moquaient d'elle. → Voix passive : *She was being made fun **of**.* On se moquait d'elle.

*Voir la liste de verbes prépositionnels en Annexe, p. 281.*

## 5 Les structures complexes

• Les verbes comme *to believe* croire, *to say* dire, *to know* connaître, *to think* croire peuvent s'employer au passif :

→ Voix active : *They believed he was a thief.* Ils croyaient que c'était un voleur. → *He was believed to be a thief.* On croyait que c'était un voleur.

• La proposition infinitive

→ Voix active : *They told the girl to listen*. Ils ont dit à la fille d'écouter. → Voix passive : *The girl was told to listen*. On a dit à la fille d'écouter.

## Exercices

### 1 Mettre à la voix passive les phrases suivantes.

➔ Corrigé p. 87

1. *They handed me the painting I wanted to buy.*
2. *People say she is an excellent guide.*
3. *Someone must have attacked him.*
4. *No one can rely on him.*
5. *People were staring at him.*
6. *They built the bridge in 1927.*
7. *They will have to call for the doctor.*

### 2 Traduire.

➔ Corrigé p. 87

1. Comment avez-vous été traités ?
2. On lui a demandé d'improviser une scène.
3. Cela aurait dû être dit avant.
4. On lui a dit de montrer son passeport.
5. On parle anglais ici.
6. Il faut arrêter cette injustice.

# 16 LES AUXILIAIRES DE MODE, OU MODAUX : *MUST, MAY/MIGHT, SHALL/SHOULD, WILL/WOULD, CAN/COULD*

L'énonciateur utilise un modal pour **porter un jugement** qui peut être de deux natures :
– sur le sujet de la phrase et la **capacité, la permission, l'obligation qu'il a de faire une action** : ce sera le sens 1(voir point 2).
– sur les **chances de réalisation de l'action** : sera-t-elle certainement, probablement ou pas du tout réalisée ? C'est **l'expression de la probabilité**, ce sera le sens 2 (voir point 3).

## 1 Les cinq auxiliaires de mode (ou modaux)

• **Il y a cinq auxiliaires de mode,** et quatre d'entre eux ont une forme passée.

| **Au présent** | *Must* | *May* | *Shall* | *Will* | *Can* |
|---|---|---|---|---|---|
| **Au prétérit** | | *Might* | *Should* | *Would* | *Could* |

**Remarques :**
1. *Must* n'a que la forme du présent.
2. Les formes du prétérit des modaux n'ont pas nécessairement un sens passé.

• **Les modaux sont des auxiliaires, donc :**
– ils sont invariables,
– ils sont incompatibles entre eux,
– ils font leur forme interrogative et négative sans l'aide d'un autre auxiliaire,
– ils sont suivis d'un infinitif sans *to*,
– ils ne prennent pas de *-s* à la troisième personne du singulier du présent.

→ *She can speak many languages.* Elle sait/peut parler plusieurs langues.
→ *You mustn't work so hard.* Tu ne dois pas travailler si dur.
→ *Should they be at home?* Devraient-ils être à la maison ?

**Attention !**
*Can*, à la forme négative, a une orthographe spéciale lorsqu'il est employé avec sa forme pleine :

→ *You **cannot** do that, it's just impossible!* Tu ne peux pas faire cela, c'est impossible !

GRAMMAIRE

• Lorsqu'on a besoin d'utiliser ces verbes à une forme à laquelle ils n'existent pas, quatre d'entre eux peuvent être remplacés, chacun selon leur sens spécifique :

– *Can* par *be able to*
– *Must* par *have to*
– *May* par *be allowed to*
– *Mustn't* par *be forbidden to*

**Attention !**
Ces verbes ont un sens proche de celui des modaux mais ce ne sont pas des auxiliaires de mode, leur sens est moins fort.

## 2 Sens 1 : capacité, permission/interdiction, obligation, suggestion/conseil

### A. Can / could

• **Pour exprimer la capacité physique ou intellectuelle :**

→ *He can swim.* Il sait nager (il peut le faire).

→ *They couldn't get inside the house.* Ils n'ont pas pu rentrer dans la maison.

→ *In those days the king could send anyone to prison if he wanted.* À cette époque, le roi pouvait envoyer les gens en prison comme il le voulait.

**Remarque**
*Can* est souvent l'équivalent de savoir en français :
→ *I can speak English.* Je sais parler anglais.

*Can* s'utilise avec les verbes de perception : *see, taste, smell, hear, feel…*

→ *Can you see the house over there?* Voyez-vous la maison là-bas ?

→ *He could smell the smoke from far away and he started running.* Il pouvait sentir la fumée de loin et il se mit à courir.

• **Pour exprimer la permission :**

→ *Can I go out tonight?* Est-ce que je peux sortir ce soir ?

→ *You can take my car.* Tu peux prendre ma voiture.

• **Pour exprimer l'interdiction :**

→ *You can't cross the street here!* Tu n'as pas le droit de traverser la rue ici.

→ *You couldn't sleep outside in that country.* On n'avait pas le droit de dormir dehors dans ce pays.

### B. May / might

• **Pour exprimer la permission** dans un registre de langue très soutenu ou dans des circonstances très formelles, et utilisé le plus souvent à la forme interrogative.

→ *May I come with you?* Puis-je venir avec vous ?

→ *You may come if you want.* Tu peux venir si tu veux.

• **Pour exprimer l'interdiction**

→ *You may not smoke here.* Tu n'as pas le droit de fumer ici.

**Remarque**
*Might* ne sera utilisé dans le sens de la permission qu'au style indirect.
→ *He asked if he might take a candy.* Il a demandé s'il pouvait prendre un bonbon.

## C. Must

**• Pour exprimer l'obligation / l'ordre :**

➔ *Children, you must stand up when the teacher comes in!* Les enfants, vous devez vous lever quand le professeur entre !

**• À la forme négative, pour exprimer l'interdiction :**

➔ *You mustn't eat sugar all the time, it's bad for your health!* Tu ne dois pas manger de sucre tout le temps , c'est mauvais pour la santé.

➔ *You mustn't cross the street on your own.* Tu ne dois pas traverser la rue tout seul.

## D. Shall / should

**Remarque**

Pour exrimer un futur, avant, en anglais UK, on employait *shall* à la 1re personne et *will* aux 2e et 3e personnes, mais cette distinction a tendance à disparaître.

**• Pour exprimer la suggestion :**

➔ *Shall we go to the cinema tonight?* Et si on allait au cinéma ce soir ?

➔ *Let's go, shall we?* Allons-y, tu veux bien ?

**• À la forme prétérit, *should* exprime le conseil :**

➔ *You should call your grandparents.* Tu devrais appeler tes grand-parents.

➔ *You shouldn't work so late at night.* Tu ne devrais pas travailler si tard le soir.

**• À la forme avec *have* + participe passé, il exprime le reproche :**

➔ *You should have explained all the rules before.* Tu aurais dû expliquer toutes les règles avant.

## E. Will / would

**• Pour exprimer le futur :**

➔ *They will come next week for his birthday.* Ils viendront la semaine prochaine pour son anniversaire.

**• Pour exprimer la volonté / le refus :**

➔ *My car won't start, I don't understand why!* Ma voiture ne veut pas démarrer, je ne comprends pas pourquoi.

➔ *Will you marry me? Yes, I will.* Veux-tu m'épouser ? Oui, je le veux.

➔ *This stupid computer wouldn't work when I needed it.* Ce stupide ordinateur a refusé de fonctionner quand j'en avais besoin.

**• Pour exprimer une caractéristique du sujet :**

➔ *He will always complain.* Il se plaint tout le temps (c'est bien lui !).

➔ *Boys will be boys! (proverb)* Ça, c'est bien les garçons !

**• Pour exprimer une idée de répétition, d'habitude :**

➔ *When we were little, our parents would take us for a walk every week end.* Quand nous étions petits, nos parents nous emmenaient promener tous les week-ends.

## 3 Sens 2 : l'expression de la probabilité

Pour évaluer les chances de réalisation d'une action :

• **Dans le présent :**

*Du plus probable…*

| | |
|---|---|
| *It will work* | Ça marchera (c'est sûr à 100 %) |
| *It must work* | Ça doit marcher (j'ai des indices, je suis presque sûr) |
| *It can work* | Ça peut marcher |
| *It could work* | Ça pourrait marcher |
| *It may work* | Il se peut que ça marche |
| *It might work* | Il se pourrait que ça marche (mais rien n'est moins sûr) |
| *It won't work* | Ça ne marchera pas |

*… au moins probable*

• **Dans le passé,** on utilise l'auxiliaire *have* suivi d'un participe passé :

*Du plus probable…*

| | |
|---|---|
| *It must have worked* | Ça a dû marcher |
| *It can have worked* | Ça a pu marcher |
| *It could have worked* | Ça aurait pu marcher |
| *It may have worked* | Il se peut que cela ait marché |
| *It might have worked* | Il se pourrait que cela ait marché |
| *It wouldn't have worked* | Cela n'aurait pas marché |

*… au moins probable*

• Quelques exemples :

➔ *There is no light in his house, he must have gone out.* Il n'y a pas de lumière chez lui, il a dû sortir.

➔ *She can't be very old.* Elle ne peut pas être très âgée.

➔ *They are very late, they may have had an accident.* Ils sont très en retard, il se peut qu'ils aient eu un accident.

➔ *The headmaster might be in his office by now, don't you think?* Le directeur doit être dans son bureau maintenant, tu ne crois pas ?

## 4 Cas particuliers : *Need / Dare / Ought to*

• ***Need*** : avoir besoin de

– Se comporte comme un verbe ordinaire (avec l'auxiliaire *do/does* à la forme interrogative et négative) **lorsqu'il est suivi d'un complément d'objet** (personne) :

➔ *You do not need new shoes.* Tu n'as pas besoin de nouvelles chaussures.

➔ *Do you need me?* Est-ce que tu as besoin de moi ?

GRAMMAIRE

– À la forme interrogative et négative, **lorsqu'il est suivi d'un autre verbe**, il peut se comporter comme un modal ou bien comme un verbe ordinaire :
→ *I needn't tell you how important that is.* (modal → pas de *to* devant *tell*)
→ *I do not need to tell you how important that is* (verbe ordinaire → *to tell*). Je n'ai pas besoin de vous dire combien c'est important.
Les deux constructions existent et sont équivalentes.

• ***Dare*** : oser. *Dare* se construit à la forme négative et à la forme interrogative comme un modal sans autre auxiliaire et sans *–s* à la 3ᵉ personne.
→ *You daren't speak.* Tu n'oses pas parler.
→ *How dare he?* Comment ose t-il ? (pas de *–s* à *dare*, 3ᵉ pers. du sing.)
Les deux constructions existent et sont équivalentes.

• ***Ought to*** : devoir, au conditionnel et dans une langue très formelle et peu utilisée aujourd'hui (sauf pour donner un conseil de haute portée morale).
→ *You ought to write to your grandparents.* Tu devrais écrire à tes grands-parents.

## Exercices

**1** **Classer les verbes en gras selon qu'ils expriment : 1) une obligation, 2) une probabilité forte, 3) une probabilité moyenne, 4) une capacité, 5) un conseil.** ➔ Corrigé p. 87

1. **Il faut que tu fasses** plus attention, c'est ton deuxième accident cette année.
2. Ils étaient en retard, nous **avons dû les attendre**.
3. Prends un manteau, il **doit faire froid**.
4. Ils **pourront aller** à Malte en avion mais ils **devront réserver** leurs places.
5. Vous **devriez passer** une semaine à Barcelone.
6. **Il se peut qu'ils ne vous entendent pas.**
7. **Il se peut qu'elle n'ait pas dit** la vérité.

**2** **Traduire les phrases de l'exercice 1.**

**3** **Compléter à l'aide de l'auxiliaire modal qui convient à la forme affirmative ou négative (sens 1 ou sens 2). Il n'y a qu'une seule réponse possible.** ➔ Corrigé p. 87

1. *I ........ swim across the lake, it's too far for me.*
2. *How many languages ........ you speak?*
3. *You ...... throw stones at people, you ..... hurt someone.*
4. *I ....... hear anything, there was too much noise.*
5. *He has just bought a Jaguar, he ........ be rich.*
6. *I don't believe you, it ...... be true.*

GRAMMAIRE

# 17 LES PRONOMS RELATIFS

Pour relier deux phrases qui parlent d'une même chose ou d'une même personne et éviter d'en répéter le nom, on utilise un **pronom relatif**. Le pronom relatif remplace ce nom et joue le même rôle grammatical dans la proposition relative que le nom dans la phrase d'origine.

→ *I waited for the bus. The bus never turned up* → *I waited for the bus,* ***which*** *never turned up.* J'attendais le bus, qui n'est jamais arrivé.

→ *This is my teacher. My teacher wrote a book about the USA.* → *This is my teacher* ***who*** *wrote a book about the USA.* Voici mon professeur qui a écrit un livre sur les États-Unis.

Dans ces deux exemples, les pronoms relatifs *which* et *who* remplacent les noms *bus* et *teacher*. Ces deux noms sont les **antécédents** des relatifs *which* et *who*.

## 1 Comment choisir le relatif

• Le choix du relatif dépend **de son antécédent** (être humain ou non humain) et de la **fonction grammaticale du relatif** dans la proposition relative (sujet ou complément).

| Qualité du nom / Fonction du relatif | Être humain | Objet |
|---|---|---|
| **Sujet** | *that - who* | *that - which* |
| **Complément d'objet direct** | *whom*<br>*that*<br>*Ø* | *which*<br>*that*<br>*Ø* |
| **Complément du nom** | *whose* | *whose* |
| **Complément de lieu** | | *where* |
| **Complément de temps** | | *when* |

**Remarque**
*Whom* est de moins en moins employé ; on le rencontre parfois à l'écrit.

• Il dépend aussi du fait que la **proposition relative est déterminative ou non** :
– une proposition relative est **déterminative** lorsqu'elle apporte une information essentielle à la compréhension du message, et dont on ne peut pas se passer. Ce sont les relatives les plus fréquentes. Dans ce cas, tous les pronoms sont possibles (*that, which, who(m), Ø*).

→ *I have not seen the film* (***that***) *he mentioned.* Je n'ai jamais vu le film qu'il mentionne.
Il s'agit du film dont il a parlé et pas d'un autre !

GRAMMAIRE

– une proposition relative **non déterminative** apporte une précision accessoire, secondaire, qui pourrait être supprimée sans modifier radicalement le sens du message. **Cette proposition est toujours entre virgules.** On ne peut utiliser alors que les pronoms relatifs en *WH* (*who/which*), jamais *that* ni Ø.

➔ *His latest film, **which** was shot in Australia, is a great success.* Son dernier film, qui a été tourné en Australie, est un grand succès.

• **Attention : le sens peut être radicalement différent** selon qu'il s'agit d'une relative déterminative ou non-déterminative :

➔ *My sister, who is a doctor, lives in San Francisco.* Ma sœur, qui est médecin, habite à San Francisco. (Je mentionne **en passant** le fait que ma sœur est médecin → relative non déterminative.)

➔ *My sister who is a doctor lives in San Francisco* (il s'agit de **ma sœur qui est médecin** et pas des autres ou de l'autre → relative déterminative)

➔ *The students, who had received an award, were allowed to go home.* Les étudiants, qui ont reçu un prix, ont été autorisés à rentrer chez eux. (On nous informe incidemment que **les étudiants ont tous reçu un prix** → relative non déterminative.)

➔ *The students who had received an award were allowed to go home.* (**Uniquement ceux qui ont reçu un prix** ont été autorisés à rentrer chez eux → relative déterminative.)

**Astuce**
Déterminative ➔ sans virgule
Non-déterminative ➔ entre virgules

## 2 Le relatif *that* ou Ø

• Le relatif *that* peut remplacer les relatifs compléments d'objet direct (*whom / which*) et uniquement ceux-là.

➔ *Where is the girl whom I saw last time?* → *Where is the girl that I saw last time?* Où est la fille que j'ai vue la dernière fois ?

• Il peut être omis, c'est le relatif Ø.

➔ *Where is the girl(Ø) I saw last time?*

• **Attention :** après un **superlatif** et après ***first, last, all, only, everything, anything, anyone*** (et les composés du même modèle), on ne peut utiliser que *that* ou plus souvent le relatif Ø.

➔ *It's the funniest film Ø I've ever seen.* C'est le film le plus drôle que j'aie jamais vu.

➔ *He is the only child Ø we have.* C'est le seul enfant que nous avons.

**Notez bien**
Les *native speakers* utilisent systématiquement le relatif Ø (ou omettent *that*).

## 3 Le relatif « dont » : Ø ou *whose* ?

Attention, n'imitez pas le français ! La traduction de « dont » varie selon le type de phrase. Comparons deux phrases françaises utilisant « dont » :

• **Premier cas :**

➔ La fille dont je te parle est ma cousine. *The girl Ø I am talking about is my cousin.* Je parle de la fille, le bloc souligné est **complément du verbe.**

• **Deuxième cas :**

➔ L'homme dont je vois le chapeau est mon père. *The man whose hat I can see is my father.*

On veut parler du chapeau de l'homme et le mot homme est **complément du nom chapeau.** On doit donc utiliser ***whose*** en anglais, en prenant garde à l'ordre des mots, très différent du français : on a rapproché le relatif et le nom dont il est complément, et **l'article a disparu**.

## 4 Le relatif « où »

La langue française utilise le seul pronom « où » pour parler du **lieu** et du **temps** ; les pronoms sont différents en anglais.

• « Où », complément de lieu : *where*

➔ *This is the house* ***where*** *I was born.* Voici la maison où je suis né.

• « Où », complément de temps : *when*

➔ *That was the year* ***when*** *I was born.* C'était l'année où je suis né.

## 5 Le relatif « ce qui », « ce que »

➔ *I will tell you what I know,* ***which*** *is not very interesting.* Je vais vous dire ce que je sais, ce qui n'est pas très intéressant.

Pourquoi choisir *what* plutôt que *which* ? On peut dire ici que *what* **annonce ce qui suit** et que *which* **résume ce qui précède**.

Autrement dit, si l'expression « ce que/ce qui » a un antécédent, on utilisera *which*, et s'il n'y a pas d'antécédent on utilise *what*.

## 6 Comment construire les propositions relatives avec des verbes prépositionnels

**Exemple :** ***to deal with*** surmonter, gérer

➔ *(1)You have to deal with the situation. (2) This is a very serious situation.* → *(3) This is a very serious situation (that) you have to deal with.*

GRAMMAIRE

Dans la phrase (1), la préposition *with* introduit le complément (*the situation*). Dans la phrase (3), ce complément est représenté par le relatif *that* (que l'on peut omettre). On remarque que la préposition *with* reste collée au verbe *deal*, même s'il n'y a plus de complément ensuite.

*Voir la liste de verbes prépositionnels en Annexe, p. 281.*

## 7 Pour exprimer l'indifférence : le suffixe *-ever*

• On peut ajouter le suffixe *–ever* à un pronom relatif, au début d'une proposition relative, pour exprimer l'indifférence, l'ignorance.

➔ *You can come whenever you want.* Tu peux venir à n'importe quel moment.

➔ *He can do whatever he wants.* Il peut faire ce qu'il veut (n'importe quoi).

➔ *I will talk to whoever walks by.* Je parlerai à quiconque qui passe.

GRAMMAIRE

## Exercices

**1 Relier les deux phrases par un pronom relatif pour ne faire qu'une seule phrase.** ➔ Corrigé p. 88

**1.** *I met lots of people. They were all interesting.*
**2.** *We brought home a kitten. We had found it in the park.*
**3.** *Peter lives in a tiny street. This street goes down to the river.*
**4.** *The man came in. He was my father.*
**5.** *The school is building new science laboratories. I go to this school.*

**2 Compléter par le relatif qui convient. Utiliser Ø chaque fois que c'est possible.** ➔ Corrigé p. 88

**1.** *This is the castle ....... the kings of England used to live.*
**2.** *This is the man ......... I wanted you to meet.*
**3.** *She couldn't hear anymore, ......... was a big problem.*
**4.** ......... *I do not like is her angry looks.*

**3 Traduire.** ➔ Corrigé p. 88

**1.** Nous avons invité les enfants dont nous connaissions les parents.
**2.** Ils viennent d'avoir un bébé, ce qui est très fatiguant.
**3.** Le policier parlait de la valise que j'avais laissée dans le hall.
**4.** Il a une belle voiture de sport dont il ne se sert jamais.
**5.** Où que tu ailles, il te faudra un chauffeur.

# 18 LES PHRASES CONDITIONNELLES : L'HYPOTHÈSE

Les phrases conditionnelles en anglais fonctionnent comme en français.

## 1 On pose une hypothèse sur l'avenir : irréel du futur

- Pour exprimer que l'action est encore réalisable sous certaines conditons.

→ *If the weather **is** fine, we **will go** to the beach.*
S'il fait beau, nous irons à la plage.
présent futur

## 2 On pose une hypothèse sur le présent : irréel du présent

- Pour exprimer que l'action a très peu de chances de se réaliser dans le présent, compte tenu des circonstances.

→ *If the weather **was** fine, we **would go** to the beach*
S'il faisait beau, nous irions à la plage
passé/prétérit (valeur modale) conditionnel

**Remarque :** on utilise *were* à la 1re et 3e personne dans une langue soignée :
→ *If I were you, I wouldn't go.* Si j'étais toi, je n'irais pas.

## 3 On pose une hypothèse sur le passé : irréel du passé

- Pour exprimer que l'on regrette que l'action n'ait pas eu lieu dans le passé.

→ *If the weather **had been** fine, we **would have gone** to the beach.*
S'il avait fait beau, nous serions allés à la plage.
plus que parfait conditionnel passé

- Dans une langue très soignée, on supprimera le *if*, et on fera passer l'auxiliaire en tête de phrase :

→ *Had the weather been fine, we would have gone to the beach.* S'il avait fait beau, nous serions allés à la plage.

## 4 Remarques

- Il existe d'autres conjonctions qui introduisent des conditions :

– *Provided* : à condition que / pourvu que

➔ *We will help, **provided** you calm down.* Nous t'aiderons à condition que tu te calmes.

– *Unless*, condition négative : à moins que / seulement si

➔ *We won't come **unless** the weather is better.* Nous ne viendrons pas, à moins que le temps s'améliore.

- **Attention : ne pas confondre *if* et *whether***

En effet, *if* peut introduire aussi bien une question qu'une condition :

➔ *I wouldn't tell them the truth, if I were you.* Je ne leur dirais pas la vérité, si j'étais toi (condition).

➔ *They wanted to know if he was honest.* Ils voulaient savoir s'il était honnête (question).

Dans ce dernier cas (et seulement ce cas-là) on peut remplacer *if* par *whether*, ce qui donne à la phrase un niveau de langue plus élevé :

➔ *They wanted to know whether he was honest.*

**Astuce**

C'est uniquement le « si » conditionnel qui peut se traduire par *whether*.

GRAMMAIRE

## Exercices

**1 Mettre les verbes entre parenthèse au temps et à la forme qui conviennent.** ➔ Corrigé p. 88

1. *I am sure he (do) it provided you (ask) nicely.*
2. *If I (win) that much money, I (buy) a bigger house.*
3. *You (not/get) there tonight unless you (leave) right now.*
4. *What you (do) if you (lose) your ticket yesterday?*
5. *If they (listen) to the weather forecast, they (know) it was going to rain.*

**2 Traduire.** ➔ Corrigé p. 89

1. Tes résultats seraient meilleurs si tu travaillais plus.
2. Je suis sûr que si nous l'avions rencontré, il nous aurait invités.
3. Si j'étais toi, je ne m'inquiéterais pas.
4. Ils ne viendront pas, à moins que vous ne leur demandiez .

# 19 LES PHRASES EXCLAMATIVES

| Anglais | Français |
|---|---|
| ***What*** **+ *a/an* + groupe nominal** (singulier)<br>→ *What a surprise! ( it was!)*<br>→ *What an interesting book!*<br>En anglais, l'article reste avant le nom. | **Quel (le) + groupe nominal**<br>→ Quelle surprise ! (cela a été !)<br>→ Quel livre intéressant !<br>En français, pas d'article devant le nom. |
| **What + groupe nominal** (pluriel ou abstrait)<br>→ *What expensive clothes they sell in this shop!*<br>→ *What assurance he showed!* | **Quels/quelles + groupe nominal**<br>→ Qu'ils sont chers, les vêtements qu'ils vendent dans cette boutique !<br>→ Quelle assurance ! |
| ***Such*** **+ *a/an* + groupe nominal** (singulier)<br>→ *He is such a good teacher!*<br>***Such*** **+ groupe nominal** (pluriel ou abstrait)<br>→ *You can't say such stupid things!*<br>→ *He showed such courage!* | **Si, aussi, tellement + groupe nominal**<br>→ C'est un si bon professeur !<br>→ Tu ne peux pas dire des choses aussi stupides !<br>→ Il a montré tellement de courage ! |
| ***How*** **+ adjectif ou adverbe**<br>→ *How hard they work!*<br>→ *How extraordinary*! (ici le verbe n'est pas exprimé)<br>→ *How slowly he speaks!* | **Comme c'est + adjectif**<br>→ Comme ils travaillent dur !<br>→ Comme c'est extraordinaire !<br>→ Comme il parle lentement ! |
| ***So*** **+ adjectif**<br>→ *It seemed so stupid that I couldn't believe him.*<br>→ *She is so beautiful!* | **Si / tellement + adjectif**<br>→ Cela semblait tellement stupide que je ne pouvais pas le croire.<br>→ Elle est tellement belle ! |

**Remarque**
L'adjectif (ou l'adverbe) reste collé à *how* et donc l'ordre des mots est très différent du français.

**Remarque :** on peut aussi utiliser **la forme interro-négative** pour marquer la surprise (ton un peu formel et affecté) :

→ *Isn't that beautiful!* N'est-ce pas magnifique !
→ *Doesn't she work hard!* Comme elle travaille dur !
→ *Wasn't that nice of him!* N'était-ce pas gentil de sa part !

## Exercices

**1 Transformer chacune des phrases suivantes en phrases exclamatives de quatre façons différentes :** ➔ Corrigé p. 89

1. *She is a strong woman.*
2. *This little town is very quiet.*
3. *The party was great indeed.*
4. *There are amazing animals in this zoo!*

**2 Traduire.** ➔ Corrigé p. 89

1. Comme ils avaient l'air heureux !
2. Il est si timide qu'il va sûrement refuser de venir !
3. Quelle histoire affreuse !
4. Comme c'est intéressant !
5. Elle porte toujours de si belles boucles d'oreille !

**3 Transformer ces phrases en exclamatives, en utilisant plusieurs formules.** ➔ Corrigé p. 89

1. *That is an expensive car.*
2. *It was an exciting match.*
3. *His clothes look really weird.*
4. *I loved that film.*

# 20 RAPPORTER LES PAROLES DE QUELQU'UN : LE STYLE INDIRECT

Le passage du style direct au style indirect peut entraîner des modifications sur : les temps, les pronoms personnels, l'ordre des mots dans les questions, les compléments de temps et de lieux.

## 1 Les temps

- Si le verbe introducteur (*to say, to tell, to wonder, to want…*) est **au présent**, la citation conserve son temps d'origine.

→ *She says: "I like your dress". → She says she likes your dress.*

→ *She says: "I visited Paris last summer". → She says she visited Paris the summer before.*

**Attention**
Pour ne pas confondre *to say* et *to tell* → Fiche 21

**Remarque**
L'adverbe de temps a changé, voir point 3.

- Si le verbe introducteur est **au passé**, le temps de la citation sera souvent décalé d'un cran dans le passé, selon la concordance des temps :

| DISCOURS DIRECT | DISCOURS INDIRECT |
|---|---|
| *She said: "I **like** your dress".*<br>Présent | *She said she **liked** your dress.*<br>Prétérit /simple past |
| *She said: "I **am coming** with you".*<br>Présent + *Be* +*V- ing* | *She said she **was coming** with you.*<br>Past + *Be* +*V- ing* |
| *She said: "We **visited** London".*<br>Prétérit/simple past | *She said they **had visited** London.*<br>Past perfect/pluperfect |
| *They said: "She **was playing** tennis".*<br>Prétérit + *Be* +*V- ing* | *They said **she was playing** tennis.*<br>Prétérit + *Be* +*V- ing* |
| *She said: "I **have lost** my glasses".*<br>Present perfect | *She said she **had lost** her glasses.*<br>Past perfect/pluperfect |
| *She said: "I'**ll teach** my children".*<br>Futur avec will | *She said she **would teach** her children.*<br>Prétérit de will : would |
| *She said: "I **would be** very happy if you accepted".*<br>Conditionnel | *She said she **would be** very happy if they*<br>Conditionnel<br>*accepted.* |
| *He said: "**Sit down** !"*<br>Impératif | *He told me **to sit down**.*<br>Subordonnée infinitive |
| *He said: "**Don't speak** !"*<br>Impératif négatif | *He told me (her/him/them) **not to speak**.*<br>Notez la place du mot *not* |

**Remarque**
Ici, pas de décalage dans le temps

**Remarque**
Ici, pas de décalage dans le temps

GRAMMAIRE

## 2 Les pronoms personnels et les possessifs

Les changements de pronoms personnels et possessifs se font comme en français.

→ *She told her brother: "**you** are not supposed to talk to **me** like that"* Elle a dit à son frère « **Tu** n'es pas censé **me** parler ainsi » → *She told her brother **he** was not supposed to talk to **her** like that.* Elle a dit à son frère qu'il n'était pas censé **lui** parler ainsi.

→ *They asked their children: "Did **you** enjoy **your** holidays?".* Ils demandèrent à leurs enfants : « Est-ce que **vous** avez aimé **vos** vacances ? » → *They asked their children if **they** had enjoyed **their** holidays.* Ils demandèrent à leurs enfants s'**ils** avaient aimé **leurs** vacances.

## 3 Les adverbes et compléments de lieu et de temps

Lorsque le discours est rapporté avec un verbe introducteur au passé, il faut adapter les compléments de temps à la situation :

| Style direct | Style indirect |
|---|---|
| *Today* | *That day* |
| *Yesterday* | *The day before / The previous day* |
| *Tomorrow* | *The day after/the next day/the following day* |
| *Last week* | *The week before* |
| *Next week* | *The following week* |
| *Three weeks ago* | *Three weeks before* |
| *Until now* | *Until then* |
| *Ago*<br>→ *He said: "It happened months ago"* | *Before*<br>→ *He said it had happened months before.* |
| *Here* | *There* |

## 4 Cas particulier : les questions

- En français, **l'ordre des mots** est le même au style direct et indirect dans les questions. Mais en anglais, il y a inversion.

| | Direct | Indirect |
|---|---|---|
| **Français** | Elle a demandé : « Où est John ? »<br>1 2 3 | Elle a demandé où était John.<br>1 2 3 |
| **Anglais** | *She asked: "Where is John?"*<br>1 2 3 | *She asked where **John was**.*<br>1 **3** **2** |

• Les *yes or no questions* vont être transformées en propositions subordonnées introduites par *if* ou *whether.*

➔ *He said: "Are they coming?" → He asked **if /whether** they **were** coming.*

## Exercices

**1 Mettre au discours indirect les phrases suivantes.**

➔ Corrigé p. 90

**1.** *She said: "I haven't got enough money, I am not going to stay here".*
**2.** *Peter said to me: "I will never accept such an offer".*
**3.** *He noticed: "he has been living here for years".*
**4.** *He ordered them: "Don't make so much noise!"*
**5.** *The teacher asked them: "Did you enjoy watching the match?"*
**6.** *I asked him: "Can you lend me some money?"*

**2 Mettre la conversation suivante au style indirect (en mettant le verbe introducteur au passé).**

➔ Corrigé p. 90

*Jackie- I like your shoes, Clare. Where did you buy them?*
*Clare- I saw them advertised on TV and then I found them in a new shop yesterday.*
*Jackie- I'd like to get a pair for myself. But where is that new shop?*
*Clare- It's in the shopping centre near the train station. I can go with you tomorrow afternoon if you want.*
*Jackie- I am sorry but I can't, because I have to go and meet my parents.*
*Clare- Ok, so what about the weekend instead?*
*Jackie- That is great.*

Clare raconte cette conversation à une autre de ses amies et commence ainsi :
*I met Jackie yesterday and she said…*

**3 Utiliser les verbes suivants comme verbes introducteurs.**

➔ Corrigé p. 90

*to remind - to admit - to decide - to warn - to advise - to complain.*

**1.** *Wherever you go, don't forget to send a postcard to your grandmother.*
**2.** *Make sure you have discusssed this with your parents before you do anything.*
**3.** *All right, it is true, I did try to cheat on the exam.*
**4.** *Moreover, the food at the canteen was just horrible.*
**5.** *It is very important, don't make the same mistake over and over again.*
**6.** *I will not go back to this university next year.*

# 21 TO SAY OU TO TELL ?

## 1 Règle de base

• La règle de base à retenir est celle-ci :

> *To say* ***something***
> *To tell* ***somebody*** something

➔ *He* ***said*** *it was ugly.* Il a dit que c'était laid.

(*it was ugly* : quelque chose)

➔ *He* ***told us*** *he was coming soon.* Il nous a dit qu'il arrivait bientôt.

(*us* : à quelqu'un ; *he was coming soon* : quelque chose)

## 2 *To tell* = ordonner

• *To tell* signifie souvent « ordonner » ; dans ce cas la construction est différente : *to tell* sera suivi d'une proposition infinitive (➔ Fiche 23).

*to tell* + sujet + verbe à l'infinitif

(sujet + verbe à l'infinitif : proposition infinitive)

➔ *He told the children to calm down.* Il a demandé (dit, ordonné) aux enfants de se calmer.

Si le sujet est un pronom personnel, on utilise un pronom personnel complément :

➔ *He told them to calm down.* Il leur a demandé de se calmer.
➔ *The teacher told the girl to work harder.* Le professeur a demandé à la fille de travailler plus.
➔ *The teacher told her to work harder.* Le professeur lui a demandé de travailler plus.

## 3 *To tell* = raconter

• Attention ! *To tell* veut aussi dire raconter.

➔ *to tell a story* raconter une histoire
➔ *to tell a joke* raconter une blague

## Exercice

**1** **Choisir *to tell* ou *to say* pour compléter les phrases suivantes.** ➔ Corrigé p. 90

**1.** *Can you ......... me how to use this phone? The instructions don't ......... anything clearly.*

**2.** *She isn't very polite, is she? She never ......... please or thank you.*

**3.** *John ......... me they were going to France, but Mary ......... they were going to Spain!*

**3.** *The inspector ......... he was too busy to see her. He ......... her to come back the next day.*

**5.** *The doctor ......... I was just tired. He ......... my parents not to worry.*

**6.** *My grandmother used to ......... beautiful stories.*

**7.** *The man ......... the dog to go away.*

# 22 TRADUIRE « FAIRE » + INFINITIF

Il faut différencier les cas où **on fait faire quelque chose à quelqu'un** (« le professeur fait travailler les élèves ») et le cas où **l'action est provoquée par le sujet sans préciser qui l'exécute** (« je me fais construire une maison »). En anglais, il y a deux constructions très différentes selon ces deux cas.

## 1 Faire faire quelque chose à quelqu'un

**Un sujet provoque l'action** (premier verbe) **et un autre l'exécute** (deuxième verbe).

- Dans les phrases à la voix active :

→ *This teacher makes his students work hard.* Ce professeur fait beaucoup travailler ses élèves (Le professeur provoque l'action, mais les élèves l'exécutent.)

→ *This teacher had his students work hard.* Ce professeur a beaucoup fait travailler ses élèves.

- Si la phrase est au passif, la construction diffère :

→ *The students were made **to** work hard.* On a beaucoup fait travailler les élèves.

**Attention**

L'ordre des mots n'est pas le même qu'en français.

**Remarque**

On peut aussi utiliser *get (got au passé)* avec la même construction et le même sens.

→ *The teacher got his students to work hard.*

## 2 On ne sait pas qui exécute l'action

**Un sujet provoque l'action mais on ne sait pas qui l'exécute.**

- Au présent :

→ Nous faisons construire une maison. *We are having a house built.*

- Au passé :

→ Nous avons fait construire une maison. *We had a house built.*

On peut aussi utiliser *get* (*got* au passé)

→ *We got a house built.*

**Attention**

L'ordre des mots n'est pas le même qu'en français et le deuxième verbe (*built*) est au participe passé.

## 3 Expressions idiomatiques

• Pour certaines expressions idiomatiques, le français et l'anglais diffèrent :
→ Fais-tu la cuisine toi-même ? *Do you cook yourself?*
→ Il n'est pas difficile de se faire cuire un œuf ! *It is not difficult to cook an egg!*
→ Tu veux du thé ? J'ai fait bouillir de l'eau. *Would you like some tea? I just boiled water.*
→ Ne le fais pas attendre. *Don't keep him waiting.*
→ Il faut faire venir le docteur. *You have to call for the doctor.*
→ Je fais pousser des légumes dans mon jardin. *I grow vegetables in my garden.*
→ Va faire démarrer la voiture, j'arrive ! *Go and start the car, I'm coming!*
→ Faites entrer nos invités. *Let our guests come in.*

• **« Se faire faire … » ou les tournures pronominales françaises**
→ Je me suis fais voler mes bagages. *I had my luggage stolen.*
→ Je me suis fait couper les cheveux. *I got my hair cut.*
→ Je me suis bien fait comprendre. *I made myself understood well.*

## Exercices

### 1 Transformer les phrases suivantes selon le modèle proposé.

→ Corrigé p. 91

*He forced the children to learn their lessons by heart → He made them learn their lessons by heart.*

**1.** *We asked them to help her at once. → They…*
**2.** *I didn't make the curtains myself. → I had…*
**3.** *The policeman obliged him to lie down. → He…*
**4.** *We asked a professional to take pictures. → We….*

### 2 Traduire.

→ Corrigé p. 91

**1.** Vous allez me faire rater le train.
**2.** La petite fille m'a fait rire.
**3.** Elle a fait nettoyer ses rideaux.
**4.** On m'a fait nettoyer ma chambre (utiliser un passif).
**5.** Je lui fais porter ses bagages.
**6.** Je lui ai fait porter ses bagages chez lui (par quelqu'un).
**7.** Il s'est fait faire un costume l'an dernier.
**8.** J'ai fait de mon mieux pour me faire entendre.
**9.** Il se fera couper les cheveux demain matin.
**10.** Il s'est fait punir hier.

# 23 INFINITIF ? INFINITIF SANS *TO* ? GÉRONDIF ?

**En anglais, lorsqu'un verbe est suivi d'un autre verbe**, ce dernier verbe peut être selon les cas :
– à l'infinitif : *to work*
– à l'infinitif sans *to* (= base verbale) : *work*
– au gérondif (*V* + *-ing*): *working*
**Retenons** : l'infinitif est en général lié à une idée de **futur** et le gérondif à une idée de **passé**.

## 1 Les verbes suivis de l'infinitif

**Attention**
La négation *not* se place devant le *to*. → *We have decided* ***not to go*** *there.* Nous avons décidé de ne pas y aller.

• Il s'agit de la plupart des verbes (surtout les verbes exprimant un souhait, une volonté de faire quelque chose).
→ *We have decided* ***to go*** *there.* Nous avons décidé d'y aller.

• On trouve l'infinitif aussi après certains adjectifs : *difficult, impossible…*
→ *It is difficult* ***to concentrate*** *here.* C'est difficile de se concentrer, ici.

• L'infinitif peut aussi exprimer le but :
→ *He went there* ***to find*** *his sister.* Il est allé là-bas pour trouver sa sœur.

• Cas particulier de la proposition infinitive avec des verbes comme *to want to, to expect to* s'attendre à ce que, *would like to, to ask to, to advise to, to tell to…*
C'est une construction particulière : s'il y a un nom ou pronom personnel complément (du premier verbe), il se place avant l'infinitif complet (du deuxième verbe).

| | | | | | | |
|---|---|---|---|---|---|---|
| Sujet | + | *want*<br>*would like*<br>*expect* | + | nom ou<br>pronom personnel<br>complément | + | infinitif<br>complet |

→ *My parents want* ***me*** *to work hard.* Mes parents veulent que je travaille dur.
→ *My sister expects* ***her friends*** *to help her.* Ma sœur s'attend à ce que ses amis l'aident.
→ *She would like* ***them*** *to come every day.* Elle voudrait qu'ils viennent tous les jours.

GRAMMAIRE

## 2 Les verbes suivis de l'infinitif sans *to* (base verbale)

• Il s'agit surtout des verbes *make* et *have* ou *let* (→ Fiche 22, « Faire » + infinitif).

→ *She made me cry.* Elle m'a fait pleurer.

→ *You let it go.* Tu l'as laissé partir.

→ *I had them open the door.* Je leur ai fait ouvrir la porte.

• On utilise l'infinitif sans *to* également avec *do nothing but* :

→ *He did nothing but shout.* Il n'a rien fait d'autre que de crier.

## 3 Les verbes suivis du gérondif

• Ce sont des verbes exprimant le **goût, la préférence (ou leur contraire)** pour une activité : *to like, to enjoy, to love, to prefer, to hate…*

→ *My brother hates walking.* Mon frère déteste marcher.

• Ce sont des **expressions** comme :

*I can't stand…* Je ne supporte pas de… *He can't stand listening to classical music.*

*I can't help…* Je ne peux pas m'empêcher de… *The children can't help watching TV.*

I don't mind… Cela m'est égal de… *I don't mind going with you.*

*Do you mind…?* Cela t'ennuie-t-il de… ? *Do you mind helping your mother?*

*Would you mind ?* Cela vous ennuierait-il de… ? *Would you mind opening the window?*

*It is worth…* Cela vaut la peine de… *This book is worth reading.*

*It is no use…* Il est inutile de… *It is no use listening to such stupidity.*

*I look forward to…* Il me tarde de… *I look forward to reading you soon*

*to spend time…* passer du temps à… *He spent a lot of time explaining what happened.*

*to be fed up with….* en avoir assez de… *He is fed up with working.*

*to take to…* se mettre à… *He took to playing tennis recently.*

• Ce sont tous les verbes et adjectifs qui **introduisent leur complément par une préposition :**

*to be responsible for…* être responsable de…

*to be interested in…* être intéressé par…

*to be fond of…* aimer, adorer

*to be keen on…* être passionné de…

*to give up…* abandonner, arrêter de…

*Voir la liste des verbes et expressions prépositionnels en Annexe, p. 281.*

GRAMMAIRE

## 4 Cas particuliers : *to remember* et *to stop*

*To remember* et *to stop* peuvent être suivis soit de l'infinitif soit du gérondif, **mais alors leur sens change :**

→ *I remember* ***buying*** *something like that a long time ago.* Je me rappelle avoir acheté quelque chose comme cela il y a longtemps.

→ *I must remember* ***to buy*** *something for dinner tonight.* Je ne dois pas oublier d'acheter quelque chose pour dîner ce soir.

→ *They stopped* ***visiting museums*** *because they were tired.* Ils se sont arrêtés de visiter des musées parce qu'ils étaient fatigués.

→ *They stopped* ***to visit*** *the famous castle.* Ils se sont arrêtés pour visiter ce château très connu.

**Astuce**
Gérondif → référence au passé
Infinitif → référence au futur, expression du but

GRAMMAIRE

## Exercices

**1 Mettre le verbe entre parenthèses à la forme qui convient (base verbale, infinitif ou gérondif).** Corrigé p. 91

**1.** *He couldn't help (smile) whenever he saw her.*
**2.** *You had better stop (complain).*
**3.** *What would you like (do) now?*
**4.** *She made him (repair) the car.*
**5.** *We can't afford (go) to Australia, it's too expensive.*
**6.** *They usually enjoy (play) football.*

**2 Traduire.** Corrigé p. 91

**1.** Arrête de parler !
**2.** Mon neveu passe son temps à regarder des vidéos sur son ordinateur.
**3.** N'oublie pas d'aller à ton rendez-vous.
**4.** Cela vaut la peine d'y réfléchir.
**5.** Je suis impatient d'avoir de ses nouvelles.

# 24 LES *QUESTION TAGS* ET RÉPONSES COURTES

Les *question tags* et réponses courtes sont utilisées pour confirmer ou au contraire marquer son désaccord.

## 1 Les *question tags*

• Ils se situent en fin de phrase et fonctionnent selon un schéma rigoureux : on reprend l'auxiliaire correspondant au temps du verbe de la phrase, ainsi que le pronom personnel sujet (correspondant au sujet de la phrase) en adoptant l'ordre de la phrase interrogative :

**aux + sujet + ?**

– **La phrase est affirmative :** le *question tag* sera négatif.

→ *She worked hard, didn't she?* Elle a travaillé dur, tu ne crois pas ?

– **La phrase est négative :** le *question tag* sera affirmatif.

→ *Paul wasn't very interested, was he?* Paul n'était pas très intéressé, non / hein ?

Notez que dans la reprise, c'est la forme contractée de la négation qui est utilisée :

→ *He will arrive next week, won't he?* Il arrivera la semaine prochaine, oui ?

**Remarque**
Notez qu'aujourd'hui, on ne traduit plus les *question-tags* par « n'est-ce pas », comme ce fut le cas traditionnellement.

## 2 Les réponses courtes pour confirmer

• Quand il y a **deux locuteurs**, en réponse à une question, on ne répond pas par *yes* ou *no* tout seul. Le deuxième locuteur va confirmer en donnant une réponse courte.

→ *Did he deliver a good speech? – No, he didn't.* A-t-il fait un bon discours ? – Non.

→ *Did they have a good trip? – Yes, they did. / I suppose so!* Ont-ils fait bon voyage ? – Oui.

→ *Have you got brothers and sisters? – No, I haven't.* Avez-vous des frères et sœurs ? – Non.

→ *Have you heard from them? – No, I haven't!* As-tu de leurs nouvelles ? – Non.

## 3 Moi aussi, moi non plus : *so do I, neither do I*

Ce sont là aussi des cas où il y a **deux locuteurs**.

• **Moi aussi, lui aussi, eux aussi** : le premier énoncé est nécessairement affirmatif.

On reprend l'auxiliaire correspondant au temps du verbe du premier énoncé, précédé de *so* et suivi du sujet concerné :

→ *My husband travelled a lot last year. – So did my boyfriend!* Mon mari a beaucoup voyagé l'année dernière. – Mon petit ami aussi !

→ *I am working a lot at the moment. – So am I! / So is my sister!* Je travaille beaucoup en ce moment. – Moi aussi ! / Ma sœur aussi !

**Remarque**

On pourrait dire : *Me too / My sister too*, mais le registre de langue serait moins élevé.

• **Moi non plus, lui non plus, eux non plus** : le premier énoncé est nécessairement négatif.

On reprend l'auxiliaire correspondant au temps du verbe du premier énoncé, précédé de *neither* et suivi du sujet correspondant :

→ *We never watch horror movies. – Neither do I / Neither do our children!* Nous ne regardons jamais les films d'horreur. – Moi non plus / Nos enfants non plus.

→ *Peter won't help them! – Neither will we!* Peter ne les aidera pas. – Nous non plus !

### Exercice

**1 Relier le *question tag* à sa phrase.** → Corrigé p. 92

| | |
|---|---|
| *They went to Bali last year,* • | • *don't you?* |
| *Jane has just lost her bag,* • | • *didn't they?* |
| *He usually doesn't like chocolate,* • | • *wouldn't she?* |
| *My sister would rather stay in France,* • | • *does he?* |
| *You seem quite disappointed,* • | • *hasn't she?* |

GRAMMAIRE

## Fiche 1 Dénombrables et indénombrables, p. 13

**1** **Dénombrables** : *book, pencil, river, flower, house.*
**Indénombrables** : *happiness, milk, love, beauty, anger.*

**2** **1.** *I am sorry but the news* ***is*** *bad.*
**2.** *Can you help me, please? I need* ***some advice****.*
**3.** *You aren't allowed to take your* ***luggage*** *with you.*
**4.** *The cinema was empty. There* ***weren't many*** *people.*
**5.** *The young couple only had* ***a little / a few pieces*** *of furniture.*
**6.** *Economics* ***was*** *my favourite subject at the time.*

**3** **1.** *I am going to give you three pieces of advice.*
**2.** *The information given was wrong.*
**3.** *Please, wait before you take my luggage.*
**4.** *The news I have just received is not good.*
**5.** *Why are there so many people today?*
**6.** *The peoples of Europe should get along.*

## Fiche 2 Les quantifieurs indéfinis *some, any, no*, p. 16

**1** **1.** *Sarah has got no children.*
**2.** *These people have got no money.*
**3.** *There are no people leaving in this part of the country.*
**4.** *They have put no pictures on this wall.*

**2** **1.** *There is not / isn't any coffee left.*
**2.** *We have not got / haven't got any books at all.*
**3.** *This little boy has not got / hasn't got any friends.*
**4.** *They are not / aren't any buses today.*

## Fiche 3 D'autres quantifieurs, p. 18

**1** **1. b)** *The comment meant nothing to* ***most of*** *the children who were there.*
**2. d)** ***Each*** *project will have to be illustrated by genuine photographs.*
**3. c)** *They spent their* ***whole*** *lives saving money to buy this house.*
**4. a)** ***All*** *the children were so happy.*

**5. d)** *There were* ***several*** *famous celebrities who were taking part in the demonstration.*
**6. c)** *They smiled first and then* ***both of them*** *burst out laughing.*

**2** **1.** *During the war, people were hungry, there was* ***not much*** *food.*
**2.** *In life you always need* ***a little*** *luck.*
**3.** *There are* **few** *buses at night in big towns.*
**4.** *Ok, I think I need* **a little** *time to think about it.*
**5.** *There were* ***a few*** *famous film stars in Cannes this year. It was disappointing.*

**3** **1.** *Did* ***many*** *students fail the exam?*
**2.** *We haven't got* ***much*** *petrol left.*
**3.** *I haven't seen my best friend for* ***many*** *years.*
**4.** *Oh no! You bought too* ***much*** *bread!*
**5.** *We were lucky last winter, there wasn't* ***much*** *snow.*

CORRIGÉS

## Fiche 4 Les déterminants, p. 21

**1** **1.** ***The*** *air in this area is rather polluted.*
**2.** *Of course he was* ***a*** *writer.*
**3.** *In England most schoolchildren eat* ***an*** *apple with lunch.*
**4.** ***The*** *queen arrived in France yesterday.*
**5.** *President Obama has served two terms.*

**2** **1.** *He was the kind of person who liked giving advice to others.*
**2.** *She always buys flowers on Sundays.*
**3.** *Who were Jefferson and Lincoln? –American presidents.*
**4.** *He was driving at 100 km an hour in town and was arrested.*
**5.** *Patience is a quality I admire.*

## Fiche 5 Les adjectifs, p. 25

**1** **1.** *We had to write a* ***2-hundred word*** *essay.*
**2.** *She is a* ***very bad-tempered*** *person.*
**3.** *He is a* ***world-famous*** *actor (or: He is a* ***well-known*** *actor).*
**4.** *She has* ***almond-shaped*** *eyes.*
**5.** *She is a* ***well-known*** *singer.*

**Astuce**
Il n'y a pas de *-s* à *hundred*

**2** **1.** *He was left-handed and his brother was red-headed.*
**2.** *He suffered from a serious mental illness.*
**3.** *The two year-old little girl had just started talking.*
**4.** *They are very different the one from the other, the boy is interested in animals and the girl is good at drawing.*
**5.** *The Welsh have beaten the Canadians by a score three to one.*
**6.** *The rich have more priviledges than the poor, it is obvious.*

## Fiche 6 La comparaison, p. 29

**1** **1.** *She is much younger than he.*
**2.** *My car is not as powerful as theirs.*
**3.** *She is a better pianist than he is. She is the best pianist I have ever heard.*
**4.** *Your results are getting worse and worse.*
**5.** *It is becoming more and more difficult to find a flat in London.*
**6.** *He is getting more and more selfish. The older he gets, the more selfish he is.*
**7.** *We have faster and faster trains.*
**8.** *The more she grows, the more she looks like her mum* ou : *the older she gets, the more she looks like her mum.*
**9.** *The longer we waited, the more impatient he was.*
**10.** *The Empire State building is three times as high as (three times higher than) the United Nations building. But it is not the highest skyscraper in Manhattan anymore.*
**11.** *The younger of their two daughters is still going to grammar school (UK) / high school (US), the elder one is a doctor.*

## Fiche 7 Le cas possessif, ou génitif, p. 33

**1** **1.** *My friends' car*
**2.** *The cover of the book*
**3.** *His sister's toys*
**4.** *Her relatives' admiration.*

**2** **1.** *I hate going to the dentist but I have to, my tooth hurts so much.*
**2.** *That's what the farmer's wife told me.*
**3.** *Can you give me the doctor's address?*
**4.** *They didn't respect the citizens' rights.*

## Fiche 8 Le présent, p. 35

**1** **1.** *Do you know what he* ***is doing*** *at the moment?*
**2.** *What time does this train* ***get*** *to Edinburgh?*
**3.** *Well, of course, you* ***are not walking*** *there, it's too far.*
**4.** *He always* ***works*** *very hard.*
**5.** *What* ***are you thinking*** *about?*

**2** **1.** *The sun rises in the East.*
**2.** *My little sister likes strawberries very much but I hate them.*
**3.** *He is not here at the moment, he is playing golf with his father. They play together every Saturday afternoon.*
**4.** *This painting shows two men who are discussing their children's wedding.*
**5.** *Do you understand what they are saying?*

## Fiche 9 La référence au passé : le prétérit, p. 38

**1** **1.** *The thieves, who* ***were wearing*** *masks,* ***took*** *all the jewels.*
**2.** *They* ***built*** *this house ten years ago.*
**3.** *This time yesterday,* ***I was lying*** *on the beach.*
**4.** *He* ***was having*** *a coffee with his friend when someone* ***stole*** *his wallet.*
**5.** *When their father* ***came in****, all the children* ***stopped*** *talking.*
**6.** *I would rather you* ***told*** *my mother about the accident yourself.*
**7.** *I wish you* ***didn't cry*** *so much.*
**8.** *In those days we* ***used to go*** *to the seaside every summer, but we don't anymore.*

## Fiche 10 Ni présent, ni passé : le *present perfect*, p. 40

**1** **1.** *Now look, you* ***have broken*** *my best plate.*
**2.** *How often* ***have you been*** *in love?*
**3.** *We* ***have known*** *each other for ages.*
**4.** *I* ***saw*** *Kate yesterday.*
**5.** *My children* ***caught*** *a plane to New York this morning.*
**6.** *I can't stand it anymore, he* ***has been listening*** *to that music for hours.*

## Fiche 11 Le *past perfect*, p. 42

**1** **1.** *He* ***remembered*** *he had made that promise twenty years before.*
**2.** *Yesterday I* ***arrived*** *late at work because I* ***had overslept****.*
**3.** *Everybody* ***knew*** *that she* ***had sent*** *me an invitation.*
**4.** *Before going to prison, he* ***had been*** *a very good boy.*
**5.** *Before she* ***moved*** *to Exeter in 2010, she* ***had spent*** *two years in Brighton.*

**2** **1.** *He had not played chess for years.*
**2.** *I had already seen that film.*
**3.** *He had not been to London since 1995.*
**4.** *Did you know he had been wounded during the war?*
**5.** *I told him/her I had liked his/her book very much.*
**6.** *If only I had had a car at that moment!*

## Fiche 12 *For, since, ago*, p. 44

**1** **1.** *For five years*
**2.** *Since last week*
**3.** *Since 1993*
**4.** *Since your birthday*
**5.** *For ten months.*

**2** **1.** *We* ***visited*** *England two years ago.*
**2.** *They* ***have been*** *working together for such a long time now!*
**3.** *These students* ***have been studying*** *English for six years.*
**4.** *He* ***has been listening*** *since the beginning of the lecture.*
**5.** *It* ***has not rained*** *since last year in this country.*

**3** **1.** *I went to see them two weeks ago.*
**2.** *He has been working since six o'clock in the morning.*
**3.** *He has been working on this book for eight years.*
**4.** *They have kept the event secret for days.*
**5.** *How long have they been married?*

## Fiche 13 Exprimer un souhait, un regret : prétérit et plus que parfait modal, p. 47

**1** 1. *I wish I were a good swimmer.*
2. *I wish I had had my camera.*
3. *I wish I had known he was married.*
4. *I'd rather he didn't take riding lessons.*
5. *I wish you would not drive.*

**2** 1. *I wish I had answered that letter.*
2. *It's about time you told him the truth.*
3. *I wish he could come.*
4. *I wish I hadn't sold it.*
5. *If he had been told the whole story he would have come at once.*

**3** 1. *Even if he were guilty, he was a very friendly person.*
2. *I wish our team would win the match tomorrow.*
3. *If you spoke more clearly, then I would understand you better.*
4. *I wish it weren't so hot.*
5. *Suppose he had come, what would you have told him?*

## Fiche 14 L'expression du futur, p. 50

**1** 1. *Here is the weather forecast: tomorrow* ***will be*** *mainly dry but there* ***will be*** *a few showers in the South.*
2. *I am pretty sure there* ***won't be*** *another film that good for a very long time.*
3. *I* ***will see*** *you again when I* ***am*** *in London next week.*
4. *My train* ***leaves*** *at 10 o'clock sharp.*
5. *Will you* ***ask*** *your Maths teacher that question if you see her tomorrow?*

**2** 1. *You will tell me as soon as my mother comes back.*
2. *He is leaving for London this afternoon.*
3. *I will leave this house tomorrow for sure.*
4. *I was about to write you when you phoned.*
5. *His wife is going to have a baby.*

**Astuce**
*As soon as, when* sont suivis du présent, même si la principale est au futur.

CORRIGÉS

## Fiche 15 Le passif, p. 53

**1** **1.** *I was handed the painting I wanted to buy.*
**2.** *She is said to be an excellent guide.*
**3.** *He must have been attacked.*
**4.** *He can't be relied on / upon.*
**5.** *He was being stared at.*
**6.** *The bridge was built in 1927.*
**7.** *The doctor will have to be called for.*

**2** **1.** *How were you treated?*
**2.** *He was asked to improvise a scene.*
**3.** *It should have been told before.*
**4.** *He was told to show his passport.*
**5.** *English is spoken here.*
**6.** *This injustice must be stopped.*

## Fiche 16 Les auxiliaires de mode, p. 60

**1** **1.** *Il faut que tu fasses plus attention* → obligation dans le présent.
**2.** *Nous avons dû les attendre* → obligation dans le passé.
**3.** *Il doit faire froid* → probabilité dans le présent.
**4.** *Ils pourront aller* → capacité au futur. Ils devront réserver → obligation au futur.
**5.** *Vous devriez passer* → conseil.
**6.** *Il se peut qu'ils ne vous entendent pas* → probabilité moyenne / assez incertaine.
**8.** *Il se peut qu'elle n'ait pas dit* → probabilité moyenne / assez incertaine.

**2** **1.** *You have to be more careful; it is your second accident this year.*
**2.** *They were late, we had to wait for them.*
**3.** *Take a coat, it must be cold.*
**4.** *They will be able to fly to Malta but they will have to book their seats.*
**5.** *You should spend a week in Barcelona.*
**6.** *It is late, they must be in bed.*
**7.** *They may not hear you.*
**8.** *Sorry for being late but I had to stop at Kate's to get / pick up CDs.*
**9.** *His wife might refuse to come and see him in prison.*
**10.** *She may not have told the truth.*

**Astuce**
*Can* ne pouvant s'utiliser avec will, on utilise son remplaçant *be able to.*

CORRIGÉS

**3** **1.** *I **can't** swim across the lake, it's too far for me.*
**2.** *How many languages **can** you speak?*
**3.** *You **mustn't** throw stones at people, you **might** hurt someone.*
**4.** *I **couldn't** hear anything, there was too much noise.*
**5.** *He has just bought a Jaguar, he **must** be rich.*
**6.** *I don't believe you, it **can't** be true.*

## Fiche 17 Comment utiliser les pronoms relatifs, p. 61

**1** **1.** *I met lots of people **who** were all interesting / All the people **that** / Ø I met were interesting.*
**2.** *We brought home a kitten **that** / Ø we had found in the park.*
**3.** *Peter lives down a tiny street **that** / **which** goes down to the river.*
**4.** *The man **who** came in was my father.*
**5.** *I go to the school **that** / **which** is building new science laboratories.*

**2** **1.** *This is the castle **where** the kings of England used to live.*
**2.** *This is the man **who** / **that** / Ø I wanted you to meet.*
**3.** *She couldn't hear anymore, **which** was a big problem.*
**4.** ***What** I do not like is her angry looks.*

**3** **1.** *We invited the children **whose** parents we knew.*
**2.** *They have just had a baby, **which** is very tiring.*
**3.** *The policeman was talking about the suitcase **that** / **which** / Ø I had left in the hall.*
**4.** *He has a beautiful sportscar, **which** he never uses.*
**5.** ***Wherever** you go you'll need a driver.*

## Fiche 18 Les phrases conditionnelles : l'hypothèse, p. 65

**1** **1.** *I am sure he **will do** it provided you **ask** him nicely.*
**2.** *If I **won** that much money, I **would buy** a bigger house.*
**3.** *You **will not (won't) get** there tonight, unless you **leave** right now.*
**4.** *What would you **have done** if you **had lost** your ticket yesterday?*
**5.** *If they **had listened** to the weather forecast, they **would have known** it was going to rain.*

**2** **1.** *Your results would be better if you worked harder.*
**2.** *I am sure if we had met him he would have invited us.*

**3.** *If I were you I wouldn't worry.*
**4.** *They won't come unless you ask them.*

## Fiche 19 Les phrases exclamatives, p. 67

**1** **1.** *1) She is such a strong woman! 2) What a strong woman she is! 3) She is so strong! 4) How strong she is!*
**2.** *1) It is such a quiet little town! 2) What a quiet little town! 3) It is so quiet! 4) How quiet this little town is!*
**3.** *1) It was such a great party! 2) What a great party! 3) It was so great! 4) How great it was!*
**4.** *1) There are such amazing animals in this zoo! 2) What amazing animals there are in this zoo! 3) The animals in this zoo are so amazing! 4) How amazing the animals in this zoo are!*

**2** **1.** *How happy they looked!*
**2.** *He is so shy he will certainly refuse to come!*
**3.** *What a terrible story!*
**4.** *How interesting!*
**5.** *She always wears such beautiful earrings!*

**3** **1.** *How expensive! It is so expensive! What an expensive car! That is such an expensive car!*
**2.** *What an exciting match! It was such an exciting match! This match was so exciting!*
**3.** *What weird clothes! His clothes looked so weird! He wore such weird clothes!*
**4.** *What a good film! It was such a good film! It was so good!*

## Fiche 20 Rapporter les paroles de quelqu'un : le style indirect, p. 69

**1** **1.** *She said she hadn't got enough money, she was not going to stay there.*
**2.** *Peter told me he would never accept such an offer.*
**3.** *He noticed he had been living there for years.*
**4.** *He ordered them not to make so much noise.*
**5.** *The teacher asked them if/whether they had enjoyed watching the match.*
**6.** *I asked him if /whether he could lend me some money.*

**2** *I met Jackie yesterday and she said she liked my shoes and she wanted to know (she asked) where I had bought them. So I told her I had seen them advertised on TV and I had found them the day before in a new shop. She said (she added) she would like to get a pair for herself. And she asked where that new shop was. I told her it was in the shopping centre near the train station. And I told her I could go with her the following day if she wanted. She said she was sorry but she couldn't because she had to go and meet her parents. So I suggested the weekend instead and she said that it was a great idea.*

**3** **1.** *He reminded her/him/them not to forget to send a postcard to their grandmother wherever they went.*
**2.** *He advised him/her/them to make sure they had discussed this with their parents before they did anything.*
**3.** *He admitted it was true, he had cheated on the exam.*
**4.** *They/he/she complained that the food at the canteen had been just horrible.*
**5.** *He warned him/her/them not to make the same mistake over and over again.*
**6.** *He decided he would not go back to university the following year.*

## Fiche 21 *To say* ou *to tell* ?, p. 72

**1** **1.** *Can you* ***tell*** *me how to use this phone? The instructions don't* ***say*** *anything clearly.*
**2.** *She isn't very polite, is she? She never* ***says*** *please or thank you.*
**3.** *John* ***told*** *me they were going to France, but Mary* ***said*** *they were going to Spain.*
**4.** *The inspector* ***said*** *he was too busy to see her. He* ***told*** *her to come back the next day.*
**5.** *The doctor* ***said*** *I was just tired. He* ***told*** *my parents not to worry.*
**6.** *My grandmother used to* ***tell*** *beautiful stories.*
**7.** *The man* ***told*** *the dog to go away.*

## Fiche 22 Traduire « Faire + infinitif », p. 74

**1** **1.** *They were made to help her at once.*
**2.** *I had the curtains made.*

CORRIGÉS

3. *He was made to lie down (by the policemen).*
4. *We had a professional take pictures.*

**2** 1. *You are going to make me miss the train.*
2. *The little girl made me laugh.*
3. *She had her curtains cleaned.*
4. *I was made to clean my bedroom.*
5. *I make him carry his luggage.*
6. *I had his luggage carried to his place.*
7. *Last year he had a suit made.*
8. *I did my best to make myself heard.*
9. *He will have his hair cut tomorrow morning.*
10. *He got punished yesterday.*

## Fiche 23 Infinitif ? Infinitif sans *to* ? Gérondif ?, p. 76

**1** 1. *He couln't help* ***smiling*** *whenever he saw her.*
2. *You had better stop* ***complaining.***
3. *What would you like* ***to do*** *now?*
4. *She made him* ***repair*** *the car.*
5. *We can't afford* ***to go*** *to Australia, it's too expensive.*
6. *They usually enjoy* ***playing*** *football.*

**2** 1. *Stop talking!*
2. *My nephew spends his time watching videos on his computer.*
3. *Don't forget to go to your appointment.*
4. *It is worth thinking about it.*
5. *I am looking forward to hearing from him.*

## Fiche 24 Les *question tags* et réponses courtes, p. 79

**1**

| | | |
|---|---|---|
| *They went to Bali last year,* | 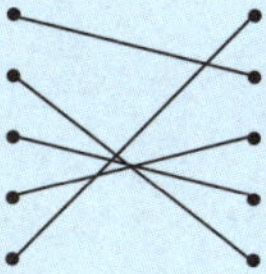 | *don't you?* |
| *Jane has just lost her bag,* | | *didn't they?* |
| *He doesn't usually like chocolate,* | | *wouldn't she?* |
| *My sister would rather stay in France,* | | *does he?* |
| *You seem quite disappointed,* | | *hasn't she?* |

CORRIGÉS

# PARTIE 2

# Les notions du lycée 2$^{de}$, 1$^{re}$, Term

CHAPITRE 1

# The Art of Living Together

## Mots-clés

- *multiculturalism* le multiculturalisme
- *involvement* l'engagement, l'implication
- *consumer society* la société de consommation
- *sustainable development* le développement durable
- *to belong to* appartenir à
- *to trace one's roots* retrouver ses racines
- *to rebel against* se rebeller
- *to integrate* s'intégrer

## LES IDÉES ESSENTIELLES

**Sentiments d'appartenance : Singularités et Solidarités**
Le sentiment d'appartenance au groupe génère des solidarités et singularités, car l'individu est libre de ses choix. Il se développe également à l'échelle internationale. Le développement du multiculturalisme enrichit l'individu, mais entraîne aussi conflits et divisions. Il permet cependant à l'individu d'exprimer ses choix.

**Mémoire : Héritage et Rupture**
Le présent se fabrique à partir du passé, et l'individu se construit en s'appuyant sur ses racines. La vie est un enchaînement de continuités et de ruptures avec le passé. L'héritage du passé permet aux immigrés de partager leurs traditions ancestrales et de valoriser leurs racines.

**Visions du futur : Création et Adaptation**
Imaginer le futur permet à l'individu de vivre en société mais aussi de vivre en harmonie avec son environnement en respectant le patrimoine et en préservant les ressources naturelles.
La mondialisation doit servir à diminuer les inégalités dans le monde. Un des rôles de l'artiste est d'avertir l'individu des dangers potentiels qui le guettent s'il ne respecte pas son environnement.

➔ p. 104

# 1 A Sense of Belonging: Singularity and Solidarity

## A Role Models: Family or Famous People?

• **Family role models.** Young people generally look up to their parents and other relatives (aunts and uncles, grandparents or even great-grandparents) as examples to follow. They can be good role models, because they offer young people an "up-close and personal" view of someone who navigates life's difficulties and conflicts successfully, and chooses healthy behaviours that a young person can follow into adulthood.

• **Stars, heroes and icons.** Famous people also contribute to a sense of unity by becoming iconic figures, or icons. As icons become more culturally varied, countries and communities become more open to multiculturalism. Multiculturalism can enrich individuals, but it may also bring about conflicts and divisions.

• **Who you choose as a role model can make a big difference in your life**, by influencing your goals. Role models can be people who work for the greater good; stars from the world of sports, movies or music, or even virtual or fantasy characters from films of video games. In all those cases, being part of a group or a tribe with a strong identity can help people feel like they belong. Nevertheless, even in a close-knit group, it is important to maintain some sense of individuality, and freedom of will – the ability to choose what you want to do with the group and if you want to stay in it or leave it.

**Help**

- *a role model* une personne que l'on prend comme modèle
- *relatives* les parents, les membres de la famille
- *adulthood* l'âge adulte
- *a tribe* une tribu
- *close-knit* très uni, soudé

**Did you know?**

A fashion tribe is a group of people who dress in a distinctive style to show their membership in a particular group. Punks and Goths are two examples of fashion tribes.

## B A Home

• **Choosing a home.** A person's home can be an important facet of their identity and sense of belonging. Sometimes, people choose to live near people who share a similar cultural identity. Other times, where you are from may define your identity. Your home can be in an urban, suburban or rural area. Urban areas are located in cities. Suburban areas are located around and on the outskirts of cities. They have lower population density and can sometimes be quite green. Many suburban

**Help**

- *the outskirts* la périphérie
- *a commuter town* une cité-dortoir *(also called bedroom suburbs in the USA)*

areas are called commuter towns, because the people who live there commute to and from work in the nearby city every day. Rural areas are well-of cities. They are sparsely populated; their inhabitants live in small towns or on farms.

**Help**
- *to commute* faire la navette entre son domicile et son travail
- *a commute* le trajet quotidien entre son domicile et son travail
- *sparsely populated* faiblement peuplé

• **From ghettos to gated communities.** Many areas become associated with specific ethnic communities. A ghetto is a neighbourhood that people may not be able to leave (because they can't afford to go or don't feel welcome elsewhere). A gated community, on the other hand, is an exclusive residence where non-residents may not enter.

**Gated communities**

These residential communities are surrounded by walls or fences, and have guard boxes at the entrances. Some of these communities are like country clubs, others seem more like inaccessible fortresses. The richer the community is, the more luxurious the facilities (équipements, aménagements) are. These may include tennis courts, swimming pools, golf courses or a marina. In places like South Africa, gated communities have been developed to protect residents from high levels of violent crime. However, they can lead to a suspicious mind-set (mentalité) and the assumption (supposition) that all non-residents are potential criminals.

• Some areas, like parts of Florida, promote gated communities, but others discourage it, in order to encourage an ethnical, cultural and social melting-pot.

**Example.** Unfortunately, the City of Chicago has a long history of exclusion and of discrimination against minorities and immigrants. So in 2011, the city's Mayor, Rahm Emmanuel, created the Office of New Americans, to "make Chicago the most immigrant-friendly city in the world." The Mayor appointed Adolfo Hernandez, the son of Mexican immigrants, as the first Director of the Office. In 2013, the White House recognized Hernandez as a "champion of change."

## C Building a Sense of Belonging

• **Pride and solidarity**. School is the place where pupils learn the art of living together.

**Example.** In Britain, school uniforms are seen as a way to reduce social differences and to instil pride and discipline (since your uniform is a kind of identification). Wearing the same uniform as everyone else allows pupils from all races and social backgrounds to feel a sense of belonging, and creates a kind of "team spirit." Uniforms also reduce the pressure on pupils and their families to wear "the right

**Help**
- *to instil* inculquer
- *team spirit* l'esprit d'équipe (ici, l'école de la citoyenneté)

COURS

COURS

clothes," which can be expensive. School leaders also say that uniforms also promote good behaviour and respect because they contribute to creating a serious atmosphere, instead of turning school into a fashion show. One of school's most important roles is to promote tolerance and solidarity. Pupils' connection to their school should grow into a sense of being citizens of their community, region, nation and eventually, of the world. We should all feel concerned when there are natural disasters, war or terrorism anywhere in the world.

- **Religion** is a factor that reinforces the sense of belonging in many places, because it contributes to social cohesion. It can also lead to exclusion or violence against people who don't share the majority's religious beliefs. Freedom of religion is one of the founding principles of the USA. There is tremendous diversity in religion there, and religion is more present in political debate. While public schools cannot promote any one specific religion, most schoolchildren recite the Pledge of Allegiance to the US flag, which contains a reference to God, every morning.

**The Pledge of Allegiance** (Le serment d'allégeance)
The Pledge of Allegiance *("I pledge allegiance to the Flag of the United States of America, and to the Republic for which it stands, one Nation under God, indivisible, with liberty and justice for all")* was written in 1892, except for the words "under God," which were not added until 1954. However, the Supreme Court ruled that students cannot be obliged to recite the Pledge or be punished for choosing not to.

# 2 Memory: Continuity and Breaks

In our society, individuals, families and communities build their present and future through a combination of continuity and breaks. In some ways, they honour and preserve the heritage of the past, and in others, they incorporate change and new ideas.

**Help**
- *a break* ici une rupture, parfois une pause
- *cohesiveness* cohésion

## A Immigrants' Cultural Heritage

- **Parents' Cultural Heritage.** In the English-speaking world and elsewhere, immigrants aim at building a new life based on their parents' cultural heritage. This cultural heritage can create cohesiveness within immigrant families and communities, but it can also lead to conflict within the broader community or their fami-

**Did you know?**
Forty per cent of the current American population has at least one ancestor who entered the country through Ellis Island.

lies. Children who are the first or second generation in a new country may feel divided between their parents' expectations and those of the country where they live. This can lead to cultural conflicts or a "generation gap". Immigrants may feel torn between maintaining their culture of origin and integrating into the culture of the place where they now live. Many cities have museums of immigration or other places that honour the immigrant experience.

> **Help**
> - *to feel torn* se sentir tiraillé (de *to tear, tore, torn* déchirer)
> - *aware of* conscient de
> - *to blend* mélanger, mêler

**The Ellis Island Immigration Museum**
The Ellis Island Immigration Museum in New York Harbor is a national historic monument dedicated to honouring and remembering the 12 million immigrants who entered the USA through the Ellis Island Immigration Station between the 1890s and the 1950s. Most of them came by boat from Europe, although others came from Asia, Africa and South America.

- **Cultural heritage in the host country.** With the growth of multiculturalism, everyone, both immigrants and locals, is becoming more aware of the importance of preserving immigrants' cultural heritage. One way to do this is to share immigrant culture in festivals, parades and other events that are open to everyone.

**Example.** The **Notting Hill Carnival**, in London, was started in 1964 by the West Indian immigrant community (people from Jamaica, the Bahamas, etc.). It incorporates music, costumes and other traditions from the British West Indies. It started small, but it is now the largest annual street party in Europe.

- **The Arts.** Music, film, fashion and other arts are an expression of a community's culture. They can also be a way for cultures to be globalized, to penetrate new places and to blend with the cultures they encounter there.

**Example.** India is now the country that produces the most movies in the world. Just as Hollywood introduced American cultural habits to the world, "Bollywood" (a combination of "Hollywood" and "Bombay" the old name for Mumbai, the city that is the heart of the Indian film industry) has introduced Hindi music, dance and legends to the world.

- **Re-writing history**. There is an expression: "History is written by the victors." It means that it is difficult for oppressed minority to defend their point of view. The dominant culture often tries to impose its interpretation of history. Nowadays, many oppressed groups are demanding a chance to express their side of the story. In America, this has led to events like Black History Month (February) and Women's History Month (March). During that time, events in schools, on TV and elsewhere, present the important contributions that Black people and women have made to American culture.

> **Help**
> - *double-edged sword* une épée à double-tranchant

• **Education: a double-edged sword.** Education can be an important tool in helping minority communities preserve their cultural inheritance. However, education is sometimes also used against certain cultures. In many countries, certain languages were forbidden, like Native American languages in North America and Aboriginal languages in Australia. In Australia, children were taken from their families and sent to schools where they were forced to speak English. They were told that this was for their own good, to help them assimilate.

**Did you know?**
In 1998, Australia recognized those children as victims. They are now known as the "Stolen Generation." Since 1998, May 26 is National Sorry Day in Australia, a day to acknowledge and apologize for the mistreatment of Aboriginal children and families, and to honour Aboriginal culture.

## B Cultural Heritage

• **What is cultural heritage?** It is a legacy from past generations for future generations. It is unique and cannot be replaced.

**Help**
- *a legacy* un leg

• **Positive image.** A society's cultural heritage can be composed of buildings, monuments and/or works of art that are vivid testimonies of the past. They reflect a particular period of time, and the historical events that took place then. They often have a positive image, as reminders of periods of peace and prosperity, or of victory in wars and other military conflicts (like the Churchill Museum in London). But some monuments, like the 9/11 Memorial in New York, can have sad or negative images. They memorialize the dead, and remind visitors about events that we hope will never be repeated.

**The Churchill Museum in London** is a history museum dedicated to the political life of Sir Winston Churchill. The Cabinet War Rooms are the underground rooms where Churchill and his ministers and military command met.
**The 9/11 Memorial** in Manhattan is dedicated to the memory of the victims of the September 11, 2001 terrorist attacks against the World Trade Center (WTC) towers in New York and the Pentagon, in Virginia. The Memorial is located on the exact spot where the WTC towers used to stand.

• **The role of artists**. Artists play an important role in developing a sense of community. Paintings, song lyrics, films and more often express a different point of view from the government's. They are sometimes accused of being biased (against war, or the government, for example), but others defend their right to free speech.

**Help**
- *biased* subjectif
- *free speech* la liberté d'expression

• **Traditions and languages**. Languages, folklore and other intangibles are also important parts of ethnic groups' cultural heritage. Languages and other cultural elements can disappear when ethnic groups' population diminishes or they are forced to assimilate into another culture. According to UNESCO's *Atlas of the World's Languages in Danger*, almost half of the approximately 6,000 languages spoken in the world today are in some degree of danger. Almost 100 languages are estimated to be in severe or critical danger, because they are only spoken or understood by elderly people.

• **Natural resources.** Natural sites and native plants and animals can also be considered as part of communities' cultural heritage. Present generations have a responsibility to protect and preserve landscapes that are important to their cultural history. In 1993, Tongariro National Park, a volcanic site in New Zealand, became "the first place in the world to be listed as a World Heritage Site for the spiritual and cultural values the landscape possesses for the indigenous people in the area." (The indigenous people in New Zealand are the Maori. For more information about the Maori, see p. 134).

**Help**
- *elderly* âgé

**Did you know?**
In the late 1960s – early 1970s, many American artists expressed criticism of America's involvement in Vietnam. America had first got involved in the conflict in the 1950s, to prevent a Communist takeover (prise de pouvoir) of South Vietnam. But the large number of casualties (morts et blessés) on both sides led to a strong anti-war movement. Many rock musicians wrote "protest songs" for that movement.

COURS

# 3 Visions of the Future: Creation and Adaptation

The world is undergoing a period of rapid technological change. Instant communication and improved transportation means many developing countries are becoming rapidly industrialized, and goods and people are moving around the world more than ever before. So society must consider and prepare for the future. Inventing new ways of living together will help society adapt to technological evolution, and will enable future generations to live together in harmony with each other and with the environment.

## A Preserving our Natural Environment

• **Role of individuals.** Living in harmony with the natural environment means we must make both individual and collective efforts to preserve the planet. These efforts include recycling (sorting paper, metal, plastic etc. so that it can be recycled), reusing things (like bringing a bag when you shop instead of getting new bags every time), car-pooling, and sharing.

**Help**
- *to undergo* subir
- *to enable somebody* permettre à quelqu'un
- *to sort* trier
- *car-pooling* le covoiturage
- *to share* partager

**Examples.** Many cities, like New York, London, Paris and more now have short-term bicycle or car-rental services (like Citi-Bike, ZipCar and more), that are much cheaper and easier than traditional rental agencies. And services like Bla-bla Car make it easy for people to share cars, so there are fewer cars on the road (which means less pollution). The Internet also makes it easier for people to buy second-hand items (on E-bay, Amazon and other sites), which reduces the need to manufacture new ones.

> **Help**
> - *second-hand* de deuxième main, d'occasion

- **Role of governments.** Governments can encourage sustainable-development policies and projects that also reinforce people's sense of belonging in their community.

**Example. BedZED (Beddington Zero Energy Development)** is an environmentally-friendly housing development or eco-village in London. It was designed to be carbon neutral in order to protect the environment and promote a more sustainable lifestyle. The 82 houses were built with recycled and local natural materials. They have solar panels and are well insulated to reduce energy consumption. Inhabitants are encouraged to recycle, to collect rainwater for plants, and to get around on foot, by bike or by bus. There are special parking spaces for electric cars.

> **Help**
> - *a housing development* un lotissement
> - *an eco-village* un éco-quartier
> - *to get around* se déplacer

> **Sustainable development** (le développement durable)
> Sustainable development is the idea of meeting our present needs in a way that will not compromise future generations' ability to meet their needs. In other words, producing what we need now without doing irreparable damage to the environment or society. Sustainable development includes economic development, social development and environmental protection.

- **Role of education.** Governments educate pupils to help them to become more environmentally conscious, or eco-aware.

**Example. The Eden Project** in Cornwall, England, is a botanical complex composed of two huge inflated plastic domes that house more than one million plants. One dome recreates a tropical environment, and the other a Mediterranean one. The goal of the domes, which are called biomes, is to educate the public about the interdependence of plants and people. More than 40,000 schoolchildren visit the complex every year.

## B A More Global World

- **Raising Awareness.** Living together in a more global world means trying to decrease inequality between nations. Many people in the developed nations have launched projects intended to help people in developing nations.

**Example: The Oprah Winfrey Leadership Academy for Girls** is a boarding school in South Africa. After visiting Nelson Mandela in 2000, Oprah Winfrey, an American talk-show host, promised to build a high school for academically gifted South African girls from disadvantaged backgrounds.

- **Impact on language.** Globalization can also have a negative impact, such as contributing to the disappearance of some languages. Inversely, dialects such as "Hinglish" and "Spanglish" are emerging. They contribute to the evolution of the English language by incorporating vocabulary and grammar from other languages.

**Help**
- *awareness* la conscience
- *a boarding school* un pensionnat
- *to launch* lancer
- *a talk show host* un animateur d'émission de débat
- *a portmanteau word* un mot-valise
- *Hispanic* hispanophone (ou d'origine sud-centre-Amérique)

– Hinglish is a portmanteau word composed of "Hindi" and "English". The dialect, like its name, is a combination of the two. Hinglish is spoken by some Indians in India, where there are over 20 official languages, and by many Indian immigrants in the United Kingdom.

– Spanglish (portmanteau word of "Spanish" and "English") is used by Hispanics in the United States. It has been growing quickly because the Hispanic population is increasing rapidly.

- **Impact on consumers.** Going global favours consumer society. However an increasing number of people around the world are rejecting this model and trying to go back to more traditional ways of life and of production. Slow food and being a locavore (eating only locally produced food) are two ways to help preserve the planet and its natural resources. In order to get people to consume a little less, AdBusters, a Canada anti-consumerist group, launched an event called **Buy Nothing Day**.

**Buy Nothing Day**
This international day of protest against consumerism takes place on the last Saturday in November in Europe and on the last Friday in November in the United States. To raise people's awareness, various protest activities are held: credit card cut ups, protest marches, sit-ins and more.

- **Impact on social ties.** Because of globalization, actual social relationships can turn into virtual social links. Thanks to inventions by English-speaking scientists, there are more virtual daily interactions than in the past. Various social networks enable users to instant message with people all over the planet. Facebook is one of the best-known social networks.

**Help**
- *a tie, a link* un lien

COURS

**Facebook**
Mark Zuckerberg (1984 -) is the founder of Facebook, which he launched in 2004, when he was a student at Harvard. With over 1 billion (1,000,000,000) users, it is the largest social-networking site in the world.

COURS

## C Artistic Representation of the Future

**Help**
- *to warn* prévenir, alerter
- *to depict* décrire, représenter

• **Warning about potential dangers.** Some artists show us models of future society in order to warn us about potential dangers. Our consumerist model is often criticised for increasing the probability of future ecological disasters.

**Example. Andy Warhol** (1928-1987) was an American artist. He was the leader of the pop art (for *popular art*) movement. He was fascinated by consumer culture and mass production. He painted repetitive canvases of dollar bills, Coca Cola bottles, Campbell's soup cans and icons like Marilyn Monroe to question the boom in consumerism and to ask what art is in modern times.

• **Depicting the society of our future.** Utopias depict an ideal future; dystopias portray disturbing, often totalitarian futures. Both representations make us think about what kind of society we want. **Example.** ***Nineteen Eighty-Four*** **by George Orwell**. This dystopian novel is set in a culturally impoverished totalitarian society in which the population is brainwashed by propaganda. The leader, Big Brother, monitors everyone's lives at all time.

### KEY IDEAS

**A Sense of Belonging: Singularity and Solidarity**
The sense of belonging to a group generates both solidarity and singularities, because human beings are free to make their own choices. That sense is also developing at an international level. Multiculturalism enriches individuals, but also gives rise to conflicts and divisions. However, it allows people to express their own choices.

**Memory: Continuity and Change**
The present is built upon the past; human beings grow from their roots. Life is a chain that includes both continuity and change or breaks. The heritage of the past enables immigrants to share their ancestral traditions and honour their origins.

**Visions of the Future: Creation and Adaptation**
Imagining the future and taking it into account enables individuals to live together and also to live in harmony with their environment, to be eco-conscious and to protect our planet's natural resources. Globalization should serve to decrease inequality in the world. One of artists' roles is to warn people about the potential dangers they are facing if they do not respect the environment.

# The British Isles

The British Isles are two large islands in north-western Europe **(see map p. 272)**. Several countries in the British Isles are considered separate countries in some contexts (like the football and rugby World Cups), but are grouped together into Great Britain or the United Kingdom (see below) in others.

In all of the countries in the British Isles, pupils wear school uniforms. And people drive on the left side of the road, so you must be very careful when you cross the street!

**The United Kingdom (UK) is composed of Great Britain (GB) and Northern Ireland.**

## GREAT BRITAIN

Great Britain (GB) is a single island divided into three countries.

### 1. England

England is the largest country in the United Kingdom.

**Population:** 64 million

**Capital and largest city:** London (pop.: 8.6 million)

**Language:** English

**Money:** Pound Sterling (£)

**Special Days**: Trooping the Colour: a big, colourful military parade for the Monarch's official birthday on a Saturday in June. - St George's Day, 23 April, is the National Day, but it is not a public holiday.

**Heads of State:** The Monarch and the Prime Minister

**History**

– William the Conqueror, of Normandy, invaded England in 1066. The French aristocracy influenced the English language, bringing in many French words.

– In 1542, King Henry VIII of England became King of Ireland too.

– The Elizabethan Era (1558-1603), when Elizabeth I was Queen, was a golden age of English culture. Shakespeare wrote his plays then, and England began colonising the "New World", or North America.

– After the Industrial Revolution, the Victorian Era (1837-1901) was a long period of prosperity for England and the British Empire.

– In 1940, the Nazis bombed London and other British cities, but King George and Queen Elizabeth (the parents of Queen Elizabeth II) stayed in London. Britain never surrendered, and the Royal Air Force won the Battle of Britain.

– Britain joined the European Union in 1973.

**Culture and Monuments**

– England is famous for pop, rock and punk music: the Beatles, David Bowie, the Sex Pistols, the Clash, Queen, Oasis etc.

– Buckingham Palace is the Monarch's residence in London.

– Stonehenge is a prehistoric circle of standing stones. The monument's origin is a mystery.

– Football and rugby were invented in England, and the Wimbledon Championships, in London, is the oldest and most prestigious tennis tournament in the world.

REPÈRES

## 2. Scotland

**Population**: 5.3 million

**Capital:** Edinburgh - **Largest city:** Glasgow

**Languages:** English and Scottish

**Money:** Pound Sterling (£)

**Special Days:** Hogmanay is the largest New Year's Eve party in Europe. - St Andrew's Day, 30 November, is the Scottish National Day. - Burns Night, 25 January, honours Scotland's most famous poet, Robert Burns.

**Heads of State:** The British Monarch and the Scottish First Minister

**History**
- 843: Kingdom of Scotland established.
- 1603: King James VI of Scotland becomes King of England and Ireland, too.
- 1707: Scotland and England come together as one country, Great Britain, with one Parliament, in London.
- 1997: Scotland gets its own Parliament again for the first time since 1707, but it is still part of Great Britain and the European Union.

**Culture and Monuments:** Edinburgh is famous for its Castle and for its theatre festival in August. Scotland is also famous for haunted castles, bagpipes (traditional musical instruments) and for men wearing kilts.

## 3. Wales

**Population:** 3 million

**Capital and largest city:** Cardiff

**Languages:** English and Welsh

**Money:** Pound Sterling (£)

**Special Day:** St David's Day, 1 March

**Heads of State:** The British Monarch and the Welsh First Minister

**History**
- Wales was unified as a single country in 1057.
- In 1282, King Edward I of England conquered Wales and annexed it to England.
- In 1997, Wales got its own Parliament.

**Culture:** Wales is famous for rugby and men's choral groups.

A Scottish musician playing the bagpipes in Edinburgh, Scotland.

## 4. Northern Ireland

Northern Ireland is on the island of Ireland, but it is part of the United Kingdom. Some people from Northern Island consider themselves to be Irish, others consider themselves British. Sportspeople from Northern Ireland can join the Irish delegation or the British one for the Olympics.

**Population:** 1.8 million

**Capital:** Belfast

**Languages:** English, Irish

**Money:** Pound Sterling (£)

**Special Day**: St Patrick's Day, 17 March

**Heads of State:** The British Monarch and the Irish First Minister

**History**

– When the rest of Ireland became independent, in 1922 (see Republic of Ireland, below), the people in the north voted to remain attached to the United Kingdom.

– The 1960s to the 1990s was a period called the Troubles. There was a lot of violence between Catholics, who wanted Northern Ireland to join the Republic, and Protestants, who wanted to remain in the United Kingdom. An agreement in 1998 ended the violence, and since then, Northern Ireland has become peaceful and prosperous.

**Culture and Monuments:** Northern Ireland is famous for its murals.

## THE REPUBLIC OF IRELAND

**Population**: 4.6 million

**Capital:** Dublin

**Languages:** English, Irish

**Money**: Euro (€)

**Special Day:** St Patrick's Day, 17 March

**Head of State:** Taoiseach (the Irish word for Prime Minister)

**History** *(See also p. 130)*

– In 1542, King Henry VII of England became King of Ireland, too.

– In 1800, the United Kingdom of Great Britain and Ireland was created.

– The Irish War of Independence (1919-1921), led to the Irish Free State, a semi-autonomous dominion of the British Empire.

– In 1949, Ireland became a Republic, completely independent from Great Britain.

– Ireland joined the European Union in 1973.

**Culture and Monuments**

Ireland is famous for poetry and music – its national symbol is a harp! – and for magical creatures like leprechauns (lutins, farfadets).

People say that if you kiss the Blarney Stone, a stone in the wall of a castle in Blarney, you will get the "gift of gab" – you will become a very good and eloquent speaker.

Idyllic Irish landscape.

# Other English Speaking Countries

## NORTH AMERICA

The continent of North America **(see map p. 270)** is almost entirely English speaking. Except for two parts of Canada – French-speaking Quebec, and Nunavut, which has four official languages (see p. 191) – English is the main language in both the USA and Canada.

### 1. United States of America

**Population:** 322 million

**Capital:** Washington, DC (District of Columbia) – *ne pas confondre avec l'État de Washington.*

**Largest city:** New York City (includes Manhattan, Brooklyn and three other boroughs)

**Language:** English

**Money:** US dollar ($)

**Head of State**: President (elected every four years)

**History**

– 1620: English Puritans start coming to America to escape religious persecution in Britain.
– 1776-1783: 13 British colonies in America declare their independence, starting the Revolutionary War. With the help of the French Army, the USA wins.
– 1861-1865: Civil War.
– 2008: Barack Obama is the first black person to be elected President of the USA.

**Culture and Monuments**

– Manhattan, the centre of New York City, has hundreds of tall buildings, called skyscrapers.
– Hollywood, in Los Angeles, California, on the west coast, is famous for the movie industry.
– The Grand Canyon is one of the many beautiful national parks.
– The White House, the Lincoln Memorial ad the Washington Monument are popular places to visit in Washington, DC, the nation's capital.

### 2. Canada

**Population:** 35 million

**Capital:** Ottawa - **Largest City:** Toronto

**Languages:** English, French and Inuit languages in Nunavut

**Money:** Canadian dollar ($)

**History**

– Late 15th century: Discovery by French and British explorers.
– 1756-1763: Seven Years War between Britain and France fighting for control of Canada, Britain won.
– 1812: Unsuccessful American attempt to invade Canada.
– 1867: The Confederation Acts makes Canada an autonomous country that maintains ties to Britain.
– Present: Canada's 9,000 km border with the USA is the longest border between two countries in the world. 80% of the Canadian population lives near the border.

**Culture and Monuments**

Canada's flag, with the red maple leaf, is famous. Canada's official national sports are ice hockey and lacrosse.

## OCEANIA

Here are the two major English-speaking countries in Oceania.

### 1. Australia

**Population:** 23 million

**Capital:** Canberra - **Largest City:** Sydney

**Languages**: English & Aboriginal languages

**Money:** Australian dollar ($)

**Head of State:** British Monarch and Prime Minister

**History**

– 1606: Discovery by Dutch explorers.

– 1770: Australia becomes British.

– 1788: After Britain uses the American colonies, it starts sending prisoners to populate and develop Australia.

– 1901: Australia becomes an autonomous country that maintains ties to Britain.

**Culture and Monuments**

Australia is famous for its unique animals, like kangaroos and koalas. Because Australia is in the southern hemisphere, winter is in July-August, and summer in January-February. The school year goes from February to mid-December.

### 2. New Zealand (NZ)

**Population:** 5 million

**Capital:** Wellington

**Largest City:** Auckland

**Languages:** English and Maori

**Money:** New Zealand dollar ($)

**Head of State:** British Monarch and Prime Minister

**History**

– 1642: Discovery of New Zealand by a Dutch explorer, Abel Tasman.

– 1840: New Zealand becomes British.

– 1907: Australia becomes an autonomous country that maintains ties to Britain.

**Culture**

The nickname for New Zealanders is "kiwis". Kiwi are not just fruit, but also a bird that is native to NZ. New Zealanders love sports, especially rugby. Skiing is also popular in NZ's mountains, called the Southern Alps.

Famous Australian sign warning drivers to watch out for kangaroos on the road.

# Books and films

## Three books

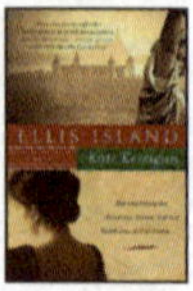


***Ellis Island, a Trilogy,***
**Kate KERRIGAN, 2009**
This is the romantic story of an Irish woman born in 1900. The trilogy describes her adventures for the first four decades of her life. Her journey from Ireland to New York City and Hollywood also includes major historical events: the Great Depression of the 1930s, World War II, and the dramatic upheavals taking place in Ireland.

***Little Brother,***
**Cory DOCTOROW, 2008**
In this story set in San Francisco in the aftermath (à la suite) of a terrorist attack, four teenagers defend themselves against the Department of Homeland Security's attacks on civil rights. The heroes use their computer skills (talents) to hack security systems in order to prevent the villains from restricting personal liberty.

***The Bone People,* Keri HULME ,1984**
In this unusual story set in New Zealand, three people try to understand and experience love in a context of isolation and violence. The main characters are Joe, a Maori man, Kerewin, a woman artist who is part Maori, part white, and Simon, Joe's adopted son, who cannot speak. The three of them manage to form a "patchwork family" that can be interpreted as a metaphor for unity between Maori and Whites in New Zealand.

## Two films

***Little Miss Sunshine,***
**Jonathan DAYTON**
**and Valerie FARIS, 2006**
In this dramatic comedy about a dysfunctional family, the entire Hoover family (two parents, a son, a daughter, an uncle and a grandfather) drive across the USA so that the daughter, Olive, can participate in the "Little Miss Sunshine" beauty pageant. There is a lot of tension between family members during the journey, but in the end, they realize how much they care about each other.

***The Hunger Game,***
**Gary ROSS, 2012 - 2015**
These four dystopian films are based on a series of novels by Suzanne Collins. In the nation of Panem, teenagers called "tributes" compete in an annual event called the Hunger Games. The tributes fight to death until there is just one survivor: the Victor. In the first film, the heroine, courageous Katniss Everdeen, is a tribute in the Games. In the other films, she joins a rebellion and leads a mission to overturn the dictator of Panem.

LEXIQUE

# *The Art of Living Together* / L'art de vivre ensemble

## 1 *Relatives* / Les parents, les membres de la famille

| | | |
|---|---|---|
| *the parents* | **les parents** | *a father* **un père**<br>*a mother* **une mère** |
| *a brother* | **un frère** | |
| *a sister* | **une sœur** | |
| *a child (children)* | **un (des) enfant(s)** | *a daughter* **une fille** (= *sa propre fille*)<br>*a son* **un fils** |
| *an aunt* | **une tante** | |
| *an uncle* | **un oncle** | |
| *a nephew* | **un neveu** | |
| *a niece* | **une nièce** | |
| *grandparents* | **les grands-parents** | *a grandfather* **un grand-père**<br>*a grandmother* **une grand-mère** |
| *a grandchild (grandchildren)* | **un (des) petit(s)-enfant(s)** | *a grandson* **un petit-fils**<br>*a granddaughter* **une petite-fille** |
| *great-grandparents* | **les arrière-grands-parents** | *a great-grandfather* **un arrière-grand-père**<br>*a great-grandmother* **une arrière-grand-mère** |
| *a great-grandchild (children)* | **un (des) arrière-petit(s)-enfant(s)** | *a great-grandson* **un arrière-petit-fils**<br>*a great-granddaughter* **une arrière-petite-fille** |
| *a godfather* | **un parrain** | |
| *a godmother* | **une marraine** | |
| *a stepfather* | **un beau-père** | ← *les nouveaux conjoints de sa mère ou de son père* |
| *a stepmother* | **une belle-mère** | |
| *a halfbrother,* | **un demi-frère** | |
| *a halfsister* | **une demi-sœur** | |
| *a father-in-law* | **un beau-père** | ← *le père ou la mère de son conjoint* |
| *a mother-in-law* | **une belle-mère** | |
| *a brother-in-law* | **un beau-frère** | |
| *a sister-in-law* | **une belle-sœur** | |
| *the in-laws* | **les beaux-parents, la belle-famille** | |

LEXIQUE

## 2 *Leisure Time* / Les loisirs

| | | |
|---|---|---|
| *free time* | les loisirs | |
| *to attend a concert* | assister à un concert | *a concert hall* une salle de concert |
| *to cook* | cuisiner | |
| *a recipe* | une recette | |
| *to exercise, to work out* | faire de l'exercice | syn : *to go to the gym* |
| *to garden* | jardiner | |
| *to go to the cinema* | aller au cinéma | US : *to go to the movies* |
| *to go bowling* | faire un bowling | |
| *to go out with friends* | sortir avec les amis | *to hang out with friends* traîner, passer du temps avec les amis |
| *to go dancing (at a club)* | aller en boîte (de nuit) | |
| *to go shopping* | faire du shopping | *a shopping mall* un centre commercial |
| *to knit* | tricoter | |
| *to listen to music* | écouter de la musique | |
| *to paint* | peindre | |
| *to play video games* | jouer aux jeux vidéo | |
| *to play a sport* | faire du sport | *a team sport* un sport d'équipe |
| *a pitch* | un terrain de sport | US : *a field* |
| *to play darts* | jouer aux fléchettes | |
| *to play billiards* | jouer au billard | *a snooker* un jeu de billard |
| *to sew* | coudre | |
| *to surf the Internet* | surfer sur internet | |
| *to upload a video* | télécharger une vidéo | |
| *to watch TV* | regarder la télé | *a television programme* une émission de télévision |

## 3 *Entertainment* / Les divertissements

| | | |
|---|---|---|
| *awesome* | impressionnant | fam : génial, super |
| *colourful* | haut en couleurs, coloré | |
| *dazzling* | éblouissant | |
| *entertaining* | divertissant | |
| *fabulous* | sensationnel | |
| *fanciful* | fantasque, fantaisiste | *to fancy doing sth* avoir envie de faire qqch |
| *impressive* | impressionnant | |

| | | |
|---|---|---|
| *quaint* | pittoresque, original | |
| *vibrant* | vivant, animé | |
| *zealous* | fervent | *zeal* la ferveur, l'enthousiasme |
| *a costume* | un déguisement | |
| *an entertainment* | un spectacle | syn : *a performance, a show* |
| *the world of entertainment* | le monde du spectacle | |
| *an exhibition* | une exposition | |
| *fireworks* | des feux d'artifice | |
| *joy* | la joie | *a joyful person* une personne joyeuse<br>MAIS *a joyous occasion* une situation joyeuse |
| *juggling* | le jonglage | |
| *merriment* | la joie, la gaieté, l'hilarité | |
| *the merrymaking* | les réjouissances, les festivités | |
| *a parade* | un défilé | *a float* un char décoré |
| *a party* | une fête | |
| *to celebrate* | fêter, célébrer | *a celebration* une fête |
| *to commemorate* | commémorer | |
| *a gathering* | un rassemblement | |
| *to glitter* | étinceler, briller | |

## 4 *School* / L'école

| | | |
|---|---|---|
| *art* | les arts plastiques | |
| *biology* | la biologie | |
| *chemistry* | la chimie | |
| *drama* | le cours de théâtre | |
| *economics* | l'économie | |
| *a foreign language* | une langue étrangère | |
| *geography* | la géographie | |
| *history* | l'histoire | |
| *maths, mathematics* | les mathématiques | US : *math* |
| *physics* | la physique | |
| *a backpack, book bag* | un sac à dos | |
| *a binder* | un classeur | *a ring-binder* un classeur à anneaux |
| *a divider* | un intercalaire | |

| | | |
|---|---|---|
| *a folder* | **un classeur, une chemise** | *a file folder* **un dossier** |
| *glue, a gluestick* | **la colle, un tube de colle** | |
| *looseleaf paper* | **une feuille simple** | |
| *a pad of paper* | **un bloc de feuilles** | |
| *a paper clip* | **un trombone** | |
| *memo pad* | **un bloc-notes** | |
| *a notebook* | **un carnet, un cahier** | |
| *a pencil pouch, a pencil case* | **une trousse** | |
| *a pencil sharpener* | **un taille-crayons** | |
| *a pushpin* | **une punaise** | ← US : *a thumbtack* |
| *a ruler* | **une règle** | |
| *scissors* | **des ciseaux** | |
| *sellotape, scotch tape, tape* | **du ruban adhésif** | |
| *laptop* | **un ordinateur portable** | |
| *keyboard* | **le clavier** | |
| *a lunch box* | **une boîte pour apporter son repas de midi** | ← Syn : *packed lunch* |
| *a head teacher* | **un professeur principal** | |
| *homework* | **les devoirs** | |
| *a lesson* | **une leçon** | |
| *an assignment* | **un devoir-maison noté** | |
| *a white board* | **un tableau blanc** | |
| *library* | **la bibliothèque** | *the school library* **le CDI** |
| *the gym* | **la salle de sport, la salle de gym** | ← *gym* (fam) : abr. pour *gymnasium* **gymnase** |
| *physical education (PE)* | **EPS (éducation physique et sportive)** | |
| *a degree, a diploma* | **un diplôme** | |
| *an examination, an exam* | **un examen** | ← US : *SAT* (prononcer S-A-T, et non pas "sat") **examen requis par la plupart des universités** |
| *a level exam* | **équivalent du baccalauréat** | |
| *a grade (US)* | **niveau (seconde, première, etc.)** | aux États-Unis, le lycée dure 4 ans :<br>*freshman year* **la 3$^{e}$** → *a freshman* **un élève de 3$^{e}$**<br>*sophomore year* **la 2$^{nde}$** → *a sophomore* **un élève de 2$^{nde}$**<br>*junior year* **la 1$^{re}$** → *a junior* **un élève de 1$^{re}$**<br>*senior year* **la terminale** → *a senior* **un élève de terminale** |

| | | |
|---|---|---|
| *to answer* | répondre | *to answer a question* répondre à une question |
| *to cheat* | tricher | |
| *to examine* | évaluer | *an examiner* un examinateur, un correcteur |
| *to fail* | échouer | |
| *to get through* | s'en sortir | |
| *to grade* | évaluer | |
| *to graduate* | être diplômé | *a graduate* un diplômé |
| *to pass an exam* | réussir un examen | |
| *to sit an exam* | passer un examen | US : *to take an exam* |
| *to revise for an exam* | réviser un examen | |

## 5 *Environment* / L'environnement

| | | |
|---|---|---|
| *carcinogenic* | cancérigène | |
| *acid rain* | la pluie acide | |
| *an awareness campaign* | une campagne de sensibilisation | |
| *biodiversity* | la biodiversité | |
| *carbon dioxide* | le dioxyde de carbone | |
| *carbon footprint* | l'empreinte carbone | |
| *carbon monoxide* | le monoxyde de carbone | |
| *climate* | le climat | *climate change* le changement climatique |
| *coal* | le charbon | |
| *conservation* | la sauvegarde | *wildlife conservation* la protection de la faune et de la flore |
| *environmental conservation* | la protection de l'environnement | |
| *a dead zone* | une zone morte, une zone polluée | |
| *deforestation* | la déforestation | |
| *desertification* | la désertification | |
| *a disposable product* | un produit jetable | |
| *drought* | la sécheresse | from *dry* sec |
| *a dump* | une décharge | *to dump* jeter des déchets |
| *an earthquake* | un tremblement de terre | *earthquake-resistant* parasismique |
| *endangered species* | les espèces menacées, en voie de disparition | |

| | | |
|---|---|---|
| *energy* | l'énergie | |
| *wind energy, wind power* | l'énergie éolienne | |
| *solar energy, solar power* | l'énergie solaire | *a solar panel* un panneau solaire |
| *a power plant* | une centrale électrique | |
| *a nuclear power station* | une centrale nucléaire | US : *a power plant* |
| *exhaust fumes* | les gaz d'échappement | |
| *fertilizer* | l'engrais | |
| *a flood* | une inondation | |
| *fossil fuels* | les énergies fossiles | |
| *gas emissions* | les émissions de gaz | |
| *a genetically modified organism (GMO)* | un organisme génétiquement modifié (OGM) | *pl. GMOs* des OGM |
| *global warming* | le réchauffement climatique | |
| *greenhouse effect* | l'effet de serre | *greenhouse gases* les gaz à effet de serre |
| *groundwater* | une nappe phréatique | |
| *a landfill site* | un site d'enfouissement des déchets | |
| *a natural disaster* | une catastrophe naturelle | |
| *renewable energy* | les énergies renouvelables | |
| *oil* | le pétrole | |
| *(unleaded) petrol* | essence (sans plomb) | US : *(unleaded) gas*<br>*lead* le plomb |
| *an oil rig* | un puits de pétrole | |
| *a floating rig* | une plate-forme pétrolière flottante | |
| *an oil slick* | une marée noire | *an oil spill* une nappe de pétrole |
| *ozone layer* | la couche d'ozone | *ozone-friendly* qui préserve la couche d'ozone |
| *depletion of the ozone layer* | la diminution de la couche d'ozone | |
| *a pesticide* | un pesticide | |
| *pollution* | la pollution | *soil pollution* la pollution des sols<br>*water pollution* la pollution des eaux<br>*air pollution* la pollution de l'air |
| *the smog* | le brouillard de pollution | *mot-valise composé de smoke* fumée + *fog* brouillard |

| | | |
|---|---|---|
| *a tidal wave* | un tsunami | |
| *sewage* | les eaux usées | |
| *a volcanic eruption* | une éruption volcanique | |
| *waste* | les déchets | *to waste* gaspiller |
| *the wind* | le vent | |
| *a wind turbine* | une éolienne | |
| *a wind farm* | un champ d'éoliennes | |
| *to ban, to forbid* | interdire | *to forbid sb from doing sth* interdire à qqn de faire qqch |
| *to breathe* | respirer | *to breathe in* inspirer<br>*to breathe out* expirer |
| *to cut down on sth* | réduire sa consommation de qqch | *to cut down trees* abattre des arbres |
| *to dispose of* | se débarrasser de | *to have at one's disposal* disposer de |
| *to recycle* | recycler | |
| *recycling* | le recyclage | |
| *to sort* | trier | |
| *sorting* | le tri sélectif | |
| *to throw out, throw away* | jeter | |

# Rédiger un mail

## EXEMPLE

A pupil met with the Careers Adviser recently for advice about her future. She is now sending an email to thank her because she has decided on her future career.

**From :** Karen Brown
**To :** Jasmine Sindon, Careers Adviser
**Object :** My thanks

Dear Ms Sindon,

I am writing to thank you for your help.

I am Karen Brown, and I am in Year 11. We met two weeks ago when I did not yet know what to do after school. The questions you asked about my personality, my strong points, and my interests helped me to make my course choice for next year. I have decided that I would like to take an engineering course in order to become an engineer in the future. I think I am both determined and hardworking enough to be an engineer.

I would be most grateful if you agreed to see me again. I am hoping that you could provide information about various engineering schools to see which one would suit me best.

Many thanks again for your help.

Sincerely,
Karen Brown

## ÉTAPE 1. CHOISIR LES FORMULES DE DÉMARRAGE ET DE FIN

→ Avant de rédiger un mail (ou une lettre), il faut absolument se demander à qui s'adresse le message, et donc quel niveau de langue il convient de choisir : registre familier ou soutenu ?

→ **Pour un mail à un ami**, le niveau de langue familier est approprié. Mais dans un mail plus formel, comme dans l'exemple ci-dessus, vous pouvez avoir besoin d'un niveau de langue plus soigné.

| | MAIL INFORMEL | |
|---|---|---|
| | **DÉBUT** | **FIN** |
| **Langue familière** | *Hi Karen / Hello John / Hi guys* | *Love / Lots of love / All the best / Hugs and kisses / Cheers!* |
| **Langue soignée** | *Dear Susan* | *Best wishes / Regards / Kind regards* |

→ **Pour un mail formel**, les termes ne sont pas les mêmes, pour les formules de démarrage et de fin, si l'on connaît la personne à qui l'on s'adresse, ou pas.

| | MAIL FORMEL | |
|---|---|---|
| | **DÉBUT** | **FIN** |
| **Vous connaissez le nom de la personne à qui vous écrivez** | *For a man: Dear John (if you call him by his first name) / Dear Mr Smith.*<br>*For a woman: Dear Ms Smith (if you don't know if she's married or not) / Dear Mrs Smith (for a married woman) or Dear Miss Smith (for a single woman).* | *Regards / Best regards / Sincerely / Yours sincerely* |
| **Vous ne connaissez pas le nom de la personne à laquelle vous écrivez** | *Dear Sir or Dear Madam* | *Yours truly / Yours sincerely* |

→ Pour la présentation d'une lettre formelle, reportez-vous à l'exercice n°2 de ce chapitre, p. 123.

## ÉTAPE 2. CONSTRUIRE SON TRAVAIL D'ÉCRITURE

→ Rédigez une phrase introductive, puis pensez à faire plusieurs paragraphes illustrant chacun un thème que vous développez.

→ N'oubliez pas d'utiliser des mots de liaison pour relier vos idées et d'étoffer votre lexique en évitant les mots passe-partout ! Vous pouvez vous reporter au tableau de la Méthode du chapitre 3 (*Pour exprimer des liens logiques, p. 175*).

**Quelques expressions**

• ***Thanking*** remercier

Langue formelle : *Thank you for your letter dated…*

Langue informelle : *Many thanks for your last letter…*
*Thanks for doing….*

• ***Requesting*** exprimer une demande

Langue formelle : *I am writing to ask you…*
*I would appreciate if you could…*
*I wish to draw your attention to…*

Langue informelle : *I wanted to drop you a line to…*

- ***Advising and suggesting*** conseiller et suggérer
- *I think you should...*
- *The best thing to do is...*
- *Why don't you...*
- *What about doing...*
- *How about doing...*

- ***Giving an opinion*** donner une opinion
- *I think*
- *In my opinion*
- *To me*
- *I believe*
- *As for me*
- *As far as I'm concerned*

- ***Stating a preference*** dire ses préférences
- *Préférence hypothétique : I'd prefer to do...*
  *I'd rather do...*
- *Préférence réelle : I prefer doing ...*
  *I much prefer x to y*

- ***Inviting*** inviter à...
- *Would you like to...*
- *Do you want to...*
- *How would you like to ...*

- ***Requesting*** demander
- *Could you... (registre plus poli)*
- *Can you...*

- ***Apologising*** s'excuser
- *I'm really sorry about...*
- *I want to tell you how sorry I am about...*
- *Sorry for doing...*

## ÉTAPE 3. CONCLURE SOIGNEUSEMENT

→ Terminez soigneusement votre mail par une formule respectueuse.

**Quelques expressions**

Langue formelle :
- *I would be most grateful if you....*
- *I would be happy to provide any information you may require...*
- *I am looking forward to hearing from you.*

Langue informelle :
- *I'm looking forward to hearing from you.*
- *I'm looking forward to seeing you soon*
- *Please respond ASAP (as soon as possible).*

## VOCABULAIRE D'UN E-MAIL

Quelques mots pour vous aider :

*view* affichage
*tools* outils
*compose* composer
*send* envoyer
*reply to sender* répondre
*reply to all* répondre à tous
*forward* faire suivre
*attachment* fichier joint
*Bcc (blind carbon copy)* copie cachée
*subject* objet
*sent (dans l'en-tête)* date

## Application de la méthode

### 1 Écrire un mail

You want to invite your friend to have lunch in a fast-food restaurant. Write an email to your friend.

In your email you should say why you want to eat in a fast-food restaurant and suggest an activity you can do together afterwards.

### 2 Écrire une lettre formelle

You have spent two months at a training course at a Scottish grammar school in Aberdeen.

Once back home, you are writing a letter to Mister Albert Hearn, the Language Programme Director, to express your feelings and to ask whether there is an opportunity to attend another course at his school.

CORRIGÉS

## Application de la méthode

### 1 Écrire un mail

*Les expressions surlignées sont présentées dans les pages* Méthode *de ce chapitre. Une autre forme possible des expressions soulignées est présentée dans les petites bulles.*

From: Susan.xxx@xxx
Date: September 28th
To: Carol@xxx
Subject: this Saturday

Hi Carol,
The weather is supposed to be nice on Saturday. So what about having lunch at a hamburger restaurant? I love junk food! Besides, hamburgers and French fries have always been my favourite food! I know it's not a balanced diet, but it's delicious! After lunch we could go swimming. There's an amazing swimming pool next to the fast-food restaurant. I'm keen on trying the waterslides. Would you like to try them with me?

See you on Saturday
Cheers!
Susan

Hello Carol,

How about having lunch

The best thing to do is going swimming

wonderful, fantastic, awesome

Love

I'm crazy about junk food / I'm mad about junk food

Do you want to

## 2 Écrire une lettre formelle

Simon Martin
12 Chemin des arbres
59242 Templeuve

November 13th

Albert Hearn,
Language Programme Director,
Aberdeen Grammar School

Dear Sir,

*On connaît le nom de notre interlocuteur mais on ne connaît pas la personne individuellement*

I attended your school for two months last year, and I had a wonderful time in Scotland. First, I would like to say that one reason I enjoyed it so much is because of the teachers at your school, so I would like to express my gratitude to them. My host family was also very nice. They showed me around the area, and were excellent guides. They even insisted that I try Scotland's famous dish – haggis – which was surprisingly good!
Aberdeen is a really wonderful city, with breath-taking landscapes and monuments. I found the Aberdeen Maritime Museum enjoyable. Also, the Scottish people are friendly and welcoming.
Since I enjoyed my stay so much, I was hoping to return to Aberdeen as soon as possible. So I would be very grateful if you could inform me about any other course I could attend at your grammar school. I'm looking forward to hearing from you soon.

*Prétérit : action terminée et datée.* For *marque la durée de l'action.* (→ Fiche 12)

They advised me to taste / suggested that I taste…

I enjoyed / appreciated the Aberdeen Maritime Museum.

Besides / Moreover

Could you…

Awaiting your reply

Thank you in advance for your time and attention,

Kind regards

Yours sincerely,

Simon Martin

CHAPITRE 2

# Spaces and Exchanges

## Mots-clés

- ***the global village*** le village planétaire
- ***worldwide*** mondial
- ***brotherhood*** la fraternité
- ***peer pressure*** l'influence du groupe
- ***fair trade*** le commerce équitable
- ***globalization*** la mondialisation
- ***a developing country*** un pays en voie de développement
- ***a developed country*** un pays développé
- ***a border*** une frontière
- ***a settlement*** une colonie
- ***to import*** importer
- ***to export*** exporter
- ***to relocate*** délocaliser
- ***to share values*** partager des valeurs
- ***to adjust*** s'adapter
- ***to settle*** s'installer
- ***to welcome*** accueillir

## LES IDÉES ESSENTIELLES

- Les échanges se mondialisent de plus en plus ; la mondialisation présente des avantages et des inconvénients, à la fois pour les pays industrialisés et pour les pays en voie de développement.
- La notion de territoire est une notion qui évolue. Les événements historiques comme les conflits ou les guerres ont fait et font toujours évoluer les territoires des pays.
- L'architecture des espaces est le reflet de l'histoire du pays. La modernité de certains bâtiments se confronte à l'ancienneté d'autres.

➔ p. 133

COURS

# 1 New Forms of Exchanges

## A Exchanges are Developing at an International Level

- Although international trade has always existed (for example the Silk Road or the Amber Road), it is far more prevalent today because of industrialization and globalization.

**The Silk Road**
First developed in the second millennium BC (Before Christ), the Silk Road is one of the world's oldest trade routes. Over 6,000 kilometres long, it connected China, Central Asia and the West, and it enabled China to develop exchanges throughout Europe. It has been a UNESCO World Heritage Site since 2014.

**The Amber Road**
The Amber Road was the trade route used to export amber from coastal areas of the North Sea and Baltic Sea to the Mediterranean region, following the valleys of the Elbe and the Danube. It started in the sixteenth century.

- **International trade**. Business relations are more numerous than in the past. They are also faster, thanks to the development of telecommunication and transportation. In international trade, the importation and exportation of goods is increasing, although they may be limited by import quotas, or the tariffs that some nations impose on certain imported goods. Imports and exports can also be subjected to trade agreements between nations.

**Help**
- *a tariff* un droit de douane
- *trade agreements* des accords commerciaux
- *GNP (Gross National Product)* PNB (Produit National Brut)

- **World Trade Organization.** In most countries, international trade represents a significant part of the GNP. International trade is governed by the WTO, and it is restricted by tariff and non-tariff barriers.

**The WTO (World Trade Organization)** OMC (Organisation mondiale du commerce)
The WTO was founded in January 1995. It aims to supervise and liberalize international trade. It regulates trade between member countries by providing a framework for negotiating trade agreements, but does not define the outcomes. There are five principles that must be followed by member countries: non-discrimination, reciprocity, binding commitments, transparency and safety measures that restrict trade when necessary to protect the environment or people's health.

• **Fair trade.** Fair trade is also increasing. The idea is to create a trade system that is more balanced, and allows producers in developing countries to improve their working and living conditions. It generally applies to commodities that are exported from developing countries to developed ones. These generally include handicrafts, coffee, tea, bananas, cocoa, cotton, honey and more. In order to obtain the fair-trade label, producers must adhere to certain principles, such as decent working conditions, no child labour and sustainable production methods. Fair-trade companies are often small, and the system has fewer middlemen.

**Help**
- *fair trade* le commerce équitable
- *commodities* marchandises, denrées
- *handicrafts* objets artisanaux
- *sustainable* durable
- *middleman* intermédiaire

• **A better price.** In exchange for respecting these principles, fair-trade producers get a better price for their goods. That allows them to invest some of their earnings in improving housing, health care and education. The fair-trade label allows buyers to recognize their products and support the fair-trade concept.

## B Advantages and Disadvantages of Globalisation

• **What is globalisation?** Globalisation is the system of international exchange as well as the integration of products, ideas and cultures. It generates interdependence between countries. Industrialization, advanced transportation and telecommunications, and multinational corporations all have a major impact on commercial exchanges. Developing countries attract jobs because lower wages mean commodities can be produced at a lower cost per unit (CPU). Consumers in developed countries also find it advantageous, since it means they have a wider variety of products to choose from, and they can get products at lower prices.

**Help**
- *a wage* un salaire
- *to hire* embaucher
- *skilled* qualifié

• **Factories and labour force.** To produce at lower cost, companies delocalize their factories to developing countries where they can hire a labour force at more competitive wages. This can be positive for local workers since it creates jobs. On the other hand, working conditions in those factories where keeping costs low is the main priority, are often not good. In addition, the system can lead to unemployment in industrialized countries. However, developing countries can be stimulated to educate their labour force in order to provide skilled workers, who can get better-paying jobs. In India for example, Bangalore, the capital of the southern state of Karnataka, is known as the "Silicon Valley of India" because it is a leader in exporting IT (information technology). It is a growing metropolitan city. It plays a major role in the Indian economy, as it is in the Top 5 cities in terms of contributing to the nation's GNP.

● **Education systems.** Countries develop their education systems in order to have a more highly-skilled labour force and to increase their commercial exchanges. This reduces the "brain drain", i.e. the need for students to leave the country to pursue their education in the West. Nevertheless, the number of Indian students studying in the USA and the UK is still high. Around 100,000 Indian students study in the USA every year, and there are 20,000 in the UK. If they decide to stay in the USA, they need a US Permanent Resident Card, which is an ID card attesting their permanent-resident status as legal immigrants.

**Did you know?**
The US Permanent Resident Card is also known as a "Green Card" because from 1946 to 1964, it was actually green. It reverted (revenir à) to that colour in 2010.

**Help**
■ *ID card: identity card*

# 2 Evolution of Territories

The borders of the English-speaking countries have evolved over time.

## A From Independence to Expansion

● **American Independence.** The signing of the Declaration of Independence in Philadelphia, Pennsylvania, on July 4, 1776 was a turning point in the American Revolution. The document stated that the 13 British colonies then at war with Great Britain considered themselves an independent nation composed of 13 states. Although Britain didn't recognize America's independence until 1782, Americans celebrate The Fourth of July (also known as "Independence Day") as their national holiday, the anniversary of the founding of their nation.

● **Westward, Ho!** The 1783 Treaty of Paris, which ended the War of Independence, established the new nation's borders, but the country continued to expand both south and west. In the early 19th century, President Thomas Jefferson asked Captains Lewis and Clark to explore the continent's interior. Although ships had explored both coasts, no one had ever gone across the continent by land.

**Did you know?**
"Westward Ho!" was a phrase which acted as an incentive to make pioneers go west.

● **The Lewis & Clark Expedition** – which included a black man and a Native American woman who acted as a guide and interpreter – took three years to travel over 12,000 kilometres, to the Pacific Coast and back. By proving that it was possible to cross the continent by land, the expedition led to westward expansion and an ideology known as "Manifest Destiny." The term, coined in

1854, expressed the idea that the USA was meant to stretch across the North American continent from the East Coast to the West. During this period of expansion, pioneers and settlers pursued a widespread policy of settlement on lands west of the Mississippi, which created conflict with the Native Americans.

**Help**
- *a pioneer* un pionnier
- *a settler* un colon
- *widespread* ici, tous azimuts

**Native Americans**
The term "Native American" is now preferred to "Indian". It acknowledges the Natives as an indigenous people and eliminates confusion with the people of India. The term "Indians" derived from Columbus's false impression that he had arrived in India (which is also why certain Caribbean islands are referred to as the West Indies").

- **Slavery.** For more than 200 years, from before independence to the end of the Civil War, in 1865, the economy of the southern states in the USA (as well as most South American countries) depended on slave labour. Most slaves were brought from West Africa as part of the "triangle trade": European merchants traded manufactured goods for slaves, who were sold as property in the New World. The merchants brought agricultural products like sugar, molasses and tobacco back to Europe, completing the triangle.

**Help**
- *molasses* la mélasse

## B Australia as a Penal Colony

- **Why Australia?** After the American colonies achieved independence, Britain wanted to find a new colony, and so they began to settle in New South Wales (present-day Australia). Cheap labour was needed to develop agriculture and infrastructure there, so Britain began to send convicts "Down Under" (i.e. to the Southern Hemisphere), decreasing the prison population. Convicts were sentenced to seven or fourteen years of labour. At the end of their sentence, they were given a parcel of land to farm. Very few of them returned to Britain, because the journey was long, difficult and expensive.

**Help**
- *a convict* un prisonnier, un détenu

- **First settlements.** In May, 1787, the First Fleet of 11 ships set sail with more than 1,400 voyagers. Of those, almost 800 were convicts (men, women and children). The rest were officers, sailors, marines and their families. On January 26, 1788, the Fleet arrived at Botany Bay, in what would become the city of Sydney. This date later became Australia's National Day, called Australia Day.
- **Free settlers.** In 1793, the first free (i.e. not convicts) British immigrant settlers went to Australia. They were given parcels of land to farm, agricultural tools and convicts for free labour.

COURS

COURS

- **Irish and Scottish settlers.** From June 14, 1825, Irish and Scottish convicts were sent to the colony of Van Diemen's Land, which became Tasmania in 1856. Western Australia was established on January 21, 1827. Convicts who were sent there received sentences of six to fifteen years.

**Tasmania**
Tasmania is an island state that is part of the Commonwealth of Australia. It is located 240 kilometres south of the Australian continent. The capital city is Hobart. Tasmania became a state in 1901. It is a constitutional monarchy. The island was named for Abel Tasman, a Dutch explorer. He discovered the island in 1642.

## C Ireland: from a Dominion to a Republic

- **British Rule.** In 1542, the Crown of Ireland Act established Henry VIII and his successors as the rulers of Ireland. But the Irish resisted, and their rebellion lasted for several centuries. The Irish Rebellion of 1798, an uprising against British rule, was influenced by the American and French Revolutions. Although it was unsuccessful in terms of obtaining independence, it did lead to a reduction in discrimination against the Catholic majority.

**Help**
- *British rule* l'autorité britannique
- *a ruler* un souverain, un dirigeant
- *an uprising* un soulèvement, une insurrection

- **From Famine to Rebellion.** Between 1845 and 1849 more than one million people died from the Great Famine, and another million emigrated to the USA. Potatoes were a staple food for many poor Irish people. When the potato crop failed, it led to mass starvation, even though Ireland was still exporting food (butter, salmon, bacon, etc.) to England. Those items were too expensive for the poor. On April 24, 1916, seven members of the Irish Republican Brotherhood (IRB), a precursor of the Irish Republican Army (IRA), mounted an insurrection called the Easter Rising. They seized some key government buildings. But the British Army quickly suppressed the rising.

**Help**
- *a staple food* l'alimentation principale
- *starvation* inanition (mourir de faim)
- *to seize* s'emparer de

- **Independence and Partition.** The Irish War of Independence began in January, 1919 and ended in December, 1921, when a peace treaty established Irish independence for the first time in almost 400 years. One month later, Northern Ireland, which had a majority Protestant population, voted to leave the Free State, which had a majority Catholic one, and be reattached to Britain. In 1969, "The Troubles", a period of violence between Catholics and Protestants, began. The violence ended in 1997, and the country has been at peace since.

# 3 Conflict between Modernity and Tradition

## A Culture and Traditions are Becoming Interdependent

- **Evolution of eating habits.** As society evolves, some traditions begin to disappear. Eating habits are a good example of this evolution, with the increasing popularity of fast food, for example. The western fast-food industry was non-existent in India just a few decades ago, for example. Since then, the two-largest fast-food companies, McDonald's and Kentucky Fried Chicken (KFC), have been heavily introduced into Indian society and continue to move into as many regions as possible. The Big Mac is now found in many southern as well as northern countries.

- **Cultural evolution.** Developing countries lose some of their cultural heritage when western style clothing becomes more easily and cheaply accessible. For example, blue jeans are starting to replace traditional clothing in India. In order to produce goods at the lowest possible cost, multi-national companies often exploit child labourers, prisoners, and other vulnerable populations in factories with terrible working conditions. These factories, called sweatshops, exist in many places including Xintang, China. Safety measures are not respected, and working hours are very long.

> **Help**
> - *a sweatshop* un atelier où la main-d'oeuvre est exploitée

**Xintang, China**

Xintang, the blue-jeans capital of the world, produces over 260 million pairs of jeans a year – 60% of China's total production. Blue-jean production uses many chemicals and heavy metals such as lead (plomb) and mercury (mercure), causing pollution, which leads to health and fertility problems for the local population.

- **Social evolution.** Social roles are evolving, too. For example, women's place is changing. Globalization can exacerbate gender inequality by exploiting women in low-wage sweatshops. But in other ways, it can free them from traditional roles in rural areas by allowing them to become wage-earners whose income grants them more influence.

In rural India, 90% of the labour force (including agricultural labour) is composed of women, but they almost never own the land. In urban India, women account for only 30% of the workforce. Sexual harassment and even rape are relatively common in Indian cities. This prevents some women from working outside the home, because they feel unsafe. While those problems didn't use to be acknowledged, in recent years, more victims have been

> **Help**
> - *gender inequality* inégalité entre hommes et femmes
> - *low-wage* à bas salaire
> - *a wage-earner* quelqu'un qui a un salaire
> - *a rape* un viol

COURS

COURS

discussing the problem in the media. This has led to a change in attitude: Indian society is starting to recognise that this problem needs to be addressed.

## B Skyscrapers and Slums

• **The Jewel in the Crown.** Medieval India (from about 600 to 1200) was a land divided into regional kingdoms with great cultural diversity. By the 16th century, Mughal Emperors from Persia ruled northern India. In fact, the "Peacock Throne", which was the symbol of the Mughal Empire, was taken from India as a war trophy in 1739 by the Persian king Nadal Shah. By the late 18th century, the British had conquered most of the sub-continent. British India added greatly to Britain's wealth and prosperity, and confirmed its status as a world power.

Throughout the 19th century, "the sun never set on the British Empire" – because it spanned the globe, it was always daylight somewhere in the British Empire. When Queen Victoria became Empress of India in 1876, India was known as the "Jewel in the Crown". British rule lasted until 1947, when Indian nationalists, led by Mahatma Gandhi and Jawaharlal Nehru, demanded independence. Upon independence, British India was divided into India and Pakistan. Thousands of people died or became refugees during the period of Partition.

**Help**
- *to span the globe* s'étendre sur toute la terre
- *to demand* réclamer

• **A land of contrasts.** With over 1.2 billion people, 21st-century India is the second most populous country in the world. 22% of the population (more than 270 million people) live in extreme poverty. But India has a large wealthy population too. Mumbai (formerly known as Bombay) is a symbol of that economic disparity. With a population of more than a million people living in extreme poverty, Dharavi, a section of Mumbai, is the largest slum in Asia.

Yet the most expensive home in the world – a 27-storey building called Antilia, built by an Indian billionaire named Muskesh Ambani – is just minutes away from Dharavi, in a wealthy part of Mumbai.

• **The formation of slums** is linked to urbanization. Rural poverty encourages migration to urban areas. But when poor people come to the city in search of work, they generally cannot find decent, affordable places to live. They wind up living in the slums that have sprouted up on the outskirts of expanding cities in developing countries around the world. Slum buildings are generally built with low-quality materials, and rarely have electricity or running water. They are overcrowded, with whole families living in a single room.

**Help**
- *a slum* un bidonville
- *a storey* un étage
- *to wind up* ici, finir par
- *to sprout up* pousser comme un champignon
- *the outskirts* la périphérie

• At the same time, Indian cities are having a building boom for super-tall skyscrapers In fact, India has many of Asia's largest industrial companies, like Tata Motors (car manufacturers). The 126-storey India Tower in Mumbai is 718 metres tall, more than twice as tall as the Eiffel Tower!

**Help**
- *a skyscraper* un gratte-ciel

## C Preservation of Sites and Monuments

• **Heritage preservation or conservation** protects and preserves buildings, monuments and landscapes. For example, by the 1870s, Stonehenge, a pre-historic site in southern England, was threatened by tourists, who were chipping off parts of the stones and carving their initials into the rock. This led to the creation of the Society for the Protection of Ancient Buildings in 1877. In 1895, the National Trust was founded to help preserve historic buildings.

**Help**
- *to threaten* menacer
- *to chip off (ou away)* enlever petit à petit (au couteau etc.)
- *to carve* graver

**Stonehenge**
Stonehenge is a prehistoric monument in the South of England. It was built by a people who left no written records. Thus numerous myths surround the stones. It became a UNESCO World Heritage Site in 1986.

**KEY IDEAS**

- Exchanges are becoming more and more internationalized. Globalization has advantages and disadvantages for industrialized countries as well as developing countries.
- The notion of territory is evolving. Historical events, such wars and as conflicts have made nations' territories evolve and they continue to do so.
- Architecture in public spaces shows the history of a country. Modern buildings contrast with older ones.

# Maori Culture, New Zealand

**The Maori are the indigenous people of New Zealand.** They arrived there from Polynesia over 1,000 years ago. Today, New Zealand counts 600,000 Maori (14% of the total population), while the rest of the New Zealand population is mostly of European descent.

## 1. Ancient customs

- **The Polynesian peoples** were highly skilled navigators and astronomers. They travelled long distances by sea. **One of their migration voyages led them to New Zealand.** They learned to use local resources to produce tools and food. During the 18th and 19th centuries, the Maori began to become less nomadic, as they started settling on territories. They developed activities such as gardening, fishing and hunting of birds.

- **They built tribal fortifications** and implemented "utu", or balanced exchange. This was a gift exchange led by three principles. Giving a gift led to receiving another present of higher value in exchange. The objective was to continue the exchanges.

- **The Maori house** was a simple hut with a low roof, an earth floor, no window and a small open fire.

- ***Toi moko*** (Maori tattoo, or a tattooed face or head) **was a traditional practice**, generally for men of high status. The tattoo provides information about the person's status, origins and exploits. *Toi moko* heads were often preserved after the person died (either to honour an ancestor, or as a war trophy). In the 1820s, Maori who wanted to acquire muskets[1] and gun powder sometimes exchanged tattooed heads for them.

1. *a musket* un mousquet, sorte de fusil

## 2. Influence of European settlers

- **Maori culture changed in contact with Europeans**, starting in the late 18th century. They traded fish to British settlers in exchange for steel objects and blankets. European food was introduced, and many Maori changed their agricultural methods and eating habits. Some converted to Christianity and chose to sell their lands to missionaries.

- **By the 20th century,** due to colonisation, the Maori had been relegated to land that was difficult to farm. They suffered from poverty, poor housing and poor health, which led to high crime and alcoholism rates, as well as to racial tension with white people.

- **From the 1970s,** politically committed Maori began getting involved in the Maori land-rights movement and defending Maori language and culture. The introduction of the Mixed Member Proportional elections in 1996 enabled the Maori to play a greater political role in New Zealand society. In 1996, Maori MP Winston Peters became Deputy Prime Minister.

# Indian Wars

REPÈRES

The Indian Wars were the conflicts opposing European settlers or soldiers and Native Americans, from the earliest colonial settlement to 1890.
By 1783, the USA had achieved independence from Britain. As the country's population grew, it began to expand westward. This meant chasing Native Americans off their ancestral territories. As settlers expanded their territories, they generally pushed Native Americans northward and westward. This resulted in cycles of reprisal.[1]
All together, 19,000 white settlers and 45,000 Native Americans were killed in more than 40 Indian Wars.

## 1. In the East (1775-1842)

- **The American Revolutionary War** or War of Independence (1775-1783) was a two-sided war. While American settlers were fighting against British rule in the east, they were also fighting against Indian tribes in the west. Most Native Americans sided with the British, who said they would grant[2] them territories. This was the most destructive of the Indian Wars.
Villages and food supplies were destroyed by military expeditions.
- **Little by little, settlers managed to gain Native American territories.** In 1800, William Henry Harrison became Governor of the Indiana territory. With the support of President Jefferson, he aggressively pursued Indian lands.
- **In the War of 1812**, the British tried to stop American expansion. Some Indian tribes allied with the British. But they were defeated.
- **In the early 19th century,** Americans wanted to gain access to land owned by Native Americans in the Southeast. Under the *Indian Removal Act of 1830*, "Indians" were forced to exchange their lands in the east for land west of the Mississippi. More than 10,000 Native Americans died during this relocation, which came to be known as the "Trail of Tears".

## 2. In the West (1811-1890)

- **From 1854 to 1890,** the *Sioux,* led by chiefs Sitting Bull and Crazy Horse, resisted, attempting to keep their lands in Minnesota, South Dakota and Wyoming.
- **In 1864,** the *Cheyenne* and *Arapaho* began to retaliate[3] for the terrible conditions on the reservations by attacking stagecoaches[4] and settlements along the Oregon Trail.
- **In December 1890**, the US Cavalry killed more than 200 *Lakota*. Known as the *Wounded Knee Massacre,* that battle is considered the last Indian War.
- **Native Americans were not granted American citizenship until 1924**. In 1934 the *Indian Reorganization Act* gave them the right to perpetuate their historic traditions and culture, and restored management of their territories to them.

1. *reprisal* des représailles
2. *to grant* accorder
3. *to retaliate* se venger
4. *a stagecoach* une diligence

# Biographies

## Vasco DE GAMA (1460-1524)

Vasco de Gama was a Portuguese explorer. In 1497, the King of Portugal asked him to find a maritime route to the East. De Gama reached India by circumnavigating Africa. He is considered to be one of the most successful explorers of the Age of Discovery (the 15th to 18th centuries). In 1524, after two more voyages to India, he was appointed Governor of India. His expedition from Portugal to India and back was the longest ocean voyage ever completed at that time.

## James COOK (1728-1779)

Captain James Cook was an explorer, navigator and cartographer in the British Royal Navy. He sailed to the Pacific three times. On his voyages, he made contact with indigenous peoples in Hawaii, Australia and New Zealand. He mapped those regions far more accurately than had been done before. In 1770, he became the first European to navigate Australia's dangerous Great Barrier Reef. His ship, HMB *Endeavour*, was damaged, but they managed to repair it and to sail home.

## Christopher COLUMBUS (1451-1506)

Christopher Columbus was an Italian navigator who sailed across the Atlantic Ocean under the patronage of Queen Isabella and King Ferdinand of Spain. Columbus believed that he could reach Japan by sailing west from Spain. Instead, in 1492 he reached the Bahamas with three Spanish galleons: the *Niña*, the *Pinta* and the *Santa Maria*.

Colombus is known as the explorer who "discovered America". In fact, he is responsible for starting European colonisation of the "New World". Columbus is remembered in many place names, from the South American nation of Colombia to the full name of the capital of the USA: Washington, District of Columbia (DC).

## Jacques CARTIER (1491-1557)

Jacques Cartier was a French navigator who explored Canada. The mission given to him by King Francis I was to "discover (...) islands and lands where (...) a great quantity of gold and other precious things are to be found." Cartier's original goal was to find the Northwest Passage – a mythical sailing route from the North Atlantic to the Pacific. Instead, he became the first European to explore and map the Gulf of Saint Lawrence and the Saint Lawrence River. Thanks to his map, France established its first permanent colony in Canada. Cartier believed that China was at the other end of the river. So he named the rapids that blocked his way the "Lachine Rapids".

# Books and films

## Three books

***Bury My Heart at Wounded Knee: An Indian History of the American West,* by Dee BROWN (→ Indian Wars)**
This non-fiction book presents the history of the American West in the 19th century from a Native American point of view. The author describes decades of war and forced relocations, detailing the misconduct of the American government. The book also introduces key Native Americans from that era, including Sitting Bull, Crazy Horse, Geronimo and Big Foot.

***Beloved,* by Toni MORRISON (→ slavery)**
This powerful novel portrays the psychological trauma of slavery, even after it was legally ended. The title character, Beloved, whose mother is a freed slave, is a ghost who haunts her family years after her death. Published in 1987, the book is on the World Library's list of the 100 Best Books. In 1993, its author, Toni Morrison, became the first black woman to win the Nobel Prize for Literature.

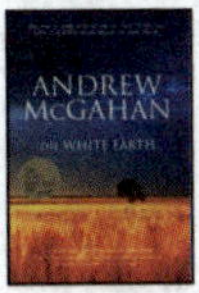


***The White Earth,* by Andrew McGahan (→ Australia)**
it is the story of a young boy named William who lives on his uncle's homestead in the Australian Outback. When Indigenous Australians win the right to reclaim their territories, William is caught up in a dramatic conflict.

## Two films

***Slumdog Millionaire,* directed by Danny BOYLE (→ India)**
This film tells the fictional story of Jamal Malik, a poor young man from the slums of Mumbai. He takes part in the TV contest "Who Wants to be a Millionaire?" and he is the winner. But because of his social background, he is accused of cheating (tricher). The story accurately depicts urban India as a land of contrasts where modern skyscrapers and poverty-stricken slums can be found side by side.

***Bloody Sunday,* directed by Paul GREENGRASS (→ Ireland)**
The film offers a documentary-like dramatization of the 1972 incident in Derry, Northern Ireland known as "Bloody Sunday", when British Army troops fired on unarmed demonstrators, killing 14 people, including seven teenagers. The events are shown through the eyes of Ivan Cooper, a real-life Member of the Parliament of Northern Ireland.

# Spaces and exchanges / Espaces et échanges

## 1 Poverty / La pauvreté, la misère

| | | |
|---|---|---|
| *the poor* | les pauvres | *extremely poor = destitute* |
| *the underprivileged* | les démunis | |
| *the haves and have-nots* | les riches et les pauvres | |
| *the needy* | les nécessiteux | |
| *the throwaways* | les exclus | |
| *the downtrodden* | les opprimés | |
| *the poverty line, the poverty threshold* | le seuil de pauvreté | *to live below the poverty line* vivre en dessous du seuil de pauvreté |
| *the grinding poverty* | la misère noire | |
| *the deprivation* | la privation | syn : *hardship* |
| *to live from hand to mouth* | vivre d'expédients | |
| *to be in dire straits* | être aux abois | |
| *to be penniless* | être sans le sou | *to be broke* être fauché<br>*to be hard up for money = to be short of money* être à court d'argent |
| *to scrimp and save* | économiser sur tout | *to make cheeseparing economies* faire des économies de bouts de chandelle |
| *to fight one's way out of poverty* | se battre pour sortir de la pauvreté | *to work one's way out of poverty* s'efforcer de sortir de la pauvreté |
| *to tighten one's belt* | se serrer la ceinture | |
| *to pull yourself up by your bootstraps* | se hisser hors de la misère tout seul | Litt : *se tirer soi-même par les languettes de ses chaussures* |
| *a self-made man* | un homme riche qui vient d'une famille sans argent | |
| *to be driven off the land* | être expulsé de ses terres | |
| *substandard housing* | logement insalubre | |
| *a shack* | une cabane | *a chicken coop* litt. : un poulailler ; mét. : une cage à lapins |
| *to starve* | être affamé | *to be racked by hunger* être tenaillé par la faim<br>*to go hungry* souffrir de la faim<br>*to starve to death* mourir de faim<br>*to have an empty stomach* avoir le ventre vide |
| *to forage in trash* | fouiller dans les poubelles | |

| | | |
|---|---|---|
| *to scavenge for food* | fouiller dans les poubelles pour de la nourriture | *dumpster diving* la fouille des poubelles des supermarchés et restaurants<br>peut être un acte politique "anti-gaspi" et/ou par faim |

## 2 *Emigrating* / L'émigration

| | | |
|---|---|---|
| *a newcomer* | un nouveau venu | |
| *a native* | un/e autochtone, indigène | *a national* un ressortissant |
| *a legal (an illegal) alien* | un ressortissant étranger avec (ou sans) papiers | |
| *a host country* | un pays d'accueil | |
| *mass migration* | l'émigration massive | *large-scale immigration* l'immigration de grande envergure |
| *a citizen* | un citoyen | |
| *citizenship* | la citoyenneté, la nationalité | *to receive citizenship* obtenir la nationalité<br>*to grant citizenship* accorder la nationalité |
| *to contemplate leaving* | envisager de partir | |
| *to improve living conditions* | améliorer les conditions d'existence | |
| *to go west* | aller vers l'Ouest | |
| *to be cut off from one's roots* | être coupé de ses racines | |
| *to be uprooted* | être déraciné | |
| *tyranny* | la tyrannie | |
| *oppression* | l'oppression | |
| *a leap toward freedom* | un saut vers la liberté | |
| *to provide a (safe) haven* | offrir un refuge (sûr) | |
| *a language barrier* | une barrière linguistique | |
| *to face hardships* | affronter les épreuves | *To meet with hardships* affronter les épreuves<br>*To endure hardships* supporter les épreuves |
| *a surge of immigration* | une vague d'immigration | |
| *to open one's borders* | ouvrir ses frontières | *to fling open one's borders* ouvrir tout grand ses frontières |
| *to stream across the border* | traverser la frontière en masse | |
| *to crisscross a country* | parcourir un pays dans tous les sens | |

LEXIQUE

## 3 *Conflictual exchanges* / les échanges conflictuels

| | | | |
|---|---|---|---|
| *fraught with danger* | rempli de dangers | | |
| *to stir up violence* | susciter / provoquer la violence | | |
| *to spark* | provoquer | | |
| *to trigger off = to set off* | déclencher | | |
| *to ignite* | mettre le feu aux poudres | | |
| *an outbreak of violence* | une vague de violence | *an upsurge of violence* | un regain de violence |
| *unrest* | de l'agitation, des troubles | | |
| *a protest movement* | un mouvement de protestation | *to set off protests* | provoquer des manifestations |
| *a riot / to riot* | une émeute / manifester violemment | *a rioter* | un émeutier |
| *an uprising* | un soulèvement /une révolte | | |
| *a demonstration* | une manifestation | | |
| *a demo* | une manif | | |
| *to demonstrate* | manifester | | |
| *a demonstrator* | un manifestant | | |
| *to hold a demonstration* | organiser une manifestation | | |
| *to call a demonstration* | appeler à manifester | | |
| *fearful* | peureux | | |
| *ruthless* | impitoyable | | |
| *tough* | sévère | | |
| *a gathering* | un rassemblement | *to gather* | rassembler |
| *a mob / to mob* | une foule / assièger, assaillir | *mob rule* | la loi de la rue |
| *to denounce* | dénoncer | | |
| *to fear sth* | craindre qqch | | |
| *to loot = to plunder* | piller | | |
| *to ransack* | saccager | syn: *to wreck, to vandalize* | |
| *to lead a country into war* | plonger un pays dans la guerre | | |
| *armed struggle* | un conflit armé | | |
| *to rise up against* | se soulever contre | | |
| *to take up arms* | prendre les armes | | |
| *to start a rebellion* | déclencher une rébellion | | |
| *to set fire to...* | mettre le feu à... | syn: *to set on fire...* | |

## 4 *Trade* / les échanges commerciaux

| | | |
|---|---|---|
| *to trade in sth* | faire commerce de | |
| *to do trade with* | faire commerce avec | *to do business* faire des affaires |
| *trade ties* | les liens commerciaux | |
| *to export* | exporter | *exportation* l'exportation, le fait d'exporter<br>*export (trade)* l'exportation (de produits)<br>*an exporting country* un pays exportateur |
| *to import* | importer | *importation* l'importation, le fait d'importer<br>*import (trade)* l'importation |
| *to compete with* | être en concurrence avec | *a competitor* un concurrent |
| *free trade* | le libre-échange | |
| *protectionism* | le protectionnisme | syn : *managed trade* |
| *customs* | les douanes | |
| *a tariff barrier* | barrière douanière | *a tariff barrier = a customs barrier* |
| *to erect trade barriers* | ériger des barrières douanières, entraver les importations | |
| *import controls* | le contrôle des importations | |
| *a trade dispute* | un conflit commercial | |
| *to impose trade sanctions against...* | imposer des sanctions commerciales à l'encontre de... | |
| *to embargo, to lift an embargo* | décréter / lever un embargo | *a trade embargo* un embargo commercial |
| *to blockade* | faire le blocus | *a blockade* un blocus |
| *fair trade* | le commerce équitable | |
| *to forge trading links* | établir des liens commerciaux | |

## 5 *Travelling* / les voyages

| | | |
|---|---|---|
| *a crossing* | une traversée | |
| *to set out* | se mettre en route | *to hit the road* prendre la route |
| *exoticism* | le dépaysement | |
| *travel gear* | l'équipement de voyage | |
| *to broaden your horizons* | élargir son point de vue | *to change your horizons* changer d'horizon<br>Peut se traduire par "les voyages forment la jeunesse". |

| | | |
|---|---|---|
| *to head (off) for…* | se mettre en route pour… | |
| *to stray off the beaten track* | s'aventurer hors des sentiers battus | |
| *to travel* | voyager | *a journey* un voyage<br>*a trip* une excursion, un voyage |
| *a route* | un itinéraire | |

## 6 *Urban life* / l'environnement urbain

| | | |
|---|---|---|
| *to urbanize* | urbaniser | *urbanization* l'urbanisation |
| *a dormitory = a bedroom community* | une ville-dortoir | |
| *a slum, a shanty town* | un bidonville | |
| *a boom town* | une ville-champignon | |
| *the inner city, the ghetto* | les quartiers défavorisés du centre-ville | |
| *suburbs* | la banlieue ← | souvent plutôt riche dans les pays anglophones |
| *outskirts* | la périphérie | |
| *council flats* | des HLM ← | US : *the projects* |
| *a hovel* | un taudis | |
| *squalid* | sordide | |
| *to crumble* | tomber en ruines | |
| *decrepit* | délabré | |
| *to fall into decay* | se délabrer | |
| *a vacant land* | un terrain vague | |
| *a dump* | une décharge | *a fly dump* une décharge sauvage |
| *to erect, to put up a building* | construire un bâtiment | |
| *to refurbish, to rehabilitate* | rénover | |
| *gentrification* | la gentrification, l'embourgeoisement ← | lorsqu'un quartier défavorisé est réhabilité et commence à attirer des gens moins défavorisés |
| *slum upgrading* | la réhabilitation des ghettos | |
| *suburbanization* | l'extension des banlieues | |
| *urban migration* | l'exode rural | |

# Comprendre un texte

## EXEMPLE

**As the lights went out, their memories burned bright: London pays tribute to WWI heroes with dramatic display**

**London was plunged into darkness last night as lights across the capital were switched off in a poignant act of remembrance to those who gave their lives in World War One.**

A single beam of light, visible for miles around, was projected from Westminster as landmarks including the Houses of Parliament and Buckingham Palace were shrouded in darkness.

On the 100th anniversary since Britain joined the First World War, millions of people across the country reflected by the light of a candle on the sacrifices made by the young men and women during the Great War.

At Piccadilly Circus, the bright lights of the advertising boards were replaced with pictures of poppies and black and white photos of scenes from the war, along with the message: "Westminster remembers".

The project was a reference to then-foreign secretary Sir Edward Grey's famous remark on the eve of the outbreak of war, when he said: "The lamps are going out all over Europe; we shall not see them lit again in our lifetime."

The poignant commemoration came after a day during which respects were paid across the UK and Europe to remember those who made the ultimate sacrifice.

Robin de Peyer, *Standard.co.uk*, 5 August 2014.

*Les mots surlignés sont en liaison avec l'Étape 2 de la Méthode.*

## Questions

**A.** Who is being remembered? Choose the right answer.
- **1.** Famous politicians from the WWI era
- **2.** Unknown soldiers who died during WWI
- **3.** Illustrious generals of WWI

**B.** **1.** How are these people presented?
**2.** Why are they presented in this way? Justify with two quotes from the article.

**C.** Name four ways in which Great Britain remembered them on August 4th, 2014.

**D.** Say if the following statement is **True or False**, and justify your answer with a quote from the article: *These commemorations only took place in London.*

## ÉTAPE 1. AVANT DE COMMENCER LA LECTURE

→ Y a-t-il une illustration ? Si oui, elle a pour objectif de fournir un indice sur le sujet probable du ou des textes.

→ Quel est le titre ? Y a-t-il le nom de l'auteur ou la date de publication ? Ces éléments sont porteurs d'informations importantes qui vous guident sur le type de textes.

→ Dans un texte de presse, le premier paragraphe formule le sujet principal de l'article. Dans chaque paragraphe, la première phrase résume ce qui va être développé et illustré.

→ Ne lisez pas les questions tout de suite, il faut attendre la fin de la 2e lecture…

**Que nous dit le texte ?**

• Standard.co.uk : il s'agit d'un article de presse tiré du quotidien de presse *London Evening Standard.*

• Le titre nous dit qu'il s'agit de la Première Guerre mondiale et on apprend qu'un hommage a été rendu aux héros de la Première Guerre mondiale.

## ÉTAPE 2. PREMIÈRE LECTURE

→ La première lecture est une lecture intégrale de repérage des informations de base. Il faut lire le texte en entier, sans chercher à ce stade à répondre aux questions (il ne faut même pas les avoir lues encore). À la fin de cette première lecture, vous devez être capable de répondre à la plupart des questions suivantes :
– Quelle est l'idée générale du texte ?
– Qui est le narrateur ?
– Qui sont les personnages présents et/ou mentionnés ?
– Où se passe l'action ?
– Quand se passe l'action ?

**Que nous dit le texte ?**

• Il s'agit d'une cérémonie de commémoration de la Première Guerre mondiale.

• Le narrateur est un journaliste du quotidien *London Evening Standard.*

• On parle des spectateurs de la cérémonie et on fait référence à Sir Edward Grey, qui était alors Secrétaire des Affaires étrangères et qui s'était exprimé lorsque la guerre s'était déclenchée.

• L'action se passe à Londres.

• Elle se passe le 4 août 2014.

## ÉTAPE 2. DEUXIÈME LECTURE

→ La deuxième lecture s'effectue à l'aide de quatre surligneurs, qui vous permettront de repérer des informations plus précises.
– Une première couleur permettra de faire ressortir les informations concernant les **personnages**. Repérez : noms, prénoms, liens avec les autres personnages et adjectifs les caractérisant.
– Une deuxième couleur permettra de faire ressortir les informations concernant les **lieux.** Repérez : lieux géographiques (noms de pays, villes…), lieux matériels (bâtiments, pièces…).
– Une troisième couleur permettra de faire ressortir les **marqueurs temporels ou chronologiques.** Repérez : dates, adverbes de temps, adverbes de fréquence…
– Une quatrième couleur permettra de faire ressortir les **mots de liaison**.
En effet, les connecteurs logiques structurent le discours. Les repérer facilite l'émission des hypothèses sur le sens du texte.

→ Ce n'est qu'après cette deuxième lecture que vous devriez lire les questions.

**Que nous dit le texte ?**

• Les personnages : hommes et femmes de la Première Guerre mondiale (appelés aussi les héros de la guerre), Sir Edward Grey (ancien Secrétaire des Affaires étrangères britannique) et les spectateurs de la cérémonie.

• De nombreuses indications sur le lieu du spectacle de la commémoration : Londres, la capitale, ses monuments.

• Plusieurs appellations pour nommer la Première Guerre mondiale : *WWI, World War One, the Great War* et des dates pour nous faire comprendre qu'il s'agit de commémorer l'événement.

• L'utilisation de la conjonction de subordination *as* (comme, alors que) permet de comprendre que les événements reliés ont lieu en même temps.

## ÉTAPE 3. COMPRENDRE LES QUESTIONS

→ Avant d'aborder la troisième lecture, prenez le temps de bien lire les questions.

→ Pour bien répondre aux questions, il faut d'abord bien les comprendre. Il faut donc connaître le vocabulaire des consignes (voir page suivante).

→ Lorsque vous devez citer le texte, citez le numéro de la ligne et le passage concerné entre guillemets. Évitez d'écrire seulement le début et la fin avec des poins de suspension entre, car si l'élément qui justifie se trouve entre les deux, votre justification ne sera pas prise en compte.

→ Si vous devez répondre en utilisant vos propres mots, cela vous demande de reformuler le texte et non de le citer.

→ Certaines questions valident le niveau B2 et traitent de l'implicite. Il est nécessaire de faire la synthèse de votre compréhension du texte afin de construire votre réponse.

→ Respectez le temps des verbes de la question dans votre réponse.

→ Vous devez répondre aux questions dans l'ordre sur votre copie. Pour plus de clarté, vous pouvez tracer un trait de séparation entre chaque question.

→ Certaines questions doivent être rédigées dans un nombre de mots précisé dans le sujet. C'est un précieux indicateur qui vous permet de vous autoévaluer : ai-je été assez précis(e) dans ma réponse ?

→ Pour finir, ne négligez aucune question. Tentez de répondre à chacune d'entre elles !

**Le niveau de langue est à soigner.** Certes, la compétence évaluée est bien la compréhension de l'écrit, cependant votre réponse doit être rédigée clairement pour être bien comprise.

**Comprendre les consignes**

| | |
|---|---|
| *guidelines / instructions* | les consignes |
| *to account for* | rendre compte de, expliquer |
| *to circle* | entourer |
| *to cross out* | barrer |
| *to fill in* | compléter |
| *to find* | trouver |
| *to find out* | découvrir |
| *to justify* | justifier |
| *to make a list* | énumérer |
| *to match / to pair* | associer |
| *to match something with something* | relier qqch à qqch |
| *to pick out* | relever |
| *to quote from the text* | citer le texte |
| *to rephrase* | reformuler |
| *to sum up, to summarize* | résumer |
| *to tick (UK) / to check (US)* | cocher |
| *an extract (UK) /an excerpt (US)* | un extrait, un passage |

## ÉTAPE 4. TROISIÈME LECTURE

→ Pendant la troisième lecture, vous pouvez associer le texte et les questions en notant dans la marge le numéro de la question.

→ **Ne paniquez pas si vous ne comprenez pas tous les mots du texte.** L'objectif est de trouver les informations qui répondent aux questions. N'hésitez pas à retrouver la **phrase minimale** lorsqu'une phrase vous semple trop complexe. La phrase minimale est formée d'un sujet + verbe + complément, et elle apporte l'information essentielle.

→ La compréhension fine vous demande d'être capable de **comprendre l'implicite**. Ce sont les formes grammaticales telles que la modalité, la notion de réel ou d'irréel, les voix active ou passive ainsi que la nature du discours direct, indirect ou indirect libre qui vous permettent de déduire ce qui n'est pas explicitement écrit dans le texte.

**Que nous dit le texte ?**

- Le texte fait plusieurs allusions au noir (*darkness*) dans lequel la ville est plongée et à la lumière qui vient soit des bougies des spectateurs (*candle*), soit du rayon lumineux (*beam of light*) qui illumine les monuments de Londres, soit des enseignes lumineuses de Piccadilly Circus (*advertising boards*). Le journaliste insiste ainsi sur le contraste entre le noir et la lumière pour commémorer les héros de la Grande Guerre.
- L'utilisation des formes passives (*was plunged - was switched off - was projected*) est courante en anglais pour mettre en valeur l'action plutôt que les personnes anonymes qui le font.
- La citation de Sir Edward Grey apparaît au discours direct dans le texte. Cela a pour effet de la rendre actuelle. Il a dit cette phrase à la veille de la Première Guerre mondiale, mais il nous semble qu'il la prononce en 2014.

## ÉTAPE 5. RÉPONDRE AUX QUESTIONS

→ C'est maintenant l'étape de rédaction des réponses aux questions. Les éléments que nous avons relevés dans les étapes précédentes vont nous servir à répondre aux questions. N'oubliez pas que les questions **B. 2.** et **D.** vous demandent des justifications. Il faudra donc citer le texte entre guillemets en soulignant les éléments essentiels si nécessaire.

**Réponses aux questions**

**A. 2.** *Unknown soldiers who died during WWI.*

**B. 1.** *They are presented as heroes.*
**2.** *They are presented in this way because they gave their lives.*
Deux justifications à choisir parmi les trois dans le texte :
– "*… those who gave their lives in World War One.*" (sous-titre)
– "*…the sacrifices made by the young men and women during the Great War.*" (l. 5-6)

– *"... those who made the ultimate sacrifice."* (l. 14)

**C.** Quatre éléments à trouver parmi les cinq présents dans le texte :
– *London was plunged into darkness.*
– *Images of poppies and of the Great War, with the message "Westminster remembers" replaced the advertisements on the billboards at Piccadilly Circus.*
– *A beam of light was projected from Westminster (while other monuments went dark).*
– *People all over the country lit candles.*
– *Respects had been paid across the UK earlier that day.*

**D. False**
Une justification à choisir parmi deux dans le texte :
– *"... millions of people across the country."* (l. 4-5)
– *" ... respects were paid across the UK and Europe."* (l. 13-14)

**Sujet de bac LV1** SÉRIES L, ES

# Spaces and Exchanges

**D'après Amérique du Nord, juin 2013**



## Text 1 An exciting wedding

A proposal arrived for Radha Aunty even before she returned from America. I was in my grandparents' drawing room, dusting all their teak furniture when I heard Ammachi telling the aunts and uncles about it. The Nagendras were the family interested in Radha Aunty. At the mention of the name, the aunts let out little sounds of pleasure and admiration. Old Mr Nagendra had been at Cambridge with Appachi, and the families were known to each other. His son, Rajan, had met Radha Aunty at a dinner party in America, and he had been so taken with her that he had written to his parents asking them to make a proposal on his behalf. Ammachi had phoned Radha Aunty and, according to her, Radha Aunty seemed very amenable to the idea. Rajan would be returning to Sri Lanka[1] a few months after Radha Aunty was to come back.

"What kind of a man is he?" one of the uncles asked.

"An engineer," Ammachi replied. "Works for a big company in America. Very well off."

"An engineer!" one of the aunts cried. "How wonderful for Radha."

"And such a good family, too," another added.

"What about his character?" a third asked.

"Excellent," Ammachi replied. "Doesn't drink or womanize. And we know for a fact that there is no insanity in the family."

As I listened to them, I felt an excitement stir in me, an excitement that had died with my expulsion from the world of the girls. There was going to be a wedding in the family! A real wedding, in a real church with a real bride. I had been at other weddings, but never had a chance to take part in the preparations that went into the marriage ceremony. Now it would be my turn to experience all those delights. I looked around the drawing-room. In a few months this room would be transformed by the preparations for a wedding. I saw it all in my mind: the buying of the sari[2], the making of the confetti, the wrapping of the cake, the delicious pala harams, the jasmine garlands, the bridesmaids.

Radha Aunty, who was the youngest in my father's family, had left for America four years ago when I was three, and I could not remember what she looked like. I went into the corridor to look at the family photographs that were hung there. But all the pictures were old ones, taken when Radha Aunty was a baby or a young girl. Try as I might, I couldn't get an idea of what she looked like now. My imagination, however, was quick to fill in this void. Since my idea of romance was inseparable from Sinhala films and Janaki's love-comics, the picture I formed of Radha Aunty bore a strong resemblance to that goddess of the Sinhala screen Malini Fonseka. The Radha Aunty of my mind was plump with big rounded hips. She had a fair complexion and large kohl-rimmed eyes. Her hair was straight and made into an elaborate coiffure on top of the head, and she wore a Manipuri sari with a gold border.

I was so engrossed in my daydream of this lovely creature that I didn't notice that the aunts and uncles had left and Ammachi had come out into the corridor.

"Ah, ah!" she cried angrily when she saw me. "What are you doing here?"

Without replying, I turned and ran back into the drawing room.

"I'm coming to check your work soon," Ammachi called out warningly. I began to fervently dust her furniture.

Shyam Selvadurai, *Funny Boy*, 1994

1. *Sri Lanka: an island country in the Northern Indian Ocean, formely*
2. *a sari: a piece of clothing worn by women in some Asian countries*

## Text 2 The young entrepreneurs heading back to Indian homeland

As India's economy grows, tens of thousands of young Indians who have studied overseas are heading back to their homeland, drawn by rising living standards. It's a phenomenon known as the reverse brain drain.

Like many Indians, Janki left India to study overseas, hoping to gain a broader world view and a good education. She studied design in Atlanta, then worked in New York, before returning to India to start her own camping company.

"India is a very exciting market, and right now is a great time to come back to India to start something on your own," she says.

Two years ago, Janki and her husband set up Big Red Tent, a company that runs weekends in the Indian countryside and hopes to broaden the appeal of camping in India, where it is still not that common.

The economic downturn in the United States and a sense that India was "more conducive" to new business ideas was what drove them to start up a company back home.

"If we were in the States, we'd be one of many camping companies in a saturated market, whereas here we have the space and support to start up."

"India is a fantastic untapped market, open to experimental and innovative ideas, and the middle classes now have the money and are willing to try new things," says Janki.

Cultural affinity and family ties have often been reasons why Indians return home after studying. But the business potential that India offers right now makes it an even more attractive prospect, says Avdesh Mittal, a partner at the Mumbai[1] branch of international headhunters Heidrick and Struggles.

Rajini Vaidyanathan, *www.bbc.co.uk/news/world-south-asia*, May 30th, 2011

1. *Mumbai* Bombay

## COMPRÉHENSION DE L'ÉCRIT

### Text 1

**1** Complete the sentences below with the appropriate characters: Rajan, Radha Aunty, Ammachi, Old Mr Nagendra (one name for each sentence).
**a.** … is the narrator's aunt.
**b.** … is an engineer.
**c.** … went to Cambridge with the narrator's grandfather.
**d.** … is the narrator's grandmother.

**2** Focus on Radha Aunty.
**a.** Which country is she in at the moment?
**b.** Which country is she coming back to?

**3** lines 21-22: "There was going to be a wedding in the family!"
**a.** Which two characters are getting married?
**b.** How did they meet?
**c.** How did the future husband ask for the young woman's hand? Answer in your own words.
**d.** How did the young woman react to that proposal? Explain and justify your answer with a quote from the text.

**4** Does the young woman's family approve of this union? Explain why or why not. Give four reasons (*30 words*).

**5** Focus on the narrator.
**a.** How old is the narrator? Justify your answer with a quote from the text.
**b.** How does the narrator feel about the wedding? Explain why.
**c.** What elements show that the narrator's vision of the future wedding is idealized (*40 words*)?

### Text 2

**6** Which segment of the Indian people is this article about?

**7** Explain what the "reverse brain drain" is (l. 3). Use your own words (*30 words*).

**8** List the reasons that explain this phenomenon. Give five different reasons (*50 words*).

### Both texts

**9** What reasons do the characters in Doc. 1 and Doc. 2 have for going back home (*50 words*)?

## Sujet de bac LV1 SÉRIES L, ES

### Comment valoriser votre copie

**Bien présenter vos réponses aux questions de compréhension**

- Respectez l'ordre des questions.
- Répondez en faisant des phrases complexes.
- N'oubliez ni les guillemets, ni les numéros des lignes lorsque vous citez le texte.

**Bien définir le document en cherchant à déterminer type de texte, époque et contexte.**

- **Document 1** : Il s'agit d'un extrait de roman écrit par Shyam Selvadurai, originaire du Sri Lanka. Ce roman raconte les difficultés familiales rencontrées par le narrateur dans un contexte politique et social tendu au Sri Lanka.
- **Document 2** : Il s'agit d'un article de presse extrait du site internet BBC News. L'article traite de l'évolution des mentalités en Inde. Aujourd'hui, les jeunes qui ont quitté l'Inde pour étudier à l'étranger sont de plus en plus nombreux à rentrer au pays.

## TEXT 1

**1** **a.** Rhada Aunty is the narrator's aunt.
**b.** Rajan is an engineer.
**c.** Old Mr Nagendra went to Cambridge with the narrator's grandfather.
**d.** Ammachi is the narrator's grandmother.

**2** **a.** Rhada is in the United States at the moment.
**b.** She is coming back to Sri Lanka.

**3** **a.** The characters who are getting married are Rhada and Rajan Nagendra.
**b.** They met at a dinner party in America.
**c.** To ask for Rhada's hand, Rajan wrote a letter to his parents. He wanted them to make a proposal to Rhada on his behalf. Instead of proposing to Rhada himself, he expected the family to give their consent.
**d.** According to the narrator's grandmother, Rhada answered favourably (l. 9-10 "Rhada seemed very amenable to the idea").

**Lexique**
- *a proposal* une demande en mariage
- *on somebody's behalf* de la part de quelqu'un
- *to propose to somebody* faire une demande en mariage à quelqu'un
- *amenable to* favorable à

**4** Rhada's family approves, because:
- the families know each other,
- Rajan, an engineer, is well-off,
- he doesn't drink or womanize,
- there is no insanity in his family.

**Lexique**
- *to womanize* courir les femmes
- *insanity* la maladie mentale

CORRIGÉS

**5** **a.** The narrator is 7 years old (l. 29-30 "Rhada Aunty […] had left for America four years ago when I was three.").
**b.** The narrator is very excited because he has been to other weddings, but never taken part in the preparations. Now it will be his turn to experience those delights.
**c.** He sees everything (the sari, confetti, cake, garlands, etc.) in his mind. His imagination fills the void about Radha. His idea of romance is inseparable from films and comics. He imagines Radha looking like a goddess in a movie.

**Lexique**
- *garlands* des colliers de fleurs

## TEXT 2

**6** This text deals with young Indians coming from well-off families who leave India to study abroad.

**7** "Brain drain" is when people from developing nations go to developed nations to study and work. So "reverse brain drain" is when those people return to their country of origin.

**Conseil**
Appuyez-vous sur vos connaissances pour définir la notion de *Brain drain*. Le *Brain drain* est le fait d'attirer des intellectuels dans les pays riches en leur offrant de meilleures conditions de travail et un meilleur niveau de vie.

**8** – India's economy is growing.
– It is a good place to start something.
– There is an economic downturn in America.
– India is more conducive to new business ideas.
– India is an untapped market. The middle classes have money and want to try new things.

## BOTH TEXTS

**9** The characters in both texts are probably going home for both economic and personal reasons. But the first text focuses on Radha and Ranja returning to Sri Lanka to get married, whereas the second text focuses on Janki and her husband returning to India because of the business opportunities there.

**Conseil**
Il s'agit de comparer et contraster. En premier lieu, expliquez ce que les personnages des deux documents ont en commun : une volonté de rentrer chez eux pour des raisons économiques et personnelles. En second lieu, montrez ce qui les différencie : un mariage dans le document 1, et des opportunités de travail dans le document 2.
Pensez à utiliser *both* et *whereas / while*.

CHAPITRE 3

# The Idea of Progress

## → Mots-clés

- ***a breakthrough*** une avancée
- ***a concern*** une préoccupation
- ***technological improvement*** le progrès technique
- ***an issue*** une question, un problème
- ***a threat*** une menace
- ***mankind*** l'humanité
- ***a milestone*** un événement marquant
- ***to allow*** permettre, rendre possible
- ***to launch a cyber-attack*** lancer une cyber-attaque
- ***to progress / to go forward*** progresser, aller de l'avant
- ***to achieve something*** réussir, accomplir
- ***to improve*** améliorer
- ***to raise questions*** soulever des questions

## LES IDÉES ESSENTIELLES

- La notion de progrès est une notion majeure dans notre société. Les découvertes scientifiques font partie intégrante de notre quotidien et ont pour objectif de l'améliorer.
- Le robot est aujourd'hui indispensable à l'homme, tant dans la vie quotidienne et dans l'entreprise que dans la recherche scientifique.
- Les avancées scientifiques ne peuvent se faire sans une réflexion éthique.
- Les progrès techniques et scientifiques doivent s'accompagner d'une réflexion environnementale afin de protéger nos ressources.

→ p. 164

The idea of progress is the belief that the world and human society can and do improve, and that art, science, technology and society are all a part of that. Progress implies change – from an old order with its traditions and customs to a new one with new conventions and beliefs – and the conviction that the change is for the greater good. Progress can also include preservation, and learning to distinguish change that is truly an improvement from change for its own sake. Although technological and scientific breakthroughs now take place constantly, there are also rising concerns about the ethical, social and environmental consequences of those changes.

**Help**
- *for its own sake* pour lui-même
- *a breakthrough* une avancée
- *a concern* une préoccupation

# 1 Technological Breakthroughs

## A From the Industrial Revolution to Robots

• **The Industrial Revolution** was a period of transition that began in Britain in the late 18th century. Water-and steam-powered machines gradually replaced manual or artisanal methods of production, and production was concentrated in factories, instead of being done in homes or small workshops. Textile production was one of the first sectors to be industrialised. Workers' output was multiplied by mechanised spinning and weaving. Thanks to the Industrial Revolution, the standard of living of the British population improved dramatically. Nevertheless, at the time, some of the progress was controversial. The Luddites were textile producers who protested against the new technology in the 1810s. They were concerned that the new machines were taking away their jobs, and replacing them with low-skilled factory jobs. Even today, the word "Luddite" is used to describe someone who resists technological change or progress.

• **Cybernetics** is the study of mechanical, physical, biological and other systems. More and more, it is being used to explore the basic principles of AI (artificial intelligence) and robotics. Cyborgs may be one way to "improve" humans, since cyborgs combine human elements with technological ones. Cyborgs might someday be able to communicate just with their thoughts, or have other enhancements over normal human bodies.

**Cyborgs**

A cyborg is a "cybernetic organism", part human, part machine. Some functions have been restored or some abilities (capacités) enhanced thanks to the integration of artificial components or technology.

In fiction, cyborgs are portrayed with mental and physical abilities far beyond those of humans. They are represented as either clearly mechanical, like Darth Vader (Dark Vador in French) in *Stars Wars* or almost indistinguishable from humans, like The Terminator.



• **Robots and artificial intelligence** can be said to be taking over the world. They are invading and enhancing every aspect of people's lives. Robots can help improve productivity in factories and elsewhere. They may also improve our quality of life thanks to human-robot interaction and collaboration.

However, the fact that robots can reduce the number of jobs for human beings is a legitimate concern, even if there are still many jobs they can't do. Humans are more skilled at tasks requiring creativity and problem-solving, while robots are better at repetitive tasks requiring limited sets of rules and knowledge. Robots can also be helpful in situations that are too dangerous for human beings.

Consequently, the increasing presence of robots will lead to a decline in low-skilled jobs, rather than to mass unemployment. Nevertheless, it is estimated that over than 50 million jobs in the United States are likely to be replaced by robots in the near future.

• **Robot behaviour**. On their own, robots do not have the capability to carry out malicious acts. Yet fearing robots is still legitimate, since robots are programmed and used by human beings. People with evil intentions can manipulate and misuse robots to turn practical devices like drones into weapons.

**Help**

- *to take over* envahir, dominer
- *to enhance* améliorer
- *a concern* une préoccupation
- *to be likely* être sûrement (probabilité forte)
- *evil* malfaisant
- *to misuse* détourner, faire un mauvais emploi

## B Space Exploration

Space exploration has always fascinated mankind, and it has been a reality for more than 50 years. Space exploration is now conducted both by robots and by manned spaceflights.

• **Competition between the USA and the Soviet Union**. The "Space Race" was a competition between the two late 20th-century superpowers, the USA and the USSR. It began in 1955, when the Americans announced their intention to launch an artificial satellite "by 1957". The Soviets replied that they would launch one "in the near

**Help**

- *mankind* l'humanité
- *a manned flight* un vol habité
- *to launch* lancer

future." The Soviets won the first round, by launching Sputnik 1 in October, 1957. It was the first artificial satellite, or man-made object sent into orbit around the Earth. The Soviets also sent the first human being into space, the cosmonaut Yuri Gagarin, in 1961. The Americans responded by investing massively in NASA, the National Space Agency. They had a huge victory in July 1969, when the Apollo 11 spacecraft landed on the Moon. The American astronaut Neil Armstrong became the first human being to walk on the Moon. What he said as he stepped onto the surface of the moon is now famous: "One small step for a man, one giant leap for mankind."

- **From Competition to Cooperation.** The Space Race ended in 1972, when the USA and the USSR agreed to work together on the Apollo-Soyuz project: an American spacecraft (Apollo) and a Soviet one (Soyuz) had a rendezvous in space. This eventually led to the International Space Station (ISS), a collaboration between the American, Russian, Japanese, European and Chinese space agencies.

> **Help**
> - *a leap* un bon
> - *eventually* finalement

> **The International Space Station (ISS)** La station spatiale internationale
> The International Space Station orbits the Earth continuously, completing more than 15 orbits a day, at an altitude of approximately 250 miles (400 km). It is a space research environment laboratory in which astronauts carry out experiments in biology, physics, astronomy, meteorology and other fields. There are six crew members aboard the space station. The specific people change every few months, but the Station has been continuously occupied since 2000 (six crew members since 2009).

- **Space exploration in the 21st century**. Messenger, a space vehicle, orbited the planet Mercury, making observations and sending data back to Earth, from 2011 to 2015. Opportunity and Curiosity, two robotic vehicles called rovers, have been sending pictures and data about Martian geology for many years. The data is helping scientists determine if it is possible for humans to live on Mars.

Mapping our solar system is a major preoccupation, and new planets are still being discovered. In March 2014 a new dwarf planet named 2012VP113 was discovered in the outer reaches of our solar system.

> **Help**
> - *a dwarf planet* une planète naine
> - *the outer reaches of the solar system* les confins du système solaire

- **Space Tourism.** In 2001, American businessman Dennis Tito spent $20 million to become the first "space tourist" – the first individual to pay for his own trip into space. Tito travelled to the ISS on a Russian spacecraft. He spent eight days in space. Space tourism is still rare and expensive, but many different companies are investing in it, so it may become more common in the future.

## C Communication

> **Help**
> - *a laptop computer* un ordinateur portable
> - *to be aware of* être conscient de

- **Mobile phones and the Internet** have transformed communication and information sharing in the past twenty years. We can now communicate (by voice, video or text) and share or search for images and information almost instantly. Mobile phones, laptop computers and tablets have increased access to Internet services like Skype (for video calls) and social networks such as Facebook, Twitter and WhatsApp by allowing people to have internet-connected devices available at all times.

- **Future means of communication.** Massachusetts Institute of Technology (MIT), a prestigious research institution that has made many important contributions to technical progress, is currently working on 3D video calls, which could enable people to see 3D images of the people they are talking to. Google Glass is a project being developed by Internet giant Google. It is a prototype of a personal computer that you can wear like a pair of glasses. Because of the high price (more than $1,500) and concerns about privacy issues (Google Glass could film people without their being aware of it), the original Google Glass was not very successful: launched in May, 2014, Google stopped selling it after less than a year. Nevertheless, Google is still committed to the project, and intends to launch a new version in the future.

# 2 Medical Breakthroughs

> **Vocabulary**
> - *a breakthrough* une avancée
> - *to raise questions* soulever des questions

Most medical breakthroughs (like vaccinations, antibiotics, medical imagery, chemotherapy, joint replacement and more) are positive for patients. They enable people to live longer, healthier lives. But not everyone has access to medical modern medical products and procedures. And many of those products and procedures can also raise ethical questions.

## A Medical Breakthroughs and their Consequences

- **Antibiotics and vaccines** have contributed to improved health and increased longevity. The principle of vaccination, developed by Louis Pasteur in the 1880s, contributed to eradicating or nearly eradicating many deadly diseases. The discovery of penicillin by Sir Alexander Fleming, in 1928, helped fight lethal

COURS

infections. These and other discoveries were significant breakthroughs at the time. However, nowadays, many people are concerned that babies receive too many vaccines, and medical researchers worry that the overuse of antibiotics has led to antibiotic-resistant bacteria. So we are learning that many discoveries can have both positive and negative effects.

- **Fighting modern plagues.** Aids is a global pandemic caused by HIV which was first identified in 1982. In 15 years, it killed more than 14 million people worldwide. Treatment has improved dramatically since then. There is still no cure, but there are currently more than 35 million people in the world living with HIV. Since 2001, developing nations have been allowed to produce generic medications to combat public-health crises, like HIV/Aids. This has been very important to increasing life expectancy and decreasing the spread of the disease.
- **In Vitro Fertilization (IVF)** is the process by which a woman's egg is fertilised by a man's sperm outside the body. In 1977, two British scientists performed the first successful IVF: Louise Brown was born in 1978. It was seen as a major breakthrough. Nowadays IVF has become much more common. However, this and other medical procedures involving reproduction raise ethical issues. There are concerns about preimplantation screenings, which allow couples to choose their baby's gender, or other genetic traits. There are also questions about how egg donations, surrogate motherhood and more can affect women's bodies.

**Help**
- *a plague* un fléau
- *Aids (acquired immunodeficiency syndrome)* SIDA
- *HIV (human immunodeficiency virus)* VIH
- *life expectancy* l'espérance de vie
- *the spread* la propagation
- *IVF* FIV (fécondation in vitro)
- *gender* le sexe (masculin/féminin)
- *egg donation* don d'ovocytes
- *surrogate motherhood* gestation pour autrui

## B Ethical Issues

- **Inequality.** Since 2000, the number of people living in extreme poverty has been halved. More people have access to clean drinking water, and medication against Aids, malaria, tuberculosis and other diseases is now much more widely available in developing countries. But despite these improvements, progress remains uneven.

Most medical researchers are from developed countries, whereas those countries account for only one third of the world's population. In addition, pharmaceutical companies prefer to develop products and processes that affect people in developed countries, who can pay more for them. Organisations like United Nations University have a role to play in increasing medical research focused on people in developing countries.

**Help**
- *halved* divisé en deux
- *uneven* inégal

**United Nations University**

United Nations University was created in 1973. Its goal is to develop research and share knowledge with those who need it most. UNU headquarters are located in Tokyo, Japan, but there are campuses around the world. Science, technology, global health and sustainable development are some of the topics that UNU focuses on.

- **Cloning** is the process of producing genetically identical individuals. Animals can now be cloned both in laboratories and on farms. Selling cloned meat has been allowed in the United States since 2006. Animal cloning aims to create exact genetic duplicates of animals considered to have superior features, such as disease resistance or higher-quality meat. As far as human cloning is concerned, there are two types: **therapeutic cloning**, which exists, involves cloning human cells for medical use; **reproductive cloning**, which is not allowed, would involve duplicating a person to create a second individual with the exact same genes.
- **Human therapeutic cloning** enables patients who cannot obtain transplants to be treated. It generates tissues or even whole organs. **Human reproductive cloning** could help parents who cannot procreate to have a child, or to replace a child who died. But it also raises many ethical issues. Humans could be cloned for their tissues or organs. "Replacement" clones could face emotional difficulties.
- **Sex selection** allows couples to choose the sex of their offspring. It can be performed as part of IVF: the embryo's gender can be selected before implantation. Sex-selective abortions are also performed by couples who prefer to choose their child's gender, although it is illegal in many countries.
- **Gender selection** is very common in India, where people prefer male children for social reasons. The natural ratio of births is 95 girls to every 100 boys. But in India, the ratio is closer to 80 girls for 100 boys. Consequently, kidnapping and trafficking of women and girls risen sharply.
- **Surrogate motherhood** is legal in some countries, and in some American states, and banned in others. Surrogacy is a complicated ethical issue, because on the one hand, it enables some people to have children, but on the other, in certain contexts, it reduces other women to the status of "baby-making machines."
- **A "saviour sibling" is a child who is conceived to provide** an organ or cell transplant to a brother or sister suffering from a fatal disease. This technique is a major breakthrough, but the welfare of the child must be the scientists' priority. Moreover parents must be careful since there may be psychological effects on a child who was born not for his or her own sake but to save somebody else's life.

**Help**

- *sex selection* choix du sexe
- *offspring* progéniture
- *trafficking* la traîte
- *a surrogate mother* une mère porteuse
- *a saviour sibling* un bébé-médicament

# 3 Impact of Progress on the Globe

## A Pollution and Agreements

• **The United Nations Environment Programme**. The United Nations (UN) Environment Programme was established in 1972, after the first United Nations Conference on the Human Environment. But little progress was made in integrating environmental considerations into international and national economic development. The environment has continued to deteriorate, and issues such as depletion of the ozone layer, global warming and pollution have continued to grow.

**Help**
- *depletion of the ozone layer* diminution de la couche d'ozone
- *sustainable development* le développement durable

• **The World Commission on Environment.** The United Nations established the World Commission on Environment and Development in 1983. The Commission's goals were to protect the environment, support sustainable socio-economic development and contribute to creating a global partnership between developed and developing nations.

• **The Earth Summit.** The international political response to climate change began with the UN-sponsored Earth Summit in Rio de Janeiro, Brazil, in 1992, with the adoption of the "Rio Conventions" on Biodiversity, Climate Change and Desertification, which were signed by 196 nations. The 2012 summit acknowledged that human activity contributes to global warming, and made industrialized countries responsible for fighting against this phenomenon.

• **A Conference of the Parties** (to the 1992 UN Convention), known as **COP**, is held yearly in order to review and revise the Convention's goals and to take the decisions necessary to achieve those goals.

• **The Kyoto Protocol** was adopted at COP3, in 1997, but it didn't enter into effect until 2005. In 2014, post-Kyoto negotiations aimed to require all major polluting countries to pay for $C0_2$ emissions. But China, India and the USA objected.

• Nevertheless, **at COP21, in Paris in late 2015**, 195 member states (the same as Rio, minus Canada), signed an agreement promising to reduce their carbon output "as soon as possible" and to do their best to keep global warming to "well below 2 degrees C". Conference head Laurent Fabius described the plan as a "historic turning point". In March 2016, the Obama administration gave $500 million to the "Green Climate Fund" as part of "the (…) commitment made at the Paris climate talks."

## B Using Up Our Resources

We consume more resources than nature can regenerate, and we create more waste than nature can recycle.

**Vocabulary**
- *waste* les déchets
- *depletion* épuisement
- *crops* les cultures
- *fertilizer* l'engrais
- *livestock* le bétail
- *fossil fuels* combustibles fossiles
- *coal* le charbon
- *to dump* déverser
- *waterways* cours d'eau
- *birth defect* maladie congénitale

• **Food** is one of the most essential resources people need to survive. So we devote more and more land to food production, even though it may damage the biosphere. Agriculture can contribute to soil and water depletion, deforestation, pollution(through fertilizers pesticides etc.), and loss of biodiversity in crops, livestock or wild species.

• **Industrial pollution** is the leading cause of pollution worldwide. In the USA, the EPA, the Environmental Protection Agency, estimates that 50% of the pollution is caused by industry. Mechanizing the means of production since the Industrial Revolution has led to a rise in the use of fossil fuels like coal, which vastly increase pollution. In 1952 in London, a 5-day air-pollution event called the Big Smog killed more than 4,000 people, and made thousands more unwell. It led to the Clean Air Act, which restricted air-pollution in cities.

• Pollution can also come from industries dumping waste chemicals into natural waterways. Industrial pollution can affect the air, water and soil. It can kill animals and plants, damage buildings, and adversely affect human health, causing birth defects, disease and even death. Pollution can travel huge distances. Industrial pollutants have even been found in ice samples from Antarctica, which has no industry.

• **Transportation**. Modern people's taste for travelling ever farther and faster involves means of transportation such as cars and planes that contribute to increasing the rate of $CO_2$ emissions in the atmosphere. 30 to 40% of the carbon dioxide released by humans into the atmosphere dissolves into oceans, lakes and rivers. This endangers many species of fauna and flora because it raises the water's acidity. Acidic water kills some algae, damages coral, and can dissolve the shells of oysters or clams, threatening food chains. From 1995 to 2014, the Pacific Ocean's acidity level increased by 6 percent. This increase can have a tremendous impact on people, too. Today more than a billion people rely on food from the ocean as their primary source of protein.

**Help**
- *to threaten* menacer
- *to rely on* compter sur, dépendre de

COURS

## C Alternatives

- **Organic food** is produced thanks to practices that protect the environment and preserve biodiversity. Chemical fertilizers, pesticides and food additives are not used, to avoid pollution and other harmful side effects. Intensive, non-organic farming uses chemicals to speed up growth, kill bugs and stop diseases. These chemicals then contaminate the food we eat, as well as the soil and water. Organic farming, on the other hand, is based on more natural methods. It is a less-polluting process, but it is also less productive, and crop yields are smaller.
- **The slow-food movement** is a reaction to fast-food (like McDonald's) and to the industrialization of food in general. It encourages people to eat organic or less processed food. It is also related to the "locavore" movement: people only eat food produced locally, in order to encourage small farming and to reduce their carbon footprint (because there is less transportation of food). Sustainability and eco-awareness are locavores' priorities.
- **Anti-consumerism** is an ideology supported by activists like Adbusters (see p. 103), who believe that multinational companies manipulate consumers to create false needs and to buy and consume more than they really want or need.

**Help**

- *organic* biologique (bio)
- *side effects* effets secondaires
- *a bug* un insecte
- *yield* un rendement
- *processed food* nourriture industrielle
- *the carbon footprint* l'empreinte carbone
- *sustainability (of resources)* la durabilité
- *eco-awareness* la conscience écologique

### KEY IDEAS

- The idea of progress is an important one in our society. Recent scientific discoveries are part of our daily lives, and their goal is to improve it.
- Robots have become indispensable to humanity, in both daily life and industry, as well as for scientific research.
- Scientific breakthroughs also involve ethical considerations.
- Technical and scientific progress must be accompanied by concern for the environment in order to protect our natural resources.

# Some fields with major progress

**• Medicine**

According to a UN World Population study, in the past century, average global life expectancy[1] has increased from about 40 years to about 70. There are regional differences, but the increase is global. Some key factors:
– lower infant mortality, thanks to antiseptics and other factors (high infant mortality brings average life axpectancy down significantly)
– vaccinations against diseases like smallpox[2] and polio.
– antibiotics, which have been used against infection since the 1930s.
– testing for blood type, which makes blood transfusions safer.
– treatments like radiation and chemotherapy for cancer, tri-therapies for HIV/Aids, etc.
– other factors, like improved access to clean drinking water.

**• Communication**

One hundred years ago, most communication was face-to-face, or through the Post Office. Telephones were invented in 1876, but in 1900, less than 1% of the population had one. By 2014, however, there were more mobile phones (7.2 billion) than people (7 billion) on our planet! "No other technology has impacted humanity like the mobile phone. It's the fastest growing manmade phenomenon ever - from zero to 7.2 billion in three decades," Kevin Kimberlin, technology expert.

**• Transportation**

From walking and horse carts to space tourism, via trains and planes and automobiles, transportation has also evolved dramatically. In the 1850s, when many Irish people emigrated to the USA, they never expected to see their relatives in Ireland again. Nowadays, many emigrants live on one continent, but visit their parents on another one regularly. Faster transportation means people can live further from where they work, and it makes international tourism possible. But it also contributes to pollution and climate change, because of $CO_2$ emissions.

**• Agriculture**

The introduction of mechanical tractors, the hybridization of disease and pest-resistant crops[3], and the use of chemical fertilizers have vastly increased agricultural production. But chemical fertilizers, herbicides and pesticides also contribute to pollution. And more recent developments, like cloning sheep and cows, and the use of GMOs (genetically modified organisms) are very controversial. On the one hand, they can increase production. On the other, they can be expensive for poor farmers, who must buy new seeds every year. And no one knows what the long-term effects of "Frankenstein species" (plants with fish genes, for example) being introduced into nature will be.

---

1. *life-expectancy* l'espérance de vie 2. *smallpox* variole
3. *disease and pest-resistant crops* les cultures résistantes aux maladies et aux parasites

# Biographies

## Grace HOPPER (1906-1992)

In the 1940s, Grace Hopper (an Admiral in the US Navy) co-developed the Mark 1, a computer at Harvard that did calculations for the Navy. In the 1950s, she wrote one of the first computer-programming languages, Flow-matic. "In 1952," Hopper later explained, "I had an operating computer, but nobody would touch it. They thought computers could only do arithmetic." The USS *Hopper*, a Navy ship, and the Hopper supercomputer at the National Scientific Computing Center, are both named in her honour.

## Steven ("Steve") JOBS (1955-2011)

In 1976, Jobs co-founded Apple with his high-school friend Steve Wozniak. They wanted to sell the Apple 1, a personal computer Wozniak had designed. A year later, the Apple II became the first best-selling personal computer. When Jobs was forced to leave Apple in 1985, he invested in Pixar, which produced *Toy Story*, the first 100% computer-animated film. In 1997, he returned to Apple, where he helped design the iPod (mp6 player), iPhone (cell phone), iPad (tablet) and more. Jobs, a billionaire businessman, was an adopted child who never finished university. He became a Zen Buddhist in India at age 19. He died of pancreatic cancer.

## Barack OBAMA (1961-)

In 2008, Barack Obama's campaign slogan was, "Yes We Can". Born when African-Americans couldn't vote in many states, Obama's election as the first African-American president of the USA was a dramatic symbol of social progress. As president, he is best-known for "Obamacare", (officially, the Affordable Care Act), a nation health programme. In 2012, the year Obama was re-elected, he declared his support for same-sex marriage, which the Supreme Court legalized across America in 2015. Obama's reaction was, "When All Americans are treated as equal, we are all more free."

## Elon MUSK (1971-)

Born in South Africa, Elon Musk now lives in the USA. As an entrepreneur, he became a multimillionaire in his 20s, by founding and selling start-ups – companies like PayPal, the online payment service. But Musk's passion is transportation. He is using his wealth to develop Tesla, which makes electric cars, SpaceX, the first private company to send a vehicle to the International Space Station, and Hyperloop, a system in which people travel through low-pressure tubes at more than 1,000 km. an hour. It sounds like science fiction, but with Elon Musk, anything is possible!

# Books and films

## Two books

***Never Let Me Go*, Kazuo ISHIGURO, 2005**

In this dystopian science-fiction novel by a Japanese-born British author, the three main characters meet as children at a boarding school that is very isolated from the outside world. The characters gradually come to realize that they are clones. Their role in life is to donate their organs and die young, so that un-cloned people (called "possibles") can live longer, healthier lives. The book was made into a film in 2010.

***I, Cyborg*, Kevin WARWICK, 2004**

This book is the non-fictional account of how Professor Kevin Warwick – also know as "Captain Cyborg", the world's leading expert in Cybernetics – also became the world's first cyborg. Warwick describes the ground-breaking experiments he performed on his own body. He implanted a chip into his left arm that connected his nervous system directly to a computer, allowing him to control machinery with his thoughts.

## Two films

***2001: A Space Odyssey*, Stanley KUBRICK, 1968**

This sci-fi masterpiece is generally considered to be one of the most influential films ever made. The story, about two astronauts' voyage to Jupiter with an autonomous computer called Hal, allows the filmmaker to address a variety of themes, including evolution, technology, artificial intelligence and extra-terrestrial life. Scientists appreciate the film's accurate depiction of space travel. The soundtrack, which includes classical music and children's songs, is also very well-known.

***The Matrix*, L. & A. WACHOWSKI, 1999**

This trilogy (with *Matrix Reloaded* and *Matrix Revolutions*, 2003) depicts a dystopian society in which intelligent machines have taken over the world. Humans are prisoners of the machines, slavishly producing energy for them. But they are unaware of their situation, because the reality they think they perceive is actually a simulation created by the Matrix. The hero, Neo, helps rebels hack into the Matrix in order to free humans from the dream world in which they are imprisoned.

# *the Idea of Progress* / L'idée de progrès

## 1 *Discovery, Learning, Research* / La découverte, la recherche

| | | |
|---|---|---|
| *proof* (généralement indénombrable) | une preuve | |
| *evidence* (indénombrable) | des preuves | *a piece of evidence* une preuve |
| *a stroke of genius* | un trait de génie | |
| *a patent* | un brevet | |
| *to perform an experiment* | faire une experience | |
| *to proceed by trial and error* | tâtonner | |
| *to progress, to make headway* | progresser | |
| *to improve, to upgrade* | améliorer | |
| *to build a theory* | élaborer une théorie | |
| *to test/to put to the test* | mettre à l'essai | |
| *to subsidize* | subventionner | *a subsidy/a grant* une subvention/une bourse |
| *to fund* | financer | *public funding* financement public<br>*private funding* financement privé |
| *to cut* | réduire | *cutbacks* des réductions |
| *a tight budget* | un budget serré | |
| *a research facility, a research lab* | un laboratoire de recherche | |
| *a field of research* | un domaine de recherche | |
| *research expenditure* | dépenses consacrées à la recherche | |
| *to earmark money for research* | budgeter de l'argent pour la recherche | |
| *the benefits of science* | les bienfaits de la science | |
| *to pioneer a technique* | innover une technique | *to do pioneer work in* faire œuvre de pionnier en |
| *to tinker (with)* | bricoler | |

## 2 *Robotics and Internet* / Robotique et internet

| | |
|---|---|
| *a network* | un réseau |
| *software* | un logiciel |
| *web censorship* | la censure sur le web |

| | | |
|---|---|---|
| *technological progress* | les progrès technologiques | |
| *a mobile phone* | un téléphone portable | ← US : *a cell phone* |
| *a surveillance camera* | une caméra de surveillance | ← syn : *CCTV (closed-circuit television)* |
| *a threat* | une menace | *to threaten* menacer |
| *privacy* | la vie privée | |
| *to launch a cyberattack* | lancer une cyberattaque | |
| *to monitor* | surveiller | |
| *to spy on* | espionner | ← fam. : *to snoop around* |
| *a robot-run industry* | une industrie robotisée | |
| *a robotic device* | un engin robotisé | |
| *to automate a factory* | automatiser une usine | *an automaton* un automate |
| *to be hazard-free, to be risk-free* | être sans danger | |
| *to give people more leisure time* | donner aux gens plus de loisir | |
| *to relieve humanity* | soulager l'homme | *to lighten mankind's burden* soulager le fardeau de l'homme |
| *to set people free* | affranchir les gens | |

## 3 *Space Conquest* / La conquête de l'espace

| | | |
|---|---|---|
| *an astronaut* | un astronaute | |
| *a spaceman/spacewoman* | un(e) spationaute | |
| *a cosmonaut* | un cosmonaute | |
| *a space station* | une station spatiale | |
| *a space lab* | un laboratoire spatial | ← *Skylab: the name of NASA's first space station* |
| *a spaceship, a spacecraft* (pl. spacecraft) | un vaisseau spatial | *a manned spacecraft* un engin spatial habité |
| *a roving robot, rover* | un robot autonome | |
| *to go/put (a satellite) into orbit* | (se) mettre (un satellite) en orbite | |
| *a flight into space* | un vol spatial | |
| *weightlessness* | l'apesanteur | |
| *a space probe* | une sonde spatiale | |
| *a star chart* | une carte du ciel | |
| *to discover a star* | découvrir une étoile | *one million light years away* distant d'un million d'années-lumière |

| | | |
|---|---|---|
| *to peer through a telescope* | regarder à travers un télescope | |
| *to peer deep into space* | fouiller l'espace | |

## 4 *Jobs and Production* / Emploi et production

| | | |
|---|---|---|
| *the labour market* | le marché de l'emploi | |
| *the working population* | la population active | |
| *job creation* | la création d'emplois | |
| *labour* | la main-d'œuvre | *labour surplus* l'excédent de main-d'œuvre<br>*labour shortage* la pénurie de main-d'œuvre |
| *employment* | l'emploi | *underemployment* le sous-emploi<br>*full employment* le plein emploi |
| *unemployment* | le chômage | |
| *an employment scheme* | un plan pour l'emploi | |
| *to create jobs, to generate jobs* | créer des emplois | |
| *to create job opportunities* | créer des débouchés | |
| *job growth, job surge* | la croissance de l'emploi | |
| *workload* | la charge de travail | |
| *flexitime* | horaires flexibles | US : *flextime* |
| *flexible working hours* | horaires variables | |
| *to change jobs, to switch jobs* | changer d'emploi | |
| *livelihood* | les moyens d'existence | |
| *to make a living, to earn one's living* | gagner sa vie | |
| *a position* | un poste | |
| *a seasonal job* | un travail saisonnier | |
| *a seasonal worker* | un saisonnier | |
| *a menial job* | un travail subalterne | |
| *an odd job* | un petit boulot | |
| *full-time work* | un travail à temps plein | |
| *to work full time* | travailler à temps plein | |
| *part-time work* | un travail à temps partiel | |
| *to work part time* | travailler à temps partiel | |
| *a steady job* | un emploi stable, un CDI | |
| *jobs galore* | des emplois à gogo | |
| *to apply for a job* | postuler à un emploi | |
| *an applicant* | un postulant | |

| | | |
|---|---|---|
| *an application* | une candidature | |
| *a vacancy, a vacant position* | un poste vacant | *to fill in a vacancy* occuper un poste vacant |
| *to work overtime* | faire des heures supplémentaires | |
| *mass production* | production en série | |
| *an assembly line* | chaîne de montage | |
| *a production line* | une chaîne de production | |
| *a factory* | une usine | |
| *a foreman* | un contremaître | |
| *an executive* | un cadre | ← *the CEO (chief executive officer)* le PDG |
| *a top executive* | un cadre supérieur | |
| *profitability* | la rentabilité | |
| *profitable* | rentable | |
| *efficiency* | l'efficacité | |
| *efficient* | efficace | |
| *to enhance productivity* | améliorer la productivité | |
| *a yield* | un rendement | |
| *a struggling industry* | une industrie en difficulté | |
| *an ailing industry* | une industrie en déclin | |
| *to dismantle* | démanteler | |
| *a painful transition* | une transition douloureuse | |
| *to turn things around* | redresser la situation | |
| *to revive a company* | faire redémarrer une entreprise | |
| *to adjust to changing times* | évoluer avec son temps | |
| *to keep pace with technological progress* | suivre le progrès technologique | |
| *a craftsman* | un artisan | |
| *to work on the line* | travailler à la chaîne | |
| *stultifying* | abrutissant | |
| *menial* | subalterne | |
| *thankless* | ingrat | |
| *dull* | monotone | |

## 5 *Medecine and Medical Ethics* / Médecine et éthique médicale

| | |
|---|---|
| *to develop a vaccine* | mettre au point un vaccin |
| *to vaccinate* | vacciner |
| *the drug / pharmaceutical industry* | l'industrie pharmaceutique |
| *a drug / pharmaceutical company* | un laboratoire pharmaceutique |
| *a clinical trial* | un essai clinique, un essai thérapeutique |
| *long-term testing* | des expériences à long-terme |
| *animal testing* | l'expérimentation animale |
| *to devise a treatment* | mettre au point un traitement |
| *to eradicate a disease* | faire disparaître une maladie |
| *to conquer a disease* | vaincre une maladie |
| *an ethics commission* | une commission d'éthique |
| *a code of ethics* | un code de déontologie |
| *a controversial topic* | un sujet de controverse |
| *a matter of conscience* | un problème de conscience |
| *to violate a code of conduct* | bafouer un code de conduite |
| *to legislate* | légiférer |
| *to ban experiments on* | interdire les expériences sur |
| *to misuse a technique* | mal utiliser une technique |
| *to tamper with* | manipuler (de façon malveillante) |
| *to uphold the principles of* | défendre les principes de |
| *to underplay the danger* | minimiser le danger |
| *to quiet fears* | apaiser les craintes |
| *to launch an awareness campaign* | lancer une campagne de sensibilisation |

*the Hippocratic Oath*
le Serment d'Hippocrate

# Rédiger un sujet d'argumentation

## EXEMPLE

Nowadays, many people create their own profiles and portraits to present on social networks. To what extent do those presentations reflect reality?

## ÉTAPE 1. ANALYSEZ LE SUJET

→ Le sujet d'argumentation vous amène à **discuter** d'une question relative au thème abordé dans le(s) texte(s) de compréhension, à formuler **votre opinion personnelle**, fondée sur **vos arguments** ; il vous faudra appuyer votre réponse sur des **exemples personnels** ou **tirés de connaissances** que vous avez sur ce sujet.

→ Identifiez le type de sujet : argumentation, opinion… Relevez au brouillon les **mots-clés** dans le sujet, identifiez le **champ lexical** ou les champs lexicaux attendus.

**Que nous dit le sujet ?**

- **Mots-clés :** *social networks – portraits – profiles – presentations – reflect – reality*
- **Champs lexicaux** : *new technologies – social networking*

## ÉTAPE 2. CONSTRUISEZ-VOUS UNE BANQUE DE VOCABULAIRE

→ Notez au brouillon les **formes lexicales** (mots ou tournures idiomatiques), les **formes langagières** ou **grammaticales** (phrases complexes) que vous pourriez utiliser.

**Pour notre exemple**

*Les mots surlignés sont utilisés dans la proposition de corrigé (Étape 6).*

**1. Vocabulaire du champ lexical *Social networking***

| | |
|---|---|
| *an internet user* | un internaute |
| *a social network* | un réseau social |
| *a search engine, a browser* | un navigateur |
| *a link* | un lien |
| *a website* | un site internet |
| *a fake profile* | un faux profil |
| *a swindler* | un escroc |
| *data, personal data* | les données, les données personnelles |

| | |
|---|---|
| *a home page* | une page d'accueil |
| *hacking, piracy* | le piratage |
| *identity theft* | l'escroquerie, l'usurpation d'identité |
| *privacy* | la vie privée |
| *a spyware* | un logiciel espion |
| *to post on-line* | afficher, partager une info sur un réseau social |
| *to go on line* | se connecter à internet |
| *to log on to a website* | se connecter à un site |
| *to download* | télécharger (d'un site web vers son appareil) |
| *to upload* | partager, mettre en ligne (de son appareil vers un site web) |
| *to be on line / off line* | être connecté / déconnecté |

## 2. Principaux outils langagiers

- ***Defending one's opinion***

| | |
|---|---|
| *It seems to me that…* | Il me semble que… |
| *I can't help thinking that…* | Je ne peux m'empêcher de penser que… |
| *As a matter of fact, I am convinced that…* | En fait, je suis convaincu que… |
| *For my part, I believe that…* | Quant à moi, je pense… |
| *There is no denying that…* | On ne peut nier le fait que… |
| *As far as I'm concerned…* | En ce qui me concerne… |
| *The point is…* | Le fait est que… |

*In my opinion.* En langage "texto" : *IMHO (in my humble opinion)*

- ***Expressing agreement***

| | |
|---|---|
| *It is true to say that…* | Il est vrai de dire que… |
| *I perfectly understand that…* | Je comprends parfaitement que… |
| *They are right to suggest that…* | Ils ont raison de suggérer que… |
| *I share the writer's point of view…* | Je partage le point de vue de l'auteur |
| *I agree with…* | Je suis d'accord avec… |

- ***Expressing disagreement***

| | |
|---|---|
| *Contrary to / unlike the journalist, I believe that…* | Contrairement au journaliste, je pense que… |
| *I disagree with… / I do not agree with…* | Je ne suis pas d'accord avec… |
| *That is not how I see it* | Ce n'est pas ainsi que je le vois |

- ***Expressing doubts***

| | |
|---|---|
| *I am rather skeptical (about something)* | Je suis plutôt sceptique |
| *I am not really sure (about something)…* | Je ne suis pas vraiment sûr |
| *In theory, yes; but in practice…* | En théorie, oui ; mais en pratique… |
| *To what extent…* | Dans quelle mesure… |

### 3. Pour exprimer les liens logiques

| | | |
|---|---|---|
| **Similarité** | *Similarly* | De même |
| **Renforcement** | *Indeed* | En effet |
| **Ajout** | *In addition / moreover* | De plus |
| **Exemple** | *For example / for instance*<br>*Namely*<br>*That is to say*<br>*Let us take the case…*<br>*Let us take the example…* | Par exemple<br>À savoir<br>C'est-à-dire<br>Prenons le cas de…<br>Prenons comme exemple… |
| **Résumé** | *Briefly*<br>*In a nutshell*<br>*In short*<br>*To sum up* | Brièvement<br>En un mot<br>En résumé<br>Pour résumer |
| **Reformulation** | *In other words*<br>*To put it differently* | En d'autres mots<br>Pour dire les choses autrement |
| **Cause** | *Because*<br>*Because of*<br>*For* | Parce que<br>À cause de<br>Car |
| **Conséquence** | *Consequently*<br>*That's why*<br>*So / therefore* | Par conséquent<br>C'est pourquoi<br>Donc, alors |
| **Contraste** | *However*<br>*On (the) one hand… on the other hand*<br>*Nevertheless*<br>*Yet* | Cependant / toutefois<br>D'un côté… d'un autre côté<br>Néanmoins<br>Pourtant |
| **Opposition** | *Although / though*<br>*On the contrary*<br>*Unlike*<br>*Whereas* | Bien que<br>Au contraire<br>Contrairement à<br>Alors que |

## ÉTAPE 3. PRÉPAREZ LES ARGUMENTS ET LES EXEMPLES

→ Réfléchissez au point de vue à défendre. Sous forme de notes au brouillon, listez les arguments à utiliser et classez-les en colonnes sous forme logique et cohérente.

→ Listez les exemples que vous pouvez utiliser, soit tirés de votre expérience personnelle, soit tirés de vos connaissances du sujet.

→ Ne rédigez pas d'abord en français pour traduire ensuite, rédigez directement en anglais Ne laissez jamais un mot en français ou un blanc. Au cas où un mot vous manque, contournez la difficulté en formulant une périphrase.

**Exemples de notes au brouillon**

*– What I choose to show in my profile: name – age – interests – strengths and weaknesses*
*– What I choose to hide: failures – flaws*
*– Dangers I may face: cybercrime – identity theft – hackers – perverts*

## ÉTAPE 4. CONSTRUISEZ VOTRE PLAN

➜ L'argumentation doit être nuancée et organisée. Pour cela, il est nécessaire de faire **un plan au brouillon,** afin de rédiger des paragraphes constitués d'un argument et d'un ou plusieurs exemples. Il faut placer en dernier les arguments qui sont en cohérence avec votre opinion.

➜ Il y a trois types de plan possibles : le plan cartésien : thèse/antithèse ; le plan logique (faits/causes/conséquences) ; le plan explicatif (analyse des mots-clés du sujet, illustrée par des exemples).

**Exemple de plan pour notre exemple (thèse/antithèse)**

**1. Most profiles on social networks are quite close to reality**

*– Real photos, real personal data*
*– Most home pages reflect our tastes and choices*
*– They reveal our personality and interests, and important events in our lives*

**2. Profiles are not 100% true**

*– Some people – cybercriminals, swindlers, adults pretending to be teenagers – have profiles that are fake in order to deceive other people in the network.*
*– Even on real profiles, some flaws (weaknesses) are hidden. People choose to show only what is positive and flattering about themselves.*
*– Some people show off.*
*– Some users post incomplete profiles that don't show their true colours.*

## ÉTAPE 5. RÉDIGEZ L'INTRODUCTION ET LA CONCLUSION AU BROUILLON

➜ Il est préférable de rédiger l'introduction au brouillon, en n'omettant aucun des éléments suivants : 1) une phrase stimulus afin d'attirer l'attention du correcteur, 2) la reformulation de la problématique, 3) l'annonce du plan.

➜ De même, il est préférable de rédiger la conclusion au brouillon. Elle devra comporter : 1) un rappel de la problématique, 2) un résumé de votre opinion personnelle 3) une ouverture du sujet vers de nouvelles perspectives.

**Quelques tournures lexicales pour vous aider**

• ***Introduction***

| | |
|---|---|
| *Most people claim that…* | La plupart des gens prétendent que… |
| *People usually think that…* | Les gens pensent généralement que… |
| *It is often said that…* | On dit souvent que… |
| *It is a well-known fact that…* | Il est bien établi que… |
| *We may legitimately wonder whether…* | On peut légitimement se demander si… |
| *To what extent can it be said that…* | Dans quelle mesure peut-on dire que… |
| *Let us weigh the pros and cons* | Pesons le pour et le contre |
| *Let us consider the advantages and drawbacks* | Considérons les avantages et les inconvénients |

• ***Transitions***

| | |
|---|---|
| *At first sight it would seem that…* | À première vue, il semblerait que… |
| *We must point out that…* | Nous devons souligner que… |
| *We may as well mention the fact that…* | Nous pouvons également mentionner le fait que… |
| *It should be remembered…* | Il nous faudrait nous souvenir… |
| *However, it must be asserted that…* | Cependant, il nous faut affirmer que… |
| *The other side of the coin is…* | Le revers de la médaille est… |
| *The advantages and disadvantages* | Les avantages et les inconvénients |
| *On (the) one hand… on the other hand…* | D'une part…. d'autre part… |

• ***Conclusion***

| | |
|---|---|
| *It must be acknowledged that…* | Nous devons reconnaître que… |
| *All things considered…* | Tout bien considéré… |
| *This might lead us to… / This might result in…* | Cela pourrait nous mener à… / Cela pourrait provoquer |
| *It is to be hoped that…* | Il est à espérer que… |
| *What is at stake is…* | Ce qui est en jeu, c'est… |
| *What is to become of…?* | Que va-t-il advenir de…? |

## ÉTAPE 6. RÉDIGEZ SUR LA COPIE

→ Après avoir recopié l'introduction, vous rédigerez vos paragraphes en suivant votre plan et en n'oubliant pas d'utiliser le lexique, les outils langagiers et les formes grammaticales que vous avez listés au brouillon. Enfin, vous terminerez en recopiant votre conclusion.

→ Dans la rédaction, il ne faut pas obligatoirement annoncer les parties mais il est impératif d'utiliser des **transitions** (mots de liaison) entre les différentes parties de l'argumentation *(voir Les connecteurs logiques en Annexe, p. 276)*.

→ Enfin, sur la copie, il faut sauter une ligne après l'introduction, entre les différentes parties et avant la conclusion. Il faut également prévoir des alinéas avant chaque début de paragraphe. Veillez à ce que les parties aient des tailles sensiblement identiques.

➜ L'objectif étant d'exprimer un point de vue personnel, l'utilisation du **pronom personnel *I*** est tout à fait possible.

➜ Gardez du temps pour vous **relire** (orthographe et ponctuation) et notez le nombre de mots rédigés !

**Proposition de corrigé**

*Nowadays everybody controls their own image on the Internet. When people use social networks, they choose the photos to be shown to other users and only disclose the information they want. We may wonder to what extent such profiles reflect reality. To start with, we will show that most profiles and portraits are quite true to reality. But in the next part, we will list some of the dangers we may face when profiles and portraits are not 100% true.*

*First and foremost, the portraits and profiles we post on social networks such as Facebook for instance are generally quite true to reality. Most people give personal data and photos that really represent their personalities, interests or life. Our friends post photos and information that we recognise as true. And official profiles posted by celebrities give real, practical information, about their next concert for example. Nevertheless, social network users build their home pages according to their own choices. A politician will focus on his political achievements, while a tennis player will post his latest victories. All in all, portraits and profiles can give information that is true, but not necessarily complete. These profiles present a rosy picture of the user's life.*

*Although in theory, people should provide true information, in practice, not all profiles are 100% true. To manipulate people, cybercriminals may create fake profiles to get people to send them money. Some adults pretend to be teenagers to try to meet real teenagers to take advantage of them, financially or sexually. Social networks are like real life: most people are honest, but some are swindlers. But it is easier to hide your true colours on a social network than in real life. In addition, social networks present themselves as a great, free way to make friends and share information, photos etc. But in fact, social networks are businesses. They sell data that they gather about users, who then can become the targets of aggressive, personalized advertising.*

*In a nutshell, all that glitters is not gold: profiles and portraits do not always reflect reality. Consequently, social network users must be very careful. Unless they know the person in real life, they should not take personal data, photos – or even social networks themselves – at face value.*

(374 *words*)

Sujet de bac LV1 SÉRIE L, ES, S

# The Idea of Progress

**D'après France métropolitaine, juin 2013**

## Text Trading dreams for money

*What happened to me?*

The eighties happened. The nineties happened. Death and sickness and getting fat and going bald happened. I traded lots of dreams for a bigger paycheck, and I never realized I was doing it.

Yet here was Morrie talking with the wonder of our college years, as if I'd simply been on a long vacation.

"Have you found someone to share your heart with?" he asked.

"Are you giving to your community?"

"Are you at peace with yourself?"

"Are you trying to be as human as you can be?"

I squirmed, wanting to show I had been grappling deeply with such questions. *What happened to me?* I once promised myself I would never work for money, that I would join the Peace Corps, that I would live in beautiful, inspirational places.

Instead, I had been in Detroit for ten years now, at the same workplace, using the same bank, visiting the same barber. I was thirty-seven, more efficient than in college, tied to computers and modems and cell phones. I wrote articles about rich athletes who, for the most part, could not care less about rich people like me. I was no longer young for my peer group, nor did I walk around in gray sweatshirts with unlit cigarettes in my mouth. I did not have long discussions over egg salad sandwiches about the meaning of life. My days were full, yet I remained, much of the time, unsatisfied. *What happened to me?*

"Coach," I said suddenly, remembering the nick-name.

Morrie beamed. "That's me. I'm still your coach."

Mitch Albom, *Tuesdays with Morrie*, 1997

## COMPRÉHENSION DE L'ÉCRIT

**1** Who are the characters present in the extract and how do they know each other?

**2** The passage refers to two periods in the narrator's life. Which ones?

**3** Are the following statements **right or wrong**?
Quote from the text to justify.
**a.** The narrator earns a lot of money.
**b.** The two characters haven't seen each other for quite a long time.
**c.** As a student the narrator had a lot of ideals.
**d.** The visit makes him realize he is content with his current life.

**4** "*What happened to me?*" (l. 1, 12 and 21). What did happen to him? Explain in a few sentences what he has just realized.

**5** What do we realize about the narrator's state of mind when meeting his friend?

## EXPRESSION ÉCRITE

**Sujet 1.** Is it possible to reconcile your dreams with a professional life? (180 words)

**Sujet 2.** "I once promised myself I would never work for money" (l. 12). How easy would it be to stick to that? (180 words)

**Sujet de bac LV1** TOUTES SÉRIES

## Comment valoriser votre copie

**Ordonnez vos idées**

Les deux sujets étant des sujets d'argumentation, il faut définir les points que vous allez aborder avant de rédiger. Cela vous permettra de mobiliser vos connaissances culturelles, lexicales et grammaticales.

**Étoffez la langue**

Rédigez votre introduction et votre conclusion au brouillon. Évitez les mots passe-partout et utilisez des connecteurs logiques.

## COMPRÉHENSION DE L'ÉCRIT

**1** The narrator and Morrie, whose nick-name was "coach" when they were at college (university) together.

**2** The two periods that are referred to are:
– the narrator and Morrie's college (university) years,
– the present, when the two of them are talking and the narrator is reflecting on the time in between college and their conversation.

**3** **a. Right.** l. 17 "…rich people like me"
**b. Right.** l. 5-6 "Yet here was Morrie talking with the wonder of our college years, as if I'd simply been on a long vacation."
**c. Right.** l. 12-13 "I once promised myself I would never work for money, that I would join the Peace Corps, that I would live in beautiful, inspirational places."
**d. Wrong.** l. 3 "I traded a lot of dreams for a bigger paycheck. Or, l. 20-21 "My days were full, yet I remained, much of the time, unsatisfied."

**4** What happened is that instead of travelling or looking for an inspirational place to live, he stayed in an industrial city and spent all this time and energy working and forgot about his philosophical ideals.

**5** The narrator is uncomfortable when he meets Morrie. He is embarrassed because he realizes that Morrie isn't impressed by the narrator's successful career. He is more interested in things like love and community. Their conversation makes the narrator realize that he has lost control over his life.

## EXPRESSION ÉCRITE

**Conseil**

La question posée dans le sujet oriente la construction de votre plan :
– La jeunesse est la période où l'on fait le plus de rêves.
– Ces rêves peuvent s'avérer incompatibles avec la vie professionnelle.
– À chacun de réfléchir à comment combiner travail et plaisir, ou travail et idéaux.

**Sujet 1. Is it possible to reconcile your dreams with a professional life?**

During their student years, young people dream about the future, and they expect their dreams to come true. Is it possible to live entirely according to one's ideals, or does everyone have to compromise to cope with real life?

When they finish school, most people's first priority has to be finding a job in order to make ends meet. Because they have to pay the rent, people who had dreamed of becoming actors or rock stars may wind up taking a boring job, and feeling disappointed that they are not fulfilling their artistic potential.

Nevertheless, we shouldn't abandon our ideals. Everyone must earn a living, of course, but we can also continue our artistic pursuits, if only as a hobby. We have to have priorities. Even if money is essential, it doesn't have to be the only focus in our lives. We must remember to leave time for the pursuit of happiness, love and fulfillment.

In conclusion I consider it important to hold onto our ideals, even if we can't all be rich and famous doing our dream job.

(179 words)

**Conseil**

Ce sujet d'argumentation et d'opinion. La citation vous fait réfléchir au dilemme auquel vous serez confronté dans votre choix professionnel. Comment choisir entre intérêt pour une profession en termes de valeurs et d'idéaux, et rémunération ?

**Sujet 2. "I once promised myself I would never work for money". How easy would it be to stick to that?**

Gandhi studied law in London, so he could have become a successful lawyer. Instead, he stuck to his ideals and spent his life defending victims of racism and colonization. We may legitimately wonder whether it is easy to do this. This essay will focus on ways to do that and on the difficulties we may encounter.

Consumer society leads us to believe that money can buy happiness. But there are other values, like family, love, helping others, creating beauty and protecting the environment. Most young adults long for enriching careers that allow them to make ends meet while also leaving them time to pursue other goals.

Yet it must be acknowledged that financial woes and the high unemployment rate – let alone the threat of jail, like Gandhi faced! – may make us lose track of all that. A well-paid job can make us feel safe and secure, while also taking so much time and energy that we have nothing left for the rest.

In brief, we should not forget what our ideals are in order not to regret our lives. (179 words)

CHAPITRE 4

# Places and Forms of Power

## Keywords

- *a demonstration* une manifestation
- *an uprising* un soulèvement, une révolte
- *a spokesperson* un porte-parole
- *powerful* puissant
- *to impose one's will* imposer sa volonté
- *to give orders* donner des ordres
- *to obey rules* obéir aux règles
- *to comply with* se conformer à
- *to rebel, to rise up, to revolt* se révolter
- *to thwart (a plot, a rebellion, etc.)* contrecarrer (un complot, une révolte…)
- *to fight against, to resist* résister à
- *to demand* revendiquer

## LES IDÉES ESSENTIELLES

- Le pouvoir est une source de réflexion politique, sociale et personnelle. Son exercice génère souvent des conflits au sein des groupes sociaux, ou entre groupes sociaux.
- Le pouvoir est nécessaire pour qu'une société organisée fonctionne, mais il peut être juste ou abusif ; il peut créer de la cohésion mais aussi des conflits.
- Le pouvoir implique aussi des contre-pouvoirs, qui peuvent être tolérés ou fortement brimés : comment limite-t-on le pouvoir, comment lui résiste-t-on ?

➔ p. 193

COURS

# 1 Emblematic Institutions of Power

## A Institutions of Power in the United Kingdom

• **The United Kingdom is a constitutional monarchy**. That means the kingdom is ruled by a monarch whose powers are controlled by constitutional laws. The monarch is essentially a ceremonial figurehead, the person who symbolizes the nation's history. The United Kingdom is actually governed by a bicameral Parliament, composed of **the House of Lords** and **the House of Commons**. Nevertheless, the British armed forces swear allegiance to the monarch and not to the Government.

• **The House of Commons** consists of 650 elected **Members of Parliament** (usually referred to as MPs), whose main role is **to write and propose new laws**. Each constituency has one MP, who is elected in a single day of voting. There are no primary elections, no first and second rounds: the candidate with the most votes is the winner, in what is known as a "first-past-the-post" voting system. Once elected, MPs serve for a maximum of five years, until the next election, although the government can (and often does) call elections shortly before the end of the five-year period.

**Help**
- *a figurehead* un chef de file
- *bicameral* à deux chambres
- *a constituency* une circonscription

• Once in the House of Commons, MPs are not addressed by their names, but as the "Honourable Member for + name of constituency". They are presided over by the Speaker who must drop his/her party affiliation once elected. Almost all MPs are members of one of three largest political parties.

**Did you know?**
Labour and the Conservatives are the two largest parties, and the Liberal Democrats (or "Lib-Dems") are the third.

• Historically, **The House of Lords** was made up of 26 Lords Spiritual (bishops in the Church of England) and hundreds of Lords Temporal. The latter were members of the British upper classes, who passed their hereditary peerage, or seat in the Lords, from father to son (or in some cases, daughter, if the peer had no son). Since the beginning of the 21st century, however, the vast majority of Lords are "life peers", appointed by the Monarch at the suggestion of the Prime Minister. They can retain their peerage for life, but cannot pass it on to their children. There are currently over 800 Lords, but their number varies depending on how many new Lords are appointed.

**Help**
- *a bishop* un évêque
- *peerage* les titres de noblesse
- *a peer* un dignitaire
- *to appoint* nommer (à un poste)

- The House of Lords cannot propose new laws, but **its role is to act as a counterweight for the House of Commons**. The Lords scrutinize any bills that have been voted by the Commons. In order to become law, all bills must be considered by both houses. Therefore, the Lords have the power to veto or delay any bill proposed by the House of Commons. Both Houses meet in the **Palace of Westminster**, in central London.

> **Help**
> - *a counterweight* un contrepoids
> - *to scrutinize* examiner minutieusement
> - *a bill* un projet de loi

> **Did you know?**
> The Palace of Westminster is famous for its clock tower, Big Ben.

- ***Number 10, Downing Street* is the office of the Prime Minister** (PM, not to be confused with MP) and of his or her Cabinet. Members of the PM's Cabinet are generally called Secretary of State for … (Education, Agriculture, etc.) It is also the Prime Minister's residence. The Prime Minister is not elected directly by the people, but by the House of Commons: he or she is the leader of the political party that holds the most seats in that House. Downing Street is a small street located near both Westminster Palace and Buckingham Palace.
- **Buckingham Palace has been the official London residence of Britain's sovereigns since 1837**. It is also the monarch's administrative headquarters. The Palace has 775 rooms, including reception rooms, offices, bedrooms and almost 80 bathrooms!

The British monarch passes the crown to his or her heir upon death. Currently, Queen Elizabeth II's heir apparent is her eldest son, Prince Charles. When Charles becomes King, his heir apparent will probably be his eldest son, Prince William. In the past, males had precedence over females, so a woman could only become Queen if she had no brothers. Now, however, the monarch's oldest child – male or female – becomes the heir apparent.

> **Help**
> - *an heir* un héritier
> - *an heir apparent (the person who is next in line to become the Monarch* l'héritier présomptif
> - *to sack* limoger, virer

- **Nowadays, the monarch's role is purely ceremonial**. Parliament has almost all actual political power. The switch to a constitutional monarchy started in 1714, when King George I came to the throne. He came from a German family and wasn't interested in British politics. In fact, he didn't even speak English! So the Prime Minister began to administer Britain and its empire.
- Theoretically, Queen Elizabeth has the power to veto any act of Parliament, to refuse a nominated Prime Minister or to sack a Prime minister. In practice, British monarchs never do anything like that. It would be extremely controversial if they did, because they would be challenging the will of the people as it was expressed in elections.

## B The Government of the USA

• **The USA is a federal republic of 50 states.** The Government is made up of various institutions that share powers to prevent any individual or group from gaining too much control. Power is divided into **three tiers of local, state and national government**. At the national level, the Government is composed of three branches: the legislative, executive and judicial branches. These divisions were established to create a system of checks and balances.

> **Help**
> ▪ *a tier* un niveau
> ▪ *checks and balances* freins et contrepoids

• **Congress**, a bicameral body composed of the **Senate** and the **House of Representatives**, is the **legislative branch** of the US federal government. **Its role is to propose new national laws and modify existing ones**, and to control the national budget.

> **Did you know?**
> Congress is located in the **Capitol** building, in Washington DC, a territory that is not part of any of the 50 states.

• **Members of Congress are elected by the people of the state they represent**. There are 435 members in the House of Representatives. The number of Representatives is proportionate to the state's population. The number of Representatives is adjusted every 10 years, after a national census, in order to reflect changes in population. There are, however, just 100 Senators (elected members of the US Senate), two from each state, whatever the state's population. This ensures that smaller states will still have some influence.

• Each of the 50 American states has many of the powers that belong to national governments in Europe. The age that you can obtain a driver's license, the existence of the death penalty, the legality of cannabis, and many other decisions, are made by each state legislator. So there are many important legal differences between states.

> **Help**
> ▪ *a driver's license* un permis de conduire

• **The executive branch** enforces the laws of the country. It is made up of **the President, the Vice-President and the Cabinet.** Members of the Cabinet include the Secretary of the Treasury, of Education, etc. **The White House, in Washington, DC, is the office and the official residence of the President of the United States** (often called "POTUS"). The President is Head of State and Commander in Chief of the military. He negotiates international treaties, and signs or vetoes bills passed by Congress so that they do or do not become law.

• Because of America's superpower status, the President of the United States is often described as the most powerful person on Earth. **The President and Vice-President are elected for a four-year term, and cannot serve more than two terms**. Presidential candidates

> **Help**
> ▪ *a term* un mandat
> ▪ *to run* ici, se présenter, être candidat

run on a "ticket" together with a candidate for Vice-President. Voters must choose a ticket; they can't select a presidential candidate from one ticket and a vice-presidential candidate from a different one.

- **The presidential-election system is complicated.** First, the two main parties, the Democrats and the Republicans, have separate elections in each state. These elections, called "primaries", are to choose each party's candidate. Then, on the first Tuesday in November of leap years, the whole country votes to elect the president. But the election is not "one person, one vote." People all over the country vote the same day, but then the votes are added up by state, in a system called an Electoral College. In the Electoral College, each state has as many votes as it has Representatives and Senators in Congress. Whichever candidate wins the popular election (one person, one vote) in each state gets all of that state's electoral-college votes. So it is possible for a candidate to lose the popular vote (i.e. get a smaller number of votes from individual people) and still become president, because he or she won in states with large numbers of electoral-college votes, like California, Texas, New York and Florida (See biography of Al Gore, p. 196).

**Help**
- *a leap year* une année bisextile

- **The judicial branch** interprets the laws passed by Congress. It includes the **Supreme Court** and the **Lower Federal Courts**. The Supreme Court has nine judges, called Justices, who are appointed for life (unless they retire).
- **The Pentagon is the headquarters of the Department of Defense**. The name comes from the building's five-sided shape. It is located in Arlington County, Virginia. The Department of Defense is composed of three branches: Army, Navy and Air Force. All three branches are under the authority of the Secretary of Defense, who is part of the President's Cabinet.

# 2 The Media and Public Opinion

## A The Fourth Estate: the Power of the Press

- Like in the USA today, with its three branches of government (see above), societies and governments have often been organised into three parts, which can also be called *estates*. When a group that is outside of the three official divisions acquires a lot of influence, it can be referred to as the "Fourth Estate". Nowadays, the term usually refers to the press or the media.

COURS

COURS

- **Watergate is the name of a political scandal in the USA in the 1970s.** It led to President Nixon becoming the first, and so far only, American president to resign from office. It is one of the best-known examples of the power of the "Fourth Estate". Watergate is the name of the hotel in Washington where the scandal started. The Republican Party was caught spying on their opponents, the Democrats. President Nixon, a Republican, was accused of trying to cover up the incident of lying about his knowledge of it. For two years, the press searched for information implicating Nixon. In 1974, he resigned before he could be impeached. The 1976 film *All the President's Men* stars Robert Redford and Dustin Hoffman as the investigative journalists who brought down a president.

**Help**
- *to resign* donner sa démission
- *an opponent* un opposant
- *to cover up* enterrer (un scandale), cacher
- *to impeach* entamer la procédure d'*impeachment*. C'est une procédure de mise en accusation, qui peut aboutir à la démission du président.

- **McCarthyism, witch hunts and media manipulation.** ***Joe McCarthy (1908-1957)*** was a Senator from the state of Wisconsin. During the early 1950s, Senator McCarthy exploited the media. With very little evidence, he got them to accuse tens of thousands of Americans of being spies for the Soviet Union. Anyone who had been a member of the Communist Party, or who had friends who were, was immediately suspected. Jews and homosexuals were also often targets of McCarthy-era "witch hunts".

- More than 10,000 people lost their jobs, just on suspicion of being Communist sympathizers. Blacklists were created, and it was very difficult to find work for people who were blacklisted. This created a **climate of fear** all over America, particularly amongst government officials, teachers and people who worked in Hollywood, three particular targets of McCarthyism. When McCarthy accused the military, too, the Army defended itself during a Senate investigation. In 1954, the Senate found that McCarthy's accusations were generally unfounded, and Senator McCarthy was condemned for "actions that dishonour the Senate"; the McCarthy era had ended.

- The terms "McCarthyism" and "witch hunt" still refer to mass, unfounded accusations that are intended to restrict political debate.

**Help**
- *a witch hunt* une chasse aux sorcières
- *to exploit* instrumentaliser
- *evidence* un indice, une preuve
- *Jew (n.), Jewish (adj.)* juif
- *a blacklist* une liste noire
- *unfounded* sans fondement

COURS

## B The Power of Public Opinion

- **Public opinion** plays an important role in many societies today, because it favours democracy. The press can have an important role in influencing public opinion.
- **Reporters without Borders** (RWB) is a non-profit organization (founded in France in 1985) that defends freedom of information and of the press. The organisation, which has consultant status at the United Nations, believes that freedom of information is the foundation of any democracy. With a network of 150 correspondents around the world, RWB fights against censorship (including Internet censorship) and assists journalists who are being persecuted for providing information to the public. Every year, this includes approximately 500 journalists who are arrested; 1,000 who are assaulted and 500 media outlets that are censored.

> **Help**
> - *censorship* la censure
> - *to assault* agresser physiquement
> - *media outlet* media, organe de presse

- **Civil disobedience** is non-violent political action that involves breaking or refusing to obey certain laws (by forming a peaceful blockade or entering a public place illegally) for example. Civil disobedience actions performed to influence public opinion and lead to a change in the laws.
- **Some examples of civil disobedience:**

  – **The Salt March**. On March 12, 1930 in India, which was then a British colony, Mahatma Gandhi led a 400-kilometre march to the sea in protest of the British monopoly on salt. Indians were not allowed to sell salt, an essential mineral. So they had to buy it from the British, who taxed it heavily. Gandhi's idea was to walk to the coast and gather natural salt from rocks there. He began his march with 78 followers; it ended a month later with thousands of people. Many of the protestors were arrested, and Gandhi spent several months in jail, but when he came out, he had become a national symbol of resistance to colonisation.

  – **Anti-Vietnam War activists** performed civil disobedience in many American cities. In the late 1960s and 1970s, to protest America's involvement in the Vietnam War, more than 30,000 young American men burned their draft cards or returned them to the government. Others deserted by moving to Canada or to Western Europe.

  – **Al Gore** (see his biography p. 196) urged people to perform civil disobedience to raise awareness of climate change and global warming among the American population. In 2008, students tried to stop the

> **Help**
> - *a jail* une prison
> - *a draft card* un ordre d'incorporation
> - *to urge somebody* pousser à, conseiller vivement

construction of coal plants. Then, in 2009, Greenpeace activists blocked the gates of the coal plant that provided power the Congress building.

See other examples of civil-disobedience, against Jim Crow laws in the southern USA and apartheid in South Africa, below.



# 3 Resistance to Power and Fighting against Inequality

## A In the USA

- Slavery existed in the USA from before independence to the end of the American Civil War. The cotton industry made the economy of the southern states dependent on slavery. When the Civil War ended on June 22, 1865, the government tried to enforce the Emancipation Proclamation, which emancipated the slaves. Some southern states still refused to free slaves, however. So in December, 1865, **the 13th Amendment to the Constitution** formally and definitively **abolished slavery in the USA.**

- **In 1868, Congress ratified the 14th Amendment**, which granted full citizenship to former slaves, who did not have the rights of citizens before. For a few years, African Americans in the South were not only free from slavery but played an active role in politics. Between 1868 and 1876, southern states elected 16 black representatives to the US Congress and more than 600 black state legislators.

**Help**
- *slavery* l'esclavage
- *to grant* accorder
- *citizenship* la citoyenneté
- *former* ex, ancien

- In the 1880s, after northern soldiers had returned home, **white segregationists began to impose a set of racist rules known as Jim Crow laws.** From the 1880s to the 1950s, these laws imposed segregation between Blacks and Whites in all public places, from schools, hospitals and buses to restaurants, movie theatres and even water fountains. The laws concerned people's private lives as well, because Blacks and Whites were not allowed to marry.

**Did you know?**
Jim Crow was a fictional character invented by racists to make fun of Black people. The laws enforcing racial segregation in the South bore his name.

- White supremacist organisations like t**he Ku Klux Klan** lynched people who didn't respect Jim Crow. In all, more than 3,000 Black people and over 1,000 Whites were lynched in the South between the 1890s and the 1950s, most of them in the 1890s.

**Help**
- *a spokesperson* un porte-parole
- *to ride a bus* aller en bus

COURS

- By the 1950s, **the Civil Rights movement**, which was fighting against Jim Crow and for equal rights for Black people, was getting stronger. Inspired by Gandhi's non-violent protests, **the civil-rights leader Martin Luther King** became the spokesperson for non-violent civil disobedience. One tactic they used was called a *sit-in*. Black activists would enter a restaurant that didn't serve Blacks, for example, sit down at a table, and refuse to leave.
- The most famous act of civil disobedience in the history of the civil-rights movement was on December 1, 1955 in Montgomery, Alabama. **Rosa Parks**, a 42-year-old black woman, refused to give up her seat in a bus to a white passenger, even when the bus driver told her too. The bus driver called the police, and Rosa Parks was arrested. To protest her arrest, civil-rights leaders asked black people not to take the bus. So they boycotted the buses, even if they had to walk a long way to school or to work. In November, 1956, the Supreme Court decided that segregation on public transportation was unconstitutional. Finally, in December, 1956, the city of Montgomery ended segregation on public buses, and black people started riding them again. **The Montgomery Bus Boycott** is one of the largest, longest and most successful protest movements in American history.
- The civil-rights movement led to the passage of The Civil Rights Act of 1964 and the Voting Rights Act of 1965.

**The Civil Rights Act and the Voting Rights Act**
The Civil Rights Act of 1964 outlawed discrimination based on race, colour, sex, religion or national origin.
The Voting Rights Act of 1965 prohibited racial discrimination in voting.

## B In Canada

- **Canada is now the most multicultural country in the world**, with immigrants from every country, ethnic group and religion in the world. The French and British first established colonies in Canada in the 17th century. But the **Aboriginal, or indigenous peoples of Canada** arrived from Asia over 12,000 years ago. Aboriginal peoples are divided into many different cultural groups, called *bands* (formerly *tribes*), with more than 50 different languages.
- The Canadian Constitution recognizes **three categories of Aboriginal peoples**:

– **The Inuit** (formerly known as Eskimos) traditionally lived in Canada's Arctic region. About half of the Inuit, 30,000 people, now live in Nunavut, a semi-

COURS

autonomous territory in northeast Canada. Nunavut was established in 1999; before then, the land was part of the Northwest Territory. The four official languages of Nunavut are English, French, Inuktitut and Inuinnaqtun, two Inuit languages. The name *Nunavut* means "Our Land" in Inuktitut.

> **Did you know?**
> Since 1996, June 21 is recognised as **National Aboriginal Day,** a day celebrating the cultures and contributions of all of the Aboriginal peoples of Canada.

– **The First Nations**, also called Indians, are composed of 630 different bands (or tribes). They originally lived in the provinces of British Columbia and Ontario. Today, many of the 850,000 First Nations people in Canada live outside their ancestral homes. Their situation in Canada is difficult: they have a much higher unemployment and poverty rate, and less education, than most Canadians.

– **The Métis** are a group that recognizes mixed ancestry and two cultures: Native and European (French or British). There are 450,000 Métis in Canada, mostly in Alberta. They generally speak French.

## C In South Africa

> **Did you know?**
> **Apartheid** means separateness, or apart-ness, in Afrikaans, one of the official languages of South Africa.

- **Racial segregation** started in colonial times under the Dutch empire and continued under the British, who took over the region in 1795. **Apartheid**, a legal system of racial segregation, was established in 1948. It sorted people into four racial groups: Black, White, Coloured (mixed-race) and Indian. From 1960 to 1983, 3.5 million non-white South Africans were forced to leave their areas that had become "White Only."

- In 1970, South African Blacks were deprived of their citizenship and forced to become citizens of Bantustans, self-governing tribal lands far from where many of them lived and worked. They were required to have special passes to live and work in South Africa. The Bantustans had very poor education, medical care and other public services.

> **Help**
> ▪ *to deprive of* priver de, déposséder de

- **Civil disobedience and resistance in South Africa:**

– In the 1950s, the ANC (the African National Congress, the main anti-Apartheid organisation) used only non-violent means to protest Apartheid. But on March 21, 1960, 69 anti-Apartheid protestors were killed by the police in the township of Sharpeville. After the Sharpeville Massacre, **Nelson Mandela** (see biography page 196) and other ANC leaders announced that it could no longer limit itself to non-violence. If the government did not increase black people's rights, the ANC would attack the government. The first attacks took place in December, 1961. In 1962, Mandela was arrested and sentenced to life in prison.

– In 1974, the government passed a law requiring all schools to teach Afrikaans, a language similar to Dutch that was spoken by White South Africans. Black South Africans preferred to learn English, since Afrikaans was seen as the language of the oppressor. On June 16, 1976, schoolchildren in Soweto (from SOuthWEst TOwnship, the part of Johannesburg were Blacks were allowed to live), organised a **massive protest against Afrikaans in school**. Over 10,000 students participated. The protest was meant to be peaceful, but police barricades caused a panic, and the police started shooting the unarmed demonstrators. On the first day, 23 people were killed – almost all teenagers shot by the police. On the second day more than 150 more people were killed. The shooting of schoolchildren shocked public opinion around the world. June 16 is now a public holiday in South Africa. It is called Youth Day, in honour of the young demonstrators, and in memory of those who died. **Steve Biko**, an anti-apartheid leader in the 1960s and 1970s, was one of the leaders of the Soweto Uprising. He also helped popularise the slogan "Black is beautiful". In 1977, he was arrested and beaten to death by the police. He is remembered as a hero and a martyr of the anti-apartheid movement.

– Shocked by all the racist violence, **the international community placed sanctions on the country**. There were restrictions against trade, and South Africa was not allowed to participate in the Olympics. The South African government eventually realised that is was not possible to maintain apartheid.

– **In 1990, President de Klerk released Nelson Mandela** and several other political prisoners, and started negotiations to end apartheid. De Klerk and Mandela shared the Nobel Peace Prize in 1993. The nation's first truly democratic elections – in which everyone could vote – were held in 1994. Nelson Mandela's party, the African National Congress, won the election, and **Nelson Mandela became the first Black President of South Africa.**

**KEY IDEAS**

- Power is a source of political, social and personal reflection. Exercising it often leads to tension and conflicts within and between social groups.
- Power is necessary for making society work, but it can be used fairly, for the greater good, or abused for personal gain or to help some groups over others. It can be a source of cohesion or of conflict.
- Power also implies counter-powers, which can be tolerated, or severely restricted or punished. How is power limited? How do individuals and groups resist against it?

## Climate Change and Climate Refugees

**The climate is an issue[1] that concerns people from around the globe.** It is a subject for debate between all nations – large and small, rich and poor, developed and developing. Non-governmental organisations, like Greenpeace, also participate in the debate. Climate change was the subject of the COP 21 Conference in Paris in December, 2015. Former US Vice-President Al Gore (see biography page 196) is now the head of an NGO (non governmental organization) working to prevent climate change.

**One important facet of climate change is global warming,** the increase in the Earth's average surface temperature. Greenhouse gases[2] are the main cause of global warming, because they trap heat that would otherwise escape from the Earth atmosphere. Deforestation also contributes to global warming.

**Melting ice caps and glaciers** in the polar regions leads to changes in rainfall[3] (which can cause flooding[4] or droughts,[5] and contribute to forest fires). Global warming has also increased the likelihood[6] of extreme weather events (hurricanes, tornadoes and more). Other results include reduced biodiversity, the disappearance of many species of fish because of rising ocean temperatures; migration of tropical diseases, such as malaria; destruction of coral reefs[7], acidification of the oceans and more.

**A climate refugee** is a person who is obliged to migrate (to leave his or her home) because of one of the three major impacts of climate change: rising sea levels (some low-altitude islands have already disappeared, and others are threatened), extreme weather events, or drought and water scarcity[8]. There were 25 million climate refugees in the mid-1990s. Their numbers are expected to reach 200 million by 2050.

1. *an issue* une question, une problématique
2. *greenhouse gas* les gaz à effet de serre
3. *rainfall* les précipitations
4. *a flooding* une inondation
5. *the drought* la sécheresse
6. *likelihood* une probabilité, une chance
7. *coral reefs* des récifs de corail
8. *scarcity* la rareté, la pénurie

## Zoom on the Surdabans

**The Surdabans**

The Sundarbans is a low-lying delta region with about 200 islands in the Bay of Bengal. Spanning 10,000 square kilometres in Bangladesh and India, the region is home to some 13 million impoverished people. Seas there are rising more than twice as fast as the global average.

# Women's Suffrage

Around the world, women have had to fight for equal rights with men. These rights include the right to an education, to travel alone, to drive a car or ride a bicycle, to work outside the home and to receive equal pay for equal work, to be able to marry freely, without force, and to obtain a divorce, to choose to have children or not and many others… But one of the most basic rights women around the world have demanded is **suffrage, the right to vote and to be elected** to political office.

## 1. New Zealand comes first

- Women in English-speaking countries were among the first to obtain suffrage.
- Although some women in Finland, Sweden and Australia had been able to vote in specific circumstances – local elections only, or women with specific jobs only – **all women in New Zealand were able to vote in a Parliamentary election in 1893**. This made them the first women in the world to vote on an equal basis with men.
- New Zealand women had demanded suffrage in a petition to Parliament signed by 32,000 women – more than one quarter of the adult female population. The petition had travelled around the country collecting signatures, despite the fact that at the time, New Zealand was very rural, and transportation was difficult.

## 2. British Suffragettes

- Probably the most famous women's suffrage movement was **in Britain in the early 1900s**. When **Emmeline Pankhurst** first formed an organisation to demand women's suffrage, the public was against the idea. People were shocked by the "**Suffragettes**" bold[1], unladylike tactics: shouting at politicians during meetings, trying to force entry in the House of Commons, breaking windows on public buildings, etc. Many Suffragettes were arrested and put in prison, where they went on hunger strikes[2] to protest their situation. In response, almost 1,000 were force-fed (food was forced into them in a violent and painful way). When the press began to publish articles about the violence against the Suffragettes, public opinion began to turn in their favour.
- In February, 1918, British women over the age of 30 finally won the right to vote. Ten years later, **in 1928**, the age was lowered to 21, the same as for men, **and British women had achieved equal suffrage**. In 1999, *Time* magazine named Emmeline Pankhurst as one of the 100 Most Important People of the 20th Century.

## 3. In other countries

- French women didn't get the right to vote until the end of World War II, in 1944; and not all Swiss women got it until 1971(although women in most cantons got it sooner). Turkey, where women's suffrage has existed since 1930, was well ahead of France and Switzerland. But in Saudi Arabia, where women are not allowed to drive, they were not able to vote until December 2015.

1. *bold* audacieux, intrépide 2. *a hunger strike* une grève de la faim

## Biographies

### Al GORE (1948-)

During Al Gore's long career in politics (in Congress, and as vice-president) he supported both information technology and the environment. In 2000, Gore ran for President, but although he won the popular vote, he lost the election (see "The Executive Branch", p. 187). Gore then left politics and focused on informing people about the dangers of climate change. In 2006, he wrote a book on the subject, *An Inconvenient Truth*, that was made into a film. In 2007, he won the Nobel Prize for Peace.

### Martin LUTHER KING (1929-1968)

Reverend Martin Luther King, Jr. was born in Atlanta, Georgia during the Jim Crow era (see p. 190). After the Montgomery Bus Boycott, he led many marches and protests, including the 1963 March on Washington, where he delivered his famous *"I have a dream" speech. "I have a dream that my four little children will one day live in a nation where they will not be judged by the color of their skin but by the content of their character."* In 1964, he won the Nobel Prize for Peace. On April 3, 1968, he was assassinated by a white supremacist. Now he is honoured in America with a national holiday in January, Martin Luther King Day.

### Nelson MANDELA (1918-2013)

In 1963, Nelson Mandela (see p. 193) was sentenced to life in prison for sabotage against the Apartheid system. By 1980, there was an international campaign to "Free Mandela." When the government offered to release him on certain conditions, he replied "Only free men can negotiate. A prisoner cannot enter into contracts." After 27 years in prison, he was released. He went on to negotiate South Africa's transition to democracy, to win the Nobel Peace Prize, and to become his country's first black president. He died as an international hero in 2013.

### AUNG SAN Suu Kyi (1945-)

Aung Sun Suu Kyi (pronunciation : *Ong Saan Sou Tchi*) was elected president of the Asian nation of Burma in 1990. But her country's military dictatorship placed her under house arrest for 15 years. "The Lady", as she is called, was offered a chance to leave the country if she promised never to return, but she refused to abandon her people. As a political prisoner, she received the Nobel Peace Prize in 1991 for "her non-violent struggle for democracy and human rights." She was released in 2010, and in 2015, her party, the National League for Democracy, won a majority in Parliament.

# Books and films

## Two books

***Brave New World*, Aldous HUXLEY, 1931**

This novel takes place in the future, in the year 2540 "After Ford". The World State is a dictatorship. All human beings are divided into five castes, and the State uses hypnosis to condition them to be obedient members of society. But most people are happy, because they have lots of food and material goods. A few characters in the novel fight for their individuality, and demand "the right to be unhappy".

***Animal Farm*, George ORWELL, 1945**

English author George Orwell's classic political satire criticises Stalinist Communism. In the book, farm animals revolt and take over a farm. In this new animal-run society, the most important of the "Commandments of Animalism" is "All animals are equal". But after a few years, the Commandment is changed to, "All animals are equal, but some are more equal than others".

## Two films

***Good Night and Good Luck*, George CLOONEY, 2005**

This historical drama directed by George Clooney, who is better-known as an actor than a director, portrays the true story of the conflict between the respected TV journalist Edward R. Murrow and US Senator Joe McCarthy. The plot focuses on Murrow's efforts to show the damage McCarthy's anti-Communist "witch hunt" of the 1950s was doing to ordinary people. The journalist worked hard to expose the Senator's lies, despite pressure to stop from the show's sponsors. The film is in black and white, as a tribute to film and TV of that era. The film's title is the phrase Murrow used at the end of his program every night.

***Invictus*, Clint EASTWOOD, 2009**

Based on a true story, *Invictus* is a historical drama about Nelson Mandela and the 1995 Rugby World Cup, in South Africa. Traditionally, Black South Africans do not support their nation's rugby team, because for many years, it was all-White. But in 1995, as President of the host country, Nelson Mandela believed that support for the rugby team could inspire a greater sense of national unity. The team visited the tiny prison cell where Mandela spent most of his 27 years in jail. He explained that he was inspired by a poem called "Invictus", *unconquered*. Mandela's courage inspired the rugby players, who made an effort to connect with Black fans. South Africa reaches the final…

# *Places and Forms of Power* / Lieux et formes du pouvoir

## 1 *Politics* / La politique

| | | |
|---|---|---|
| *a politician* | un homme/une femme politique | |
| *a policy* | une politique | *foreign policy* la politique étrangère<br>*domestic policy* la politique intérieure |
| *to go into politics* | entrer en politique | |
| *a public servant* | un fonctionnaire | *syn : state employee* |
| *an office holder* | un élu | |
| *a statesman* | un homme d'État | |
| *a diplomat* | un diplomate | |
| *a head of state* | un chef d'État | |
| *a mayor* | un maire | |
| *town hall, city hall* | la mairie | |
| *to rise to the top* | accéder au sommet | *to be promoted to a post* être promu à un poste |
| *to be thrust into prominence* | être projeté sur le devant de la scène | |
| *to be power-hungry* | avoir soif de pouvoir | |
| *an outsider* | un outsider, celui qui est donné perdant | |
| *to seize power* | s'emparer du pouvoir | |

## 2 *Government* / Le gouvernement

| | | |
|---|---|---|
| *the head of government* | le chef du gouvernement | |
| *the Prime Minister* | le premier ministre | |
| *a ministry* | un ministère | US : *a department* |
| *a minister* | un ministre | |
| *a junior minister* | un secrétaire d'État | |
| *to set up a government* | former un gouvernement | |
| *to appoint a minister/ cabinet member* | nommer un ministre | |
| *to enter the government* | entrer au gouvernement | *syn : to join the government* |
| *to vest power in* | investir d'un pouvoir | |

| | |
|---|---|
| *to rule* | diriger |
| *to take a course of action* | choisir une ligne de conduite |

## 3 *Dictatorship* / La dictature

| | | |
|---|---|---|
| *a dictator* | un dictateur | |
| *a tyrant* | un tyran | |
| *totalitarian* | totalitaire | |
| *to oppress* | opprimer | |
| *to be downtrodden* | être opprimé | |
| *to be under the sway of* | être sous le joug de | |
| *the rule of terror* | le règne de la terreur | |
| *coercive methods* | des méthodes coercitives | |
| *heavy-handed methods* | des méthodes répressives | |
| *censorship* | la censure | *to censor* censurer |
| *to indoctrinate* | endoctriner | |
| *to lead the country astray* | amener le pays dans une mauvaise direction | |
| *propaganda* | la propagande | |
| *abuse of power* | l'abus de pouvoir | |
| *to overthrow (a government, dictatorship, etc.)* | renverser (un gouvernement, une dictature, etc.) | |

## 4 *Illegal Immigration* / L'immigration clandestine

| | | |
|---|---|---|
| *undocumented immigrant* | un sans-papiers (syn : *an illegal alien*) | *an undocumented worker* un travailleur clandestin |
| *to smuggle in* | faire entrer de façon clandestine | *a people-smuggling network* un réseau de passeurs |
| *a smuggler* | un passeur (slang : *a coyote*) | |
| *to cross the border* | passer la frontière | |
| *to sneak into a country* | entrer clandestinement dans un pays | |
| *to try one's luck* | tenter sa chance | |
| *a border guard* | un garde frontière | |
| *to police a border* | surveiller une frontière | |

LEXIQUE

| | | |
|---|---|---|
| *to round up* | rafler | *a round up* une rafle |
| *to make a round* | effectuer une patrouille | |
| *to arouse suspicion* | susciter la suspicion | |
| *to look down on sb* | mépriser qqn | |
| *a refugee* | un réfugié | *a refugee camp* un camp de réfugiés |
| *a holding centre* | un centre de détention | |
| *to be warehoused* | être détenu dans un lieu inapproprié/sans confort | *syn : to be held in a warehouse* |
| *to be sent back to one's country of origin* | être renvoyé dans son pays d'origine | |
| *to deport* | expulser | |
| *to deter from immigrating* | dissuader d'immigrer | |
| *a deterrent* | un moyen de dissuasion | |

## 5 *Scandals* / Les scandales

| | | |
|---|---|---|
| *a scandal* | un scandale | *a string of scandals* une série de scandales |
| *to pin a scandal on sb* | attribuer un scandale à qqn | |
| *to bring out into the open* | révéler au grand jour | *to blow the lid off* exposer au grand jour |
| *a slush fund* | une caisse noire | |
| *influence peddling* | le traffic d'influence | |
| *a whistle-blower* | un dénonciateur | *a whistle-blower* est qqn qui dénonce qqch de l'intérieur (d'une société, d'un ministère, etc.) |
| *a rip-off* | une arnaque | |
| *to rip off* | arnaquer | |
| *to fleece* | plumer | |
| *dishonest* | malhonnête | *dishonesty* la malhonnêteté |
| *greedy* | cupide | *greed* la cupidité |
| *shady* | louche, véreux | |
| *disreputable* | malhonnête | |
| *untrustworthy* | indigne de confiance | |
| *deceitful* | trompeur | |
| *double-dealing* | fourbe | |
| *sly* | sournois | |

## 6 *Power* / Le pouvoir

*to be in power* être au pouvoir
*to hold power* détenir le pouvoir
*to wield power* exercer le pouvoir
*powerful* puissant ← *syn : mighty*
*powerless* impuissant
*all-powerful* tout puissant
*to exercise authority over* exercer l'autorité sur
*to come to power* accéder au pouvoir
*to carry a lot of weight* faire autorité
*authoritarian* autoritaire
*threatening* menaçant — *a threat* une menace
*a pressure group (UK), a lobby (US)* un groupe de pression, un lobby
*a weapon* une arme
*obedience* l'obéissance
*disobedience* la désobéissance
*spin* du baratin — *a spin-doctor* un spécialiste en communication chargé de l'image d'un parti politique
*bribery* la subornation, la corruption — *a bribe* un pot-de-vin
*to bribe* corrompre
*to bully* tyranniser, persécuter, intimider — *a bully* qqn qui tyrannise qqn d'autre (souvent employé dans le contexte scolaire)
*to brainwash* faire un lavage de cerveau — *brainwashing* un lavage de cerveau

## 7 *The Press* / La presse

*Fleet Street (UK)* les milieux de la presse londonienne
*a lead story* un article à la une
*a daily paper* un quotidien
*a scandal sheet* un journal à scandale
*a tabloid* un journal à sensation
*a press agency* une agence de presse ← syn : *a news agency*
*to inform* informer

| | | |
|---|---|---|
| *to spread a message* | **diffuser un message** | *to convey a message* **transmettre un message** |
| *to sensitize public opinion* | **sensibiliser l'opinion publique** | |
| *breaking news* | **une info de dernière minute, un flash info** | |
| *to scoop* | **publier en exclusivité** | *a scoop* **une exclusivité** |
| *to expose* | **révéler** | |
| *from reliable sources* | **de source sûre** | |
| *dependable* | **fiable** | *syn : reliable* |
| *to speak out against* | **s'élever contre** | |
| *to censor* | **censurer** | |
| *to gag the press* | **baillonner la presse** | |
| *to hush up a scandal* | **étouffer un scandale** | |
| *to suppress a paper* | **interdire un journal** | |
| *to curtail press freedom* | **limiter la liberté de la presse** | |
| *to infringe on liberties* | **empiéter sur les libertés** | |
| *to stand up for* | **défendre** | |
| *to warn* | **avertir** | |
| *to defy* | **braver, défier** | |
| *to blackmail* | **faire chanter** | |
| *to denounce* | **dénoncer** | |
| *to put pressure on sb* | **faire pression** | |
| *to weaken* | **affaiblir** | |
| *to gossip* | **raconter des ragots** | *a gossip* **une commère**<br>*gossip* **des ragots** |
| *to slander* | **calomnier** | |
| *to bad-mouth* (slang) | **médire** | |
| *to pry into sb's privacy* | **fouiller dans la vie privée de qqn** | |
| *disclosure* | **révélation, divulgation** | |
| *libel* | **diffamation** | |
| *a rumour* | **une rumeur** | |
| *to oust* | **forcer la démission** | |
| *to overstate the case* | **exagérer les choses** | *to play up* **dramatiser** |
| *a tycoon* | **un magnat de la presse** | |

# Écrire un journal intime

## EXEMPLE

**Empty-nest syndrome**

For parents it can be a difficult time when the children leave home to go to university. The first signs of my daughter's imminent departure appeared soon after she received confirmation of her university place. The carpet in Marie-Claire's bedroom, unseen since the start of A-levels, began to reappear after she recycled piles of magazines and binned her rubbish. For the first time in 18 years our house was almost tidy, and I wasn't sure I liked it.

At this stage in your life as a parent, you have to be able to let your children know they have your support but at the same time allow them to be independent – often easier said than done.

A lot of parents also suffer from what is referred to as empty-nest syndrome: you are proud of the successes of your sons and daughters and share their sense of excitement but at the same time you feel sad that they are off.

Judy Hobson, adapted from *The Guardian*, October 8th, 2003.

### Sujet

After leaving home, Marie-Claire writes in her diary about her first day at university.

Pour écrire une page de journal intime, il est nécessaire de bien relire le texte qui vous est donné comme support, afin d'incarner le personnage qui écrit. C'est dans le texte que vous prendrez des idées et du lexique. Il faut aussi s'inspirer du style pour la rédaction de la page du journal intime.

## ÉTAPE 1. RESPECTER LES ÉLÉMENTS FORMELS

→ **La date** : respectez le jour demandé. Attention, la prononciation à l'oral de la date demande l'utilisation des ordinaux (ex. : *May first, January second…*). En revanche, on écrit en général : *1 May* (UK) et *May 1* (US). Les jours et les mois prennent une majuscule.

→ Respectez **le lieu** ;

→ Respectez **le milieu social** du personnage ;

→ Utilisez **la 1re personne** : *I, me, myself, my…*

→ Choisissez un **registre de langue familier**.

→ Vous pouvez commencer par rédiger quelques lignes sur le début de votre journée et terminer par la fin de votre journée.

→ Adressez-vous **à votre journal comme si c'était une personne** : *Dear Diary...*

## ÉTAPE 2. RESPECTEZ LES ÉLÉMENTS SYNTAXIQUES

*Les mots surlignés sont utilisés dans la proposition de rédaction (Étape 3).*

→ Utilisez des **exclamatives** et des **intensifieurs d'adjectifs.**

Ex. *Such a weird guy! So unbelievable!* Quel étrange bonhomme ! Incroyable !

→ Utilisez le ***lexique des sentiments*** (noms, adjectifs et adverbes) pour décrire les réactions du personnage. Pour fabriquer l'adverbe, il suffit en général d'ajouter *–ly* à l'adjectif (sauf pour les adjectifs qui terminent en *–ed*). Pour les adjectifs qui se terminent en *y*, on change le *y* en *i* avant de rajouter le *-ly*.

**Quelques expressions pour vous aider**

| | | | |
|---|---|---|---|
| *amazed* | étonné | *hopeful* | plein d'espoir |
| *angry* | en colère | *jealous* | jaloux |
| *astonished* | très étonné | *lonely* | seul |
| *cheerful* | dynamique, gai | *nervous* | nerveux, inquiet |
| *concerned about* | soucieux de | *proud* | fier |
| *confident* | confiant | *relieved* | soulagé |
| *depressed* | déprimé | *reluctant* | à contre-cœur |
| *disappointed* | déçu | *resentful* | rancunier |
| *envious* | envieux | *scornful* | méprisant |
| *fearful* | craintif | *shameful* | honteux |
| *frightened* | effrayé | *shameless* | effronté |
| *guilty* | coupable | *shocked* | choqué |

→ Pensez à fabriquer des **phrases sans sujet** : Ex. *Never thought to tell him.* Pas pensé à lui dire.

→ Choisissez **le temps approprié** : pour relater des événements terminés, utilisez le prétérit. Pour faire un bilan de ce qui s'est passé, utilisez le *present perfect*. Pour parler de vos sentiments, vous utiliserez le présent simple et pour exprimer vos plans et vos résolutions, vous utiliserez les différentes formes de futur.

→ Utiliser la **notion de probabilité** par rapport à un fait passé, présent ou à venir :

Ex. *He should have told me the truth.* Il aurait dû me dire la vérité.
*She may be bad-mouthing me at the moment.* Elle est peut-être en train de médire.

→ Ajoutez du **discours rapporté** lorsque vous citez d'autres personnages.

## ÉTAPE 3. RÉDIGER

*25 August,*

*Dear Diary,*

*What an extraordinary day! I can't believe my eyes! Everything is so huge here...*

*Let me start from the beginning!*

*Woke up this morning at 7 am. Once mum and I had finished packing, we left home to rush toward my new university!*

*It was strange and a little sad to leave mum and dad and also my sweet Dobbie. Mum had tears in her eyes, and I was feeling blue. I'm not nervous about leaving, but I know she's worried for me. Her baby is leaving the nest!*

*But when we reached Bristol, I was excited as a child. I was thrilled at the idea of meeting my new roommate!*

*First we met the boarding school prefect. Oh my gosh! He's so weird! He must have understood I was laughing at him, since I couldn't stop staring at him.*

*He's got long hair and he's super tall. Stands there like a statue!*

*Then I found my room and met my roommate, Lena. Oh Diary, I love it! I like everything, the furniture, the posters on the wall, even the shelves! Lena is a lot of fun. We've already decided to swap clothes.*

*Know what? I'm sure everything will be awesome here in Bristol.*

*Mum helped me with my luggage. After that we found a restaurant to have lunch together. I called my dad and he said he was confident and that he knew I was going to be the best, as usual! Wow ☺*

*After lunch, mum hugged me, then she got back into the car to drive home alone.*

*Good night, Diary!*

**Sujet de bac LV1** **SÉRIE L, ES, S**

# Places and Forms of Power

**D'après France métropolitaine, juin 2014**

## Text 1 Shared interest beyond differences

*The narrator recalls his sea voyage to England as a child.*

His name was Mr Fonseka and he was travelling to England to be a teacher, I would visit him every few days. He knew passages from all kinds of books he could recite by heart, and he sat at his desk all day wondering about them, thinking what he could say about them. I knew scarcely a thing about the world of literature, but he welcomed me with unusual and interesting stories, stopping abruptly in mid-tale and saying that someday I should find out what happened after that. "You will like it I think. Perhaps he will find the eagle." Or, "They will escape the maze with the help of someone they are about to meet..." Often, during the night, while stalking the adult world with Ramadhin and Cassius, I'd attempt to add to the bare bones of an adventure Mr Fonseka had left unfinished. [...]

I tried to coax him up on deck a few times, but his porthole and what he could see through it seemed enough nature for him. With his books [. . .] as well as a few family photographs, he had no need to leave his time capsule. I would visit that smoky room if the day was dull, and he would at some point begin reading to me. It was the anonymity of the stories and the poems that went deepest into me. And the curl of a rhyme was something new. I had not thought to believe he was actually quoting something written with care, in some far country, centuries earlier. He had lived in Colombo[1] all his life, and his manner and accent were a product of the island, but at the same time he had this wide-ranging knowledge of books. He'd sing a song from the Azores or recite lines from an Irish play.

I brought Cassius and Ramadhin to meet him. He had become curious about them, and he made me tell him of our adventures on the ship. He beguiled[2] them as well, especially Ramadhin.

Mr Fonseka seemed to draw forth an assurance or a calming quality from the books he read. [...]

Mr Fonseka would not be a wealthy man. And it would be a spare life[3] he would be certain to lead as a schoolteacher in some urban location. But he had a serenity that came with the choice of the life he wanted to live. And this serenity and certainty I have seen only among those who have the armour of books close by.

Michael Ondaatje, *The Cat's Table*, 2011

1. *Colombo* capital of Sri Lanka (formerly Ceylon)
2. *beguiled* charmed
3. *a spare life* a simple life

## Text 2 Hidden from view

Together they focused on the film.

Pembe watched *The Kid* with wide-open eyes, the look of surprise on her countenance deepening with each scene. When Chaplin found an abandoned baby in a rubbish bin, and raised him like his own son, she smiled with appreciation. When the child flung stones at the neighbours' windows so that the tramp – disguised as a glazier – could fix them and earn some money, she chuckled. When social services took the boy away, her eyes welled up with tears.

And, finally, as father and son were reunited, her face lit up with contentment, and a trace of something that Elias took to be melancholy. So absorbed did she seem in the film that he felt a twinge of resentment. What a funny thing it was to be jealous of Charlie Chaplin.

Elias observed her as she unpinned her hair, and then pinned it back. He caught a whiff of jasmine and rose, a heady, charming mixture. Only minutes before the film came to an end, he found the nerve to reach out for her fingers, feeling like a teenager on his first date. To his relief, she didn't move her hand away. They sat still – two sculptures carved out of the dark, both scared of making a move that would disrupt the tenderness of the moment.

When the lights came back on, it took them a few seconds to grow accustomed to real life. Quickly, he took out a notepad and wrote down the name of another cinema in another part of the town. "Next week, same day, same time, will you come?"

"Yes", she faltered.

Before he'd found a chance to say anything else, Pembe leaped to her feet and headed towards the exit, running away from him and everything that had taken place between them, or would have taken place, had they been different people. She held in her palm the name of the place they were to meet next time, grasping it tightly, as if it were the key to a magic world, a key she would use right now were it in her power to decide.

And so it began. They started to meet every Friday at the same time, and occasionally on other afternoons. They frequented the Phoenix more than any other place, but they also met at several other cinemas, all far-away from their home, all unpopular. [...] In time he found out more things about her, pieces of a jigsaw puzzle that he would complete only long after she had gone. [...]

Slowly he was beginning to make sense of the situation. This unfathomable, almost enigmatic attraction that he felt for her, a woman so alien to the life he had led, was like a childhood memory coming back.

Elif Shafak, *Honour*, 2012

## COMPRÉHENSION DE L'ÉCRIT

**Text 1**

**1** Pick out three of Mr Fonseka's activities during the voyage. Say what they have in common.
Justify with at least three quotations.

**2** Which four adjectives best correspond to Mr Fonseka's personality? Justify each with a quotation from the text.
kind – selfish – captivating – pedantic – serene – knowledgeable – boring – self-centred

**3** Why does the narrator visit Mr Fonseka? Choose the two statements that are correct and justify with a quotation for each.
**a.** They know the same authors.
**b.** Mr Fonseka is teaching him to read.
**c.** Mr Fonseka's stories fascinate him.
**d.** Mr Fonseka is interested in the narrator's life.

**4** Say whether the following statement is **right** or **wrong**. Justify your answer with two quotations.
Mr Fonseka's likely to have a prestigious career.

**Text 2**

**5** What do the two characters do together? Why? Give three reasons using your own words.

**6** "Together they focused on the film." (l. 1)
Explain briefly why this sentence is not equally true for both characters.

**7** What does Elias like about Pembe? Choose the two statements that are correct and justify your choice with quotations from the text.
**a.** She is attractive.
**b.** She is assertive.
**c.** She is different from him.
**d.** She is funny.

**8** "... they also met at several other cinemas, all far-away from their homes, all unpopular." (l. 31-32)
Why do you think they choose places that are distant from their homes? Answer briefly in your own words.

**Both texts**

**9** Show how in both documents each of the characters has something to offer to the other(s).

## EXPRESSION ÉCRITE

**Sujet 1.** Pemble writes in her diary about her special relationship with Elias.

**Sujet 2.** How can differences between people enrich their relationship?

**Sujet de bac LV1** SÉRIE L, ES, S

## Comment valoriser votre copie

**Partie Compréhension de l'écrit**

Vérifiez que vous connaissez bien le lexique des qualités et défauts afin d'être capable de définir un personnage.

*kind* gentil, aimable

*selfish* égoïste

*captivating* captivant, fascinant

*pedantic* pointilleux, tatillon

*serene* calme, serein

*knowledgeable* instruit

*boring* ennuyeux

*self-centered* égocentrique

## COMPRÉHENSION DE L'ÉCRIT

**1** **Text 1.** Mr Fonseka's activities during the voyage included reciting texts from memory, telling stories or reading them out loud, and singing songs he'd learned in books. What all of his activities had in common is that they were related to books.

– **Reciting:** l. 4 "he could recite by heart" or l. 21 "… or recite lines from an Irish play".

– **Reading/telling stories:** l. 6 "he welcomed me with unusual interesting stories" or l. 15 "he would at some point begin reading to me".

– **Singing songs learned in books:** l. 20-21 "he had this wide-ranging knowledge of books. He'd sing a song from the Azores…"

**2** **Text 1.** Mr Fonseka is:

1. Kind: l. 6 "he welcomed me with unusual interesting stories".
2. Captivating: l. 16 "it was the anonymity of the stories and the poems that went deepest into me".
3. Serene: l. 28-29 "he had a serenity that came with the choice of life he wanted to live".
4. Knowledgeable: l. 20 "he had this wide-ranging knowledge of books".

**3** **Text 1**

c. Mr Fonseka's stories fascinate him (l. 10-11: "I'd attempt to add to the bare bones of an adventure Mr Fonseka had left unfinished").

d. Mr Fonseka is interested in the narrator's life (l. 23: "he made me tell him of our adventures on the ship").

**4** **Text 1.** Wrong.
l. 27 "Mr Fonseka would not be a wealthy man".
l. 27-28 "and it would be a spare life he would be certain to live as a schoolteacher".

**5** **Text 2.** The two characters go to the cinema together every week. The woman, at least, enjoys watching movies: she was fascinated by *The Kid*. Secondly, it is a way to be together, since they enjoy each other's company. Thirdly, cinemas are dark places (and they go to movie houses far from their homes), which enables them to hold hands discreetly since their relationship is secret.

**6** **Text 2.** In fact, while Pembe really is totally focused on the film, reacting to it emotionally (she watches with wide-open eyes, smiles with appreciation, and chuckles; her eyes well up with tears, at the end her face lights up), Elias is paying more attention to Pembe and her reactions than to the film itself. He even expresses jealousy of Charlie Chaplin.

**7** **Text 2.**
**a. She is attractive:** "Elias observed her as she unpinned her hair and then pinned it back" (l. 12). "he caught a whiff of jasmine and rose, a heady charming mixture" (l. 13).
**c. She is different from him:** "a woman so alien to the life he had led" (l. 35).

**8** **Text 2.** They choose to meet far from home because they don't want to be seen by anyone they know or who knows them. The farther and the more unpopular the cinemas are, the easier it is to keep their relationship a secret.

**9** **Text 1 and 2.** In document 1, Mr Fonseka introduces the boy to the world of literature. In return, the boy and his friends tell Fonseka about their adventures on the ship. In document 2, Elias takes Pembe to the cinema. She offers him discreet moments of tenderness, and allows him to feel a deep attraction. They seem to be falling in love, which is like a gift they give to each other.

## EXPRESSION ÉCRITE

**Sujet 1 : Pembe writes in her diary about her special relationship with Elias.**

June 27th

Dear Diary,
Today was such an extraordinary day, unlike any other in my whole life. I'm almost afraid to write it down, because I don't want to break the spell… and I don't want anyone to read what I write, either! So, you're not going to believe this, but today I went to the cinema with Elias! I know, going to the cinema

and seeing Elias are both so incredibly special that it's hard to imagine them happening on the same day.
The film was fantastic... so sad in parts, but with a happy ending. Can you believe it? I was so absorbed in the film that I almost forgot that Elias was there with me!
But then, towards the end of the film, he touched my hand, and everything else disappeared. I don't know how long we sat there like that, but it was magical. I wish we could have stayed there forever... Unfortunately, the film eventually ended and the lights came on. And when they did, I panicked and ran away. Can you imagine if anyone saw us? I can't even think about what they would do. It's too horrible...
Still, before I left, Elias gave me a note asking me to meet him next week. I will go. I don't care how dangerous it is. Our relationship is so important to me, I have to see him.

**Conseil**
Dans le document 2, c'est Elias qui raconte l'histoire, et nous, lecteurs, avons son point de vue. Dans le sujet d'expression, au contraire, c'est Pembe qui parle et qui exprime son ressenti. Ce sujet est un sujet d'imagination car le document 2 ne nous apporte que peu d'informations sur les relations entre Elias et Pembe.

**Sujet 2. How can differences between people enrich their relationship?**

There is an expression that says, "Opposites attract." It means that people often fall in love with people who are different from them. In many ways, this is a good thing. Differences can enrich a relationship because you learn about new things from the other person. They can be simple things, like learning about your boyfriend's or girlfriend's favourite sport or hobby or books or video game, or meeting their family and getting to know them. Or it can be more complicated, like if your boyfriend or girlfriend is from a different country, culture or religion. You might wind up visiting the country the other person is from, learning about its culture and cuisine, or maybe even learning a new language!
Of course, differences can make things more complicated. You might be surprised, or disagree with your partner, about how to do certain things. And your families might not approve your match. But seeing other ways of living and doing things can teach you to be more open-minded. And learning to adapt and compromise – and to distinguish between what's really important to you and what things you don't mind changing or doing differently – are important life lessons. So differences between people in a relationship can be enriching because they can help teach you all of that.

**Conseil**
Vous devez démontrer que les différences peuvent s'avérer être un atout, plutôt que de représenter un obstacle. Pensez à illustrer vos arguments avec des exemples de votre vie personnelle. Vous pouvez aussi citer des exemples pris dans les livres que vous avez lus ou les films que vous avez vus !

CHAPITRE 5

# Myths and Heroes

## Mots-clés

- ***an achievement*** une prouesse, un exploit
- ***bravery*** le courage
- ***a feat*** un exploit
- ***a philanthropist*** un philanthrope
- ***famous*** connu, célèbre
- ***for a good cause*** pour la bonne cause
- ***to achieve*** accomplir, atteindre (un but)
- ***to break the law*** enfreindre la loi
- ***to devote oneself to*** se consacrer à
- ***to claim lives*** coûter la vie
- ***to cause a (huge) controversy*** créer la polémique
- ***to be controversial*** être controversé
- ***for someone's sake*** pour le bien de quelqu'un / l'amour de quelqu'un

## LES IDÉES ESSENTIELLES

- Les mythes sont des références pour chacun de nous ; ils contribuent à forger une identité collective et à construire la cohésion d'un groupe ou d'une société. Les mythes évoquent la condition humaine ; ils peuvent être entièrement fictifs ou s'inspirer de la réalité.
- Dans la mythologie, un héros est un personnage légendaire, souvent de descendance divine, doté d'une grande force et de grands pouvoirs. Il peut également être le personnage principal d'une œuvre littéraire. Dans la vie réelle, un vrai héros est un homme ou une femme que l'on admire pour ses exploits et ses qualités et qui montre beaucoup de courage ou d'altruisme.
- Nous avons choisi de traiter ici des héros qui ont changé le monde (que ce soit par leur combat direct, ou qui ont utilisé leur célébrité pour faire avancer leur cause) ; des héros « ordinaires », ainsi que des héros de fiction.

➔ p. 219

# 1 World-famous Heroes

## A Men and Women who Changed the World

• **Winston Churchill (1874-1965).** After a long and controversial political career, Winston Churchill became Prime Minister of Great Britain in May, 1940, shortly after Nazi Germany had invaded France. His speeches were a great inspiration to the nation.
In May, 1940, he gave a speech that included the lines: "We shall fight in France. (…) We shall defend our island, whatever the cost may be. We shall fight on the beaches, we shall fight on the landing grounds, we shall fight in the fields and in the streets, we shall fight in the hills; we shall never surrender!"

> **Help**
> ■ *to surrender* se rendre, capituler

When he received the Nobel Prize for literature in 1953, the Nobel Committee specified that it was for his books and his oratory (speeches). When he died, he received a hero's funeral.

• **Eleanor Roosevelt (1884-1962)**, the wife of US President Franklin D. Roosevelt, was also a hero in her own right. She often publically disagreed with her husband's policies. She supported working women and defended civil rights for African Americans and for Asian Americans, who were persecuted during World War II.

• Roosevelt invited prominent African-Americans to the White House. And when Marian Anderson, a black singer, was not allowed to sing in a private theatre in Washington, DC, Eleanor Roosevelt, as First Lady, arranged for her to sing at the Lincoln Memorial, a monument in the nation's capital.

• Even after her husband's death, Roosevelt remained politically active. She urged the United States to join the newly created United Nations, and was one of the principal writers of the Universal Declaration of Human Rights.

• **Harriet Tubman (1822-1913)** was born a slave. She escaped to Pennsylvania, a free state in the North, but then she risked her own freedom by returning to the South many times to lead other slaves to freedom. Slave owners were furious and offered huge rewards for her capture. In June 1863, during the Civil War, Tubman became the first woman to lead an American military attack. Her nicknames "Moses" (because she led her people to freedom) and "General Tubman" were very famous. After the Civil War, Tubman worked for voting rights for African Americans and for women.

> **Help**
> ■ *a reward* une récompense

- In 2016, the US Treasury decided to put her face on the $20 bill, starting in the year 2020. Tubman will be both the first woman and the first person of colour on US paper money.

## B Men and Women who Use their Fame to Change the World

- **Bono (1960-).** Paul David Hewson, who is better known by his stage name, Bono, is extremely active in humanitarian work, particularly in favour of Africa. In 1984, Bono sang on the Band Aid song "Do They Know it's Christmas? / Feed the Word". The song raised £8 million (€12 million) to feed victims of famine in Ethiopia.

Since 1999, Bono has been campaigning for debt-relief for developing nations. He was one of the spokespersons for the 2000 Drop the Debt campaign. He uses his fame to access to influential people like presidents, Prime Ministers, and wealthy philantropists like Bill Gates.

Bono is also very involved with the fight against Aids. In 2002, he co-founded the organisation DATA (Debt, Aids, Trade, Africa) to help eradicate Aids and poverty in Africa. In 2006, he helped convince US President George Bush to donate $5 million in foreign aid to Africa. That same year, he launched Project RED, a clothing line that donates profits to those causes.

Bono has received many awards and honours for his work. In his acceptance speech for the 2007 Liberty Medal, he said, "When you are trapped by poverty, you are not free."

**Help**
- *to raise (money)* recueillir (des fonds)
- *to campaign* faire campagne (*a campaign* une campagne)
- *the debt-relief* l'allègement d'une dette
- *a spokesperson* un porte-parole
- *the fame* la gloire, la renommée
- *Aids* le sida
- *to launch* lancer
- *an award* un prix, une décoration

- **Lady Diana, Princess of Wales** (1961 – 1997) married Prince Charles, the son of Queen Elizabeth II, in 1981. When the pretty young princess got deeply involved in charity work, she became the most popular member of the Royal Family. Two of her nicknames were, the "People's Princess" and the "Queen of Hearts".

Lady Diana worked hard to protect children in need and to raise awareness about Aids, leprosy and other serious illnesses. In 1987, when many people were afraid to touch or even be in a room with a person with Aids, Diana was photographed shaking the hand of a woman with the disease. The Princess was also passionate about

**Help**
- *to raise awareness* alerter, sensibiliser l'opinion publique
- *an illness (a disease)* une maladie
- *to ban* interdire
- *a landmine* une mine antipersonnel

the need to ban landmines. The anti-landmine campaign she represented won the Nobel Peace Prize in 1997.

- The thousands of famous photographs of her – looking equally comfortable with Royals, ordinary people and people in very dramatic situations – made her an international icon. Her unexpected, tragic death in a car accident in Paris at age 36 made her a legend in her own time.

## 2 Everyday Heroes

Everyday heroes aren't famous, and they don't have any superpowers. But they do have many good qualities, like common sense, decency, concern for others and determination. They may be anonymous to the public, but they are heroes to the individuals they work to protect and serve every day.

**Help**
- *concern* l'intérêt (pour), la préoccupation (de)
- *a motto* une devise

### A Heroes at Work

- **New York Firefighters**. New York City Firefighters' motto is *New York's Bravest*. They protect the more than 8 million inhabitants of New York City. Their work is not always in the newspapers, but at the time of the terrorist attacks on the World Trade Center, on September 11, 2001, everyone saw how brave they really are. After the towers were attacked, more than 400 firefighters went into the damaged buildings to try to save people. 343 NYC firefighters lost their lives that day.

### B Heroes at Heart

- **Activists.** Activists can be heroes because they promote or prevent social, political or environmental change. Working as individuals or in organisations, they act as watchdogs. Some, like Amnesty International, which attracts international attention to people who are in prison for their ideas or beliefs, focus on governmental actions, while others work to convince individual citizens to change their behaviour.

**Help**
- *to promote* encourager, promouvoir
- *to prevent* gêner, entraver
- *a watchdog* litt. chien de garde, fig. donneur d'alerte, garde-fou

**Greenpeace**

Greenpeace is an international organization with members in 40 countries. Greenpeace activists alert governments and citizens to climate change, deforestation or over-fishing (pêche abusive). Nevertheless their methods are controversial, because their direct actions are sometimes destructive or dangerous. They have destroyed GMO crops (cultures génétiquement modifiées) in Australia in 2012 and in the USA in 2013. In 2014, they may have done some damage to the Nazca Lines, a United Nations World Heritage Site in Peru, while displaying a message that said, "Time for Change".

Their Detox Fashion Campaign challenged (demandait des explications) clothing brands to stop discharging toxic chemicals during the production process. The campaign helped raise consumer awareness about pollution in clothing production, and led consumer brands from Adidas to Zara to reduce or eliminate toxic pollution.

• **Charities.** Volunteers for charity organizations are also "hidden heroes" because they generally act in the shadows. Different charities work in different areas (health, housing, education and more). Most charities depend both on donors, who provide financial support (to buy medicine, food, building materials etc. and to pay to transport them to where they are needed), and volunteers, who work for free.

**Help**

- *a charity* une organisation caritative
- *housing* le logement
- *a donor* un/e donateur/trice
- *a shelter* un abri

**Shelter**

Shelter, the British housing and homelessness charity, helps millions of people who are homeless or in inadequate housing. Shelter's volunteers work 365 days a year, offering advice and helping homeless people find a place to sleep. They also try to alert the public and politicians to the root causes (les racines, les causes profondes) of the housing crisis and homelessness.

## 3 Fictional Heroes

A fictional hero is an imaginary character in a work of fiction; a book, comic book, play, film, TV show, series etc. A fictional superhero is a person with superpowers, like Superman.

## A Superheroes in Literature

- **Comic books.** Superhero comics first appeared in the USA in the 1930s. Their adventures were particularly popular during World War II and the Great Depression. The most famous superheroes were Superman, Batman, Captain America and Wonder Woman.
- People instinctively appreciate superheroes, because thanks to them, justice and right always triumph over evil. Superheroes, like Superman, always beat villains, like Lex Luthor. In addition, superheroes are stable and predictable. They don't age, and they never die (or not permanently).
- In the 1960s, Marvel Comics introduced new superheroes, like Spiderman, the Fantastic Four and Thor.
- Antiheroes, like Wolverine and Ghost Rider, began appearing in comics in the late 1980s. Their stories were darker and more complex. There's not always a clear distinction between the good guys and the bad guys.

**Help**
- *the comics* les bandes dessinées
- *evil* le mal *(the forces of evil)*
- *a villain* le méchant, dans une histoire
- *good guys/bad guys* les bons et les méchants

**Marvel Comics** created The Fantastic Four in the 1960s. They were very popular characters, because, instead of being ideal heroes, like Superman, they were more troubled, reflecting readers' state of mind. At that time, Americans worried about espionage and nuclear war.

- **Novels**. In novels, the hero or main character uses his or her powers and strengths to protect someone, or many people, from a villain. Heroes and villains often mirror each other in their powers, abilities or origins. The difference is that heroes use their powers to help others, while villains use them to become rich and powerful, or to hurt other people.

**Help**
- *a novel* un roman (faux-ami : nouvelle = *short story*)

***Harry Potter***, J. K. Rowling's fictional hero, is an archetypal classic hero. He is loyal, courageous, intelligent, selfless (altruiste) and athletic. But he is also emotionally fragile because he is an orphan (orphelin). That is why he needs the guidance of his headmaster, Albus Dumbledore, and other role models. His own fate (destin) is tied to the fate of his arch-enemy, the evil Lord Voldemort, who murdered Harry's parents when he was a baby.
Like many fictional superheroes, Harry Potter can fly, although he needs a broomstick (manche à balai). And he has a weapon, his wand (baguette magique), to cast spells (jeter des sorts) on evil wizards (sorciers malfaisants).

## B Superheroes in Films and Series

- Superheroes in films or series are often based on comic books, but the film versions often feature even more action, fantasy and science fiction.

- Gradually, more and more characters in film series are being created directly for the screen. The *Robocop* series and the *Incredibles* have been very successful, even though they are not based on comics. In the 1990s, big-budget feature films like *Star Wars* and *Superman*, with super-heroes or science-fiction themes proved to be commercial successes. Advances in special-effects technology helped make them more visually dramatic and realistic. A sense of insecurity in the future has created a demand for films whose noble heroes and happy endings are reassuring for movie-goers.

**Help**
- *to feature* présenter, mettre en avant
- *the screen* l'écran (une façon de dire le cinéma)
- *a feature film* un long métrage

- **James Bond** is a suave gentleman as well as an expert in multiple fields who manages to save the world from various villainous schemes. He uses tricky gadgets including very expensive cars. He has many secret identities. James Bond does not have any traditional superpowers. Although he cannot fly, he is an excellent strategist, like Sherlock Holmes, and possesses an analytical ability which enables him to deduce what people are trying to hide. His system of mnemonics enables him to store huge amounts of of information and several languages, such as English, French, Italian and German. Due to his military training, he can handle any type of weapon and is able to eliminate villains.

**Help**
- *suave* affable

**Did you know?**
The fictional character created by Ian Fleming in 1953 was originally based on Fleming's own adventures as a spy during World War II.

**KEY IDEAS**

- Myths are a reference for all of us. They help build a collective identity and a sense of cohesion in a group or a society. Myths allude to the human condition. They may be entirely imaginary or be based on real people or events.
- In mythology, a hero is a legendary character often of divine descent endowed with exceptional strength or special abilities. He or she can also be the central figure in a literary work. In real life, a hero is a man or a woman who is admired for his or her achievements and qualities, and who shows a lot of courage of selflessness.
- In this chapter, we have chosen to feature three kinds of heroes: people who change the world – either directly or by using their fame in other fields to bring progress, "everyday" heroes, and fictional heroes.

# Myth of the Self-Made Man

A self-made man is a person who was born poor but who achieves great success through hard work and ingenuity.

## 1. Origins

● **The myth of the self-made man is deeply rooted in the American Dream.** It was in direct contrast with the more rigid class structure in Europe. Social mobility was severely limited there, particularly in Britain, where the social class a person was born into determined the education and employment opportunities they would have.

● America, by contrast, was seen as **a land where hard work was the route to success.** A series of books by the 19th century author Horatio Alger told "rags to riches"[1] stories about poor boys who "pulled themselves up by their own bootstraps[2]". Alger's characters incarnated the myth that anyone could become rich in America if they worked hard. Although the myth was always an exaggeration, it was true that America has historically been a "land of opportunity" that attracts immigration because it is easier there for a poor person to become rich.

## 2. Some Self-Made Men

● **Walt Disney** (1901-1966) grew up on a farm in Missouri. In 1918, he worked for the Red Cross in France. Instead of normal camouflage, he covered his ambulance with images of Mickey Mouse and other cartoon characters! In 1923, in California, he founded Disney Studios, which became famous for animated cartoons like *Snow White* and *Bambi*, and theme parks, like Disneyland. Almost 100 years later, his company is still flourishing.

● **John D. Rockefeller** (1839-1937) got his first job as an accountant's assistant, at age 16. By age 20, he had started his first company. In 1870 he founded the Standard Oil Company, and became the richest person in the world. He became interested in philanthropy, donating a lot of money to schools, museums and more. His name is synonymous with wealth.[3]

● **Jesse Owens** (1913-1980) was the youngest of 10 children. His parents were poor farmers in Alabama, but they decided to move their family to the North, where there were more opportunities for black people. In high school, Jesse set a record for athletics. In 1936, he won four gold medals at the Berlin Olympics. His performance was a fantastic victory for racial equality, and a big disappointment for Hitler, who wanted the Olympics to be a showcase[4] for Aryan (white German) superiority.

● **Bill and Hillary Clinton** (1946- ; 1947- ). Bill Clinton had a difficult childhood – his father died when he was a baby, and his stepfather was violent. But he was a very good student, and after law school,[5] he

1. *rag* haillon → de la misère à la richesse – 2. *to pull one self up by one's own straps* Litt : se hisser en tirant sur ses propres languettes de chaussure → s'aider soi-même – 3. *wealth* la richesse – 4. *a showcase* une vitrine – 5. *law school* la faculté de droit – 6. *Secretary of State* ministre des Affaires étrangères

became Governor of Arkansas and then President of the USA. His wife, Hillary Rodham Clinton, also went to law school. She has been First Lady of the USA, a Senator from the state of New York, and Secretary of State[6] of the USA. In 2016, she hopes to become the first female president of the USA.

## 3. Myth and Reality

- Most successful people acknowledge that no one is entirely "self-made". From Bill Gates to athletes and artists, successful people always have someone in their lives who helped them get to where they are.
- Movies and TV shows promote the idea that anyone can make it to the top if they work hard enough. Politicians also help keep the myth alive. In his 2012 campaign, for example, President Obama tweeted "You can make it here in America if you try." Yet even in America, hard work alone is not enough. It is still more difficult for a person from a poor family than from a middle-class one to become rich.
- Part of the current problem is that rent prices have increased much faster than wages in the past 30 years. The minimum wage in America is very low. So the "working poor" may work long hours and still not be able to escape poverty.
- Nevertheless, even though income inequality has increased, and it is becoming harder to become a self-made person, people around the world still have faith in America as a "land of opportunity", which attracts more immigrants than any other country in the world.

## Real-Life Superheroes

- **Real-life superheroes (RLSH)** are people (mostly in America, where superhero comic books were invented) who are so enthusiastic about fictional superheroes that they try to be superheroes in real life. They wear costumes and go out by day or by night to help people.

– **Mr Xtreme** has been a volunteer crime-fighter for more than 10 years. He wears body armor and strange goggles (lunettes de protection) with big eyes painted on them. Alone or with other RLSH friends, he patrols dangerous neighborhoods at night to help reduce gang violence.

– **Nyx** dresses in black and red and goes out at night to help the homeless. Nyx says she learned to help others from her mother, and encourages more women to become RLSH.

Nyx and Lazaros.

– **Thanatos, the Dark Avenger** wears a death mask and a dark cape (*Thanatos* means "death" in Greek). He distributes plastic tents and food to homeless people, trying to protect them from true death.

# Biographies

## William SHAKESPEARE (1564-1616)

The most famous writer in the English language, William Shakespeare, was born in Stratford upon Avon. As a young man, he went to London, where he became a successful actor, poet and playwright (dramaturge). He is most famous for his tragedies, like *Hamlet*, *Macbeth* and *Romeo and Juliet*, in which the heroes start out rich and/or powerful, but their fatal flaws (défauts) lead to death and destruction. He also wrote historical plays about the Kings of England (*Henry IV* and *V*, *Richard II* and *III*), and comedies, like *All's Well that Ends Well* and *Midsummers Night Dream*. The comedies have happy endings in which everyone gets married and lives happily ever after.

## Joanne (J. K.) ROWLING (1965-)

Joanne K. Rowling is the author of the famous Harry Potter series. The books have sold more than 400 million copies, and the films and theme parks are very successful too. When Rowling started writing the books, she was divorced, had lost her job, and had very little money. Now she is the richest author in the world, and the twelfth richest person in the UK. Her books are signed J. K. Rowlings, because the publisher thought that boys wouldn't want to read a book written by a woman.

## Charlie CHAPLIN (1889-1977)

This British actor and filmmaker's first feature film (long-métrage) was *The Kid*, in 1921. His 1940 film, *The Dictator*, satirized Hitler, attacked fascism, and ended with a long speech about the evils of capitalism. During the McCarthy era (see p. 188), Chaplin was blacklisted as a Communist, so he was unable to work in Hollywood. After he refused to testify in front of McCarthy's investigative committee, his situation became even more difficult, so he returned to England. In 1975, he was awarded a knighthood (titre de chevalerie) by Queen Elizabeth II.

## Ray KROC (1902-1984)

Although this American businessman did not create the first McDonald's restaurant (it was opened by two brothers, Richard and Maurice McDonald), he is the one who turned it into the global hamburger empire we know today. He imposed standardization, guaranteeing that the hamburgers, French fries, etc. served in every McDonald's restaurant would taste exactly the same. During World War II, Kroc trained to become an ambulance driver with Walt Disney. So the fathers of Mickey Mouse and the Big Mac were friends before their creations became international icons of America!

# Books and films

## One book

**_Sherlock Holmes,_ Conan DOYLE**

Sherlock Holmes is a fictional hero created by Sir Arthur Conan Doyle. Homes appeared in four novels and 56 short stories. He works as a detective and is helped by his friend, physician (doctor) John Watson. Holmes is an eccentric hero. He likes baffling **(déconcerter)** the police and has tremendous confidence in his own intellectual abilities. He enjoys preparing traps to capture culprits **(coupables)**. He has an acute sense of observation of small clues **(indices)**. In a way, Conan Doyle helped forensic science **(la science medico-légale)** by showing that crime scenes were full of clues but were often contaminated.

## Three films

**_The Mentalist,_ American TV series**

This American series ran from 2008 to 2015 in the USA. Patrick Jane (the actor Simon Baker), the hero of the series, is a consultant for the California Bureau of Investigation. He developed his incredible powers of observation and deduction when he was a fake psychic **(medium)**. Patrick Jane's real goal is to help the police capture Red John, the villain who murdered his wife and daughter. Jane feels guilty **(coupable)** about not having been able to protect them.

**_Hamlet,_ SHAKESPEARE**

This tragedy is the most famous play in the English language. The story is set in a castle in Denmark. Hamlet is the son of the king. But when his father dies, Hamlet's uncle, Claudius, marries his mother and becomes King. The ghost of Hamlet's father tells him that he was murdered by Claudius. Hamlet becomes obsessed with avenging his father. His obsession makes him go insane **(fou)** and by the end, all the important characters (Hamlet, his fiancée, his mother, Claudius, and others) are dead.

**_The Queen,_ directed by Stephen FREARS**

The Queen is a 2006 historical film about the British Royal Family after Diana's death. It starred Helen Mirren in the role of Queen Elizabeth II. Millions of people around the world were shocked and saddened by Diana's death, but the Queen did not seem very affected by it. After the Prime Minister called Diana "the People's Princess," the Queen decided to go on television and describe Diana as an exceptional human being.

# *Myths and Heroes* / Mythes et héros

## 1 *Heroism* / L'héroïsme

| | | |
|---|---|---|
| *a hero / a heroine* | un héros / une héroïne | |
| *an icon* | une idole, une icône | |
| *a role model* | un modèle | |
| *a superman* | un surhomme | *superhuman* surhumain |
| *reputation* | la réputation, la renommée | |
| *merit* | le mérite | |
| *feat* | un exploit, une prouesse | |
| *achievement* | un exploit, une réussite | |
| *a personality trait* | un trait de caractère | *a character* un personnage |
| *a conqueror* | un conquérant | |
| *a vocation, a mission* | une vocation, une mission | |
| *ability* | la capacité | |
| *exceptional* | exceptionnel | |
| *well-known* | connu | |
| *famous* | célèbre | |
| *successfully* | avec succès | |
| *to praise* | louer, faire l'éloge | syn : *to rave over* |
| *to admire* | admirer | |
| *to contribute to* | contribuer à quelque chose | syn : *to have a part in* |
| *to pretend to be* | se faire passer pour | |
| *to support* | soutenir | |

## 2 *War* / La guerre

| | | |
|---|---|---|
| *a full-scale operation* | une opération d'envergure | *a full scale offensive* une offensive de grande envergure |
| *a resistance fighter, a partisan* | un résistant | *a resistance movement* un mouvement de résistance |
| *a rout* | la déroute | *to rout* mettre en déroute |
| *a warring country* | un pays en guerre | |
| *to fight a battle* | livrer une bataille | *hand-to-hand battle* une bataille au corps à corps |
| *to counterattack* | contre-attaquer | *a counterattack* une contre-attaque |

| | | |
|---|---|---|
| *a shoot-out* | une fusillade | |
| *a sniper* | un sniper | |
| *a suicide bomber* | un kamikaze | |
| *to ambush* | tendre une embuscade | *to lie in ambush* se tenir en embuscade |
| *to launch a strike* | déclencher une attaque | |
| *to raise an army* | lever une armée | |
| *the allies* | les alliés | *to ally oneself to* s'allier à<br>*to stand by one's allies* se tenir aux côtés de ses alliés |
| *to declare war on* | déclarer la guerre à | *war breaks out* la guerre éclate |
| *to take up arms* | prendre les armes | |
| *to make war on* | faire la guerre à | syn : *to wage war* |
| *to be at war with* | être en guerre contre | |
| *to be engulfed by war* | sombrer dans la guerre | |
| *to beat back attackers* | repousser les attaquants | *to repel an invasion* repousser une invasion |
| *to defeat an army* | vaincre une armée | *to suffer a defeat* subir une défaite |
| *to vanquish* | vaincre | *to win the war* gagner la guerre |
| *to rescue* | sauver quelqu'un | |
| *to confront* | affronter, confronter | *the problems which confront us* les problèmes auxquels nous sommes confrontés |
| *to overcome (an obstacle)* | surmonter (un obstacle) | |
| *to win a battle* | emporter, gagner une bataille | |
| *to surrender* | se rendre | |
| *to capitulate* | capituler | |
| *to prevail over* | l'emporter sur | |

## 3 *Ethics, morals* / la morale

| | | |
|---|---|---|
| *evil* | le mal (au sens moral) | j'ai mal au bras : *my arm hurts* |
| *good* | le bien | |
| *wisdom* | la sagesse | *wisdom teeth* les dents de sagesse |
| *virtue* | la vertu | |
| *courage, bravery* | le courage | |
| *a moral stance* | une position morale | |
| *a tenet* | un principe, une doctrine | |
| *a lapse of judgement* | un écart de jugement | |

| | | |
|---|---|---|
| *an error of judgement* | une erreur de jugement | |
| *a misdemeanour* | un écart de conduite | |
| *a misdemeanour* | un délit mineur, une mauvaise conduite | |
| *professional misconduct* | une faute professionnelle | |
| *misrule* | une mauvaise administration | |
| *a misdeed* | un méfait | |
| *unethical conduct* | une conduite immorale | |
| *a code of conduct* | un code de conduite | |
| *to get involved with* | s'impliquer dans | |
| *to condemn* | condamner (moralement), désapprouver | condamner (juridiquement) *to convict*<br>il a été condamné à une peine de 10 ans *he got a 10-year sentence* |
| *to stand up for (a principle)* | défendre (un principe) | |
| *to stick to one's principles* | rester fidèle à ses principes | |
| *to admonish* | réprimander | |
| *to speak out on behalf of* | parler au nom de | |
| *to crusade against injustice* | faire croisade contre l'injustice | *to preach justice* prêcher la justice |
| *to attack corruption head on* | s'attaquer de front à la corruption | |
| *to be above the law* | être au-dessus des lois | |
| *to circumvent the law* | contourner la loi | |
| *to clean up* | purifier, mettre de l'ordre | syn : *to cleanse* |

## 4 *The oppressed* / Les opprimés

| | | |
|---|---|---|
| *discrimination* | la discrimination | |
| *positive discrimination* | la discrimination positive | US : *affirmative action* |
| *feminism* | le féminisme, la lutte pour l'égalité hommes-femmes | |
| *sexism, racism* | le sexisme, le racisme | |
| *emancipation* | l'émancipation | *to emancipate* affranchir (des esclaves) |
| *a patriarchal society* | une société patriarcale | |
| *a visible minority* | une minorité visible | |
| *a person of colour* | une personne de couleur | |
| *demeaning work* | un travail avilissant | |

| | | |
|---|---|---|
| *the glass ceiling* | **le plafond de verre** | |
| *meritocracy* | **la méritocratie** | |
| *empowerment* | **le droit de cité** | |
| *self-realization* | **l'accomplissement de soi** | |
| *self-fulfillment* | **l'épanouissement personnel** | |
| *equal pay for equal work* | **un salaire égal pour un travail égal** | *salary disparities* **les inégalités de salaire** |
| *underprivileged* | **défavorisé** | *an underprivileged neighborhood* **un quartier défavorisé**<br>*council flats (UK), (housing) projects (US)* **une cité HLM** |
| *to free somebody from* | **libérer quelqu'un de** | ← syn : *to liberate somebody from* |
| *to awaken somebody to* | **sensibiliser quelqu'un à** | |
| *to battle bias* | **lutter contre les préjugés** | |
| *to earn the respect of* | **gagner le respect de** | |
| *to be judged on merit* | **être jugé sur le mérite** | |
| *to progress, to make progress* | **progresser, avancer** | *to work one's way up* **partir du bas de l'échelle** |
| *to strike out on one's own* | **se lancer seul** | |

# Écrire un dialogue à partir d'un texte

## EXEMPLE

**The Hotel de la Plage**

Spring came early to the island of Jersey in 1939, and the sun that poured through the dining-room window of the Hotel de la Plage formed a dazzling halo around the man sitting opposite Betty Farmer with his back to the sea, laughing as he tucked into the six-shilling Sunday Roast Special "with all the trimmings": Betty, eighteen, a farm girl newly escaped from the Shropshire countryside, knew this man was quite unlike any she had met before.

Beyond that, her knowledge of Eddy Chapman was somewhat limited. She knew that he was twenty-four years old, tall and handsome, with a thin moustache – just like Errol Flynn in *The Charge of the Light Brigade* – and deep hazel eyes. His voice was strong but high-pitched with a hint of a north-eastern accent. He was "bubbly", full of laughter and mischief. She knew he must be rich because "in the film business" and drove a Bentley. He wore expensive suits, a gold ring and a cashmere overcoat. They had met at a club in Kensington Church Street, and although at first she had declined his invitation to dance, she soon relented. Eddy had become her first lover, but then he vanished, saying he had urgent business in Scotland. "I shall go", he told her. "But I shall always come back."

Good as his word, Eddy had suddenly reappeared at the door of her lodgings, grinning and breathless. "How would you like to go to Jersey, then possibly to the South of France?" he asked. Betty had rushed off to pack. […]

That evening they had checked into the seafront hotel. Eddie told the receptionist they were in Jersey to make a film. They had signed the register as Mr and Mrs Farmer of Torquay. After dinner they danced, played roulette, and drank some more.

War was coming, everyone said so, but the dining-room of the Hotel de la Plage was a place of pure peace that sunny Sunday. Eddy was half-way through telling another funny story when he froze. A group of men in overcoats and brown hats had entered the restaurant and now was in urgent conversation with the head waiter. Before Betty could speak, Eddy stood up, bent down to kiss her once, and then jumped through the window, which was closed. There was a storm of broken glass, tumbling crockery, screaming women and shouting waiters: Betty Farmer caught a last glimpse of Eddy Chapman sprinting off down the beach with two overcoated men in pursuit.

Ben Macintyre, *Agent Zigzag*, 2007.

### Expression

After the war, Eddy shows up unannounced at Betty's door. Write the conversation.

## ÉTAPE 1. AVANT DE COMMENCER À ÉCRIRE

→ Il faut tout d'abord **bien cerner les personnages** du texte ainsi que les liens entre eux. Il faut chercher à établir leur profil psychologique, de manière à **choisir le niveau de langue** approprié aux personnages. Un jeune adolescent de banlieue ne parlera pas de la même manière qu'une vielle dame bourgeoise, par exemple…

→ Vous pouvez repérer à quels **champs sémantiques** faire appel.

**Que nous dit le texte ?**

- Dans le texte, Eddy et Betty ont été en couple. Il est « pétillant, rieur et espiègle » (*"bubbly, full of laughter and mischief"*). Le niveau de langue est familier ou courant.
- Ils vont l'un et l'autre exprimer des sentiments. Il vous faudra donc utiliser des outils exprimant la colère, la tristesse, la joie ou le bonheur.

## ÉTAPE 2. RESPECTER LA TYPOGRAPHIE ANGLAISE

→ Rédiger un dialogue en anglais nécessite de respecter la typographie propre à la langue anglaise, qui n'est pas la même qu'en français :
– Il n'y a pas de tiret pour introduire les phrases du dialogue, mais les propos des personnages apparaissent entre guillemets, dits guillemets à l'anglaise ("…"), qui sont différents des guillemets à la française (« … »).
– Il n'y a pas d'inversion du sujet et du verbe introducteur. Exemple :

> - Je vous pardonne, dit-elle gravement.
> *"I forgive you," she said solemnly.*

## ÉTAPE 3. UTILISER DES OUTILS POUR ENRICHIR VOTRE DIALOGUE

→ Le lecteur doit avoir l'impression d'entendre vos personnages échanger entre eux. Il faut donc :
– utiliser des **verbes qui introduisent leurs propos**,
– utiliser des **adverbes pour exprimer leurs sentiments**,
– **adapter leurs propos au langage du corps,** et
– utiliser des **tournures orales.**

*Les mots surlignés sont utilisés dans la proposition de corrigé (Étape 4).*

**1. Quelques verbes introducteurs**

– *to agree* être d'accord
– *to ask* demander
– *to complain* se plaindre
– *to mumble* marmonner
– *to murmur* murmurer
– *to mutter* bafouiller

- *to confess* avouer, reconnaître
- *to declare* déclarer
- *to deplore* déplorer
- *to disagree* ne pas être d'accord
- *to disapprove* désapprouver
- *to enquire* s'informer
- *to falter* bafouiller, bredouiller
- *to grizzle* pleurnicher, chouiner
- *to groan* gémir, se plaindre
- *to grumble* grommeler
- *to implore* implorer, supplier
- *to insist* insister
- *to lament* se lamenter
- *to mention* mentionner
- *to object* désapprouver
- *to offer* proposer
- *to promise* promettre
- *to reply* répliquer, répondre
- *to say to someone / to tell someone* dire
- *to scream / to shout / to yell* crier, hurler
- *to sob* sangloter
- *to suggest* suggérer, proposer
- *to threaten* menacer
- *to venture* se hasarder à dire
- *to weep* pleurer
- *to whimper* geindre
- *to whine* pleurnicher
- *to whisper* chuchoter

**2. Les adverbes de sentiments.** Ils enrichissent l'emploi de *say* et des verbes introducteurs mentionnés plus hauts.

- *angrily, crossly* avec colère, avec agaçement
- *anxiously* avec inquiétude
- *bitterly* amèrement
- *blissfully* d'un air heureux
- *cheekily* avec impertinence
- *cheerfully* gaiement
- *desperately* avec désespoir, éperdument
- *doubtfully* avec hésitation
- *dryly* sèchement
- *furiously* furieusement
- *gleefully* joyeusement
- *haughtily* avec dédain
- *impatiently* impatiemment
- *kindly* gentiment
- *loudly* d'une voix forte
- *lovingly* tendrement, affectueusement
- *mischievously* avec espièglerie
- *proudly* fièrement
- *quietly* calmement
- *reluctantly* à contre-coeur
- *rudely* de façon malpolie
- *sadly* tristement
- *scornfully* avec mépris
- *shyly* timidement
- *slyly* malicieusement
- *sweetly* tendrement, gentiment
- *tactfully* avec tact
- *uneasily* avec gêne
- *wistfully* avec nostalgie, regret

**3. Pour adapter les propos au langage du corps**

- *to blink* cligner de l'œil
- *to burst into laughter* éclater de rire
- *to choke/sputter with laughter/anger* éclater de rire / s'étrangler de rire / de colère
- *to clench one's fists* serrer les poings
- *to grin (ear to ear)* sourire de toutes ses dents
- *to frown* froncer les sourcils
- *to gape* être bouche bée
- *to gaze at* regarder émerveillé/e
- *to giggle* glousser, rire sottement
- *to laugh* rire
- *to nod* hocher la tête
- *to roll one's eyes* lever les yeux au ciel
- *to smile* sourire

– *to snigger* ricaner
– *to stare at* regarder fixement
– *to throw up one's hands* lever les bras au ciel
– *to turn one's back on* tourner le dos à
– *to wince* grimacer
– *to wink* faire un clin d'œil

## 4. Pour rendre une langue orale

***Gap fillers***
– *You see…*
– *You know…*
– *Well, hum…*
– *Actually…*

***Formes contractées***
– *I'm exhausted.*

***Question tags*** (→ Fiche 24)
– *You don't want to join, do you?*
– *You like it cold, don't you?*

***Similitude / différence***
– *"I've been wanting a cup of tea." "So have I."*
– *"I couldn't live without a robot." "Neither could I."*
– *"He loves science fiction." "I don't."*
– *"She has never read Asimov." "I have."*

***Reprises à sens affirmatif***
– *I suppose so*
– *I think so*
– *I'm afraid so*
– *I hope so*
– *So do I*
– *So have I*

***Reprises à sens négatif***
– *I suppose not*
– *I don't think so*
– *I'm afraid not*
– *I hope not*

***Réponses elliptiques*** (→ Fiche 24)
– *"Who can help me (to) find a book?" "I can."*
– *"Who has used my laptop?" "Sam (has)."*
– *"Who doesn't like science fiction?" "I don't."*
– *"Who can't stand tea?" "Sam (can't)."*

***Reprises avec surprise***
– *"She reads lots of science fiction books." "Does she?"*
– *"I can't use my tablet." "Can't you?"*

***Phrases exclamatives***
– *"What a strange story!"*
– *"Gattaca's such an interesting movie!"*

## ÉTAPE 4. RÉDIGER LE DIALOGUE

→ Il est essentiel d'**introduire votre dialogue**. Il s'agit de donner un contexte, de présenter brièvement le lieu, le moment de la scène et les personnages principaux.

→ Rédiger un dialogue a plusieurs objectifs :
– **informer** le lecteur des faits et gestes des personnages,
– **exprimer leurs sentiments** ou opinions,
– **mettre en valeur les relations entre les personnages**, qu'il s'agisse de relations qui les unissent ou de conflits qui les opposent.

**Proposition de corrigé**

*Betty hadn't seen Eddy for more than eight years and her life had been quiet since she had got through a period of mourning.*

*One day, as Betty was cooking in her kitchen, somebody knocked at the door. Betty was stunned when she saw Eddy, standing on her doorstep, smiling. She hadn't seen him for so long that she had almost forgotten what he looked like. But when she finally saw him, she recognized him immediately. Of course he had changed a little. His face was wrinkled, and his hair was starting to turn grey. Nevertheless he was as handsome as before!*

*"Hi Sweetheart, I'd promised you I'd always be back and here I am!," he announced gleefully.*

*"How dare you come back now after all this time? I gave up on ever seeing you again years ago, and now you just…" she sputtered with anger.*

*"My Betty, do let me in. I have so many things to tell you." He implored sweetly.*

*"Oh, alright, come on in, then," she said reluctantly.*

*Watching him come in, Betty was thrilled and angry at the same time. There were so many questions she had never got the chance to ask.*

*"I missed you so much you know. I spent ages weeping over you," she complained.*

*"I do apologize for my silence. I couldn't get in touch with you because that would have put you in danger. At that time, I was working for the Secret Services, but my cover was poor and it was easily blown by the enemy."*

*"So that's why you disappeared like that in Jersey, isn't it?", she asked wistfully.*

*"I'm afraid so. Unfortunately I got caught and I was jailed for several months. They tortured me and I lost my memory," he confessed, quietly,*

*Betty was gaping at Eddy, suddenly able to imagine a future in which they would live together happily.*

*"Last year I found a photo of the two of us, and I suddenly remembered your name. And, well… I started looking for you immediately. And here I am. You'll forgive me, won't you? Because I still love you so deeply that I can't imagine living without you," he mumbled desperately.*

*"Oh Eddy, I've been waiting for this moment for such a long time," Betty said, grinning from ear to ear.*

*"So have I", Eddy replied.*

*" I love you too. But promise me you'll never leave me again," she said gazing at him lovingly.*

*"Sweetie, I promise I'll stay by your side forever," he declared blissfully.*

Sujet de bac LV1 SÉRIE L, ES, S

# Mythes et héros



## Text A Royal Visit

"One has never seen you here before, Mr . . ."

"Hutchings, Your Majesty. Every Wednesday, ma'am."

"Really? I never knew that. Have you come far?"

"Only from Westminster, ma'am."

"And you are . . .?"

"Norman, ma'am. Seakins."

"And where do you work?"

"In the kitchen, ma'am."

"Oh. Do you have much time for reading?"

"Not really, ma'am."

"I'm the same. Though now that one is here I suppose one ought to borrow a book."

Mr Hutchings smiled helpfully.

"Is there anything you would recommend?"

"What does Your Majesty like?" The Queen hesitated, because to tell the truth she wasn't sure. She'd never taken much interest in reading. She read, of course, as one did, but liking books was something she left to other people. It was a hobby and it was in the nature of her job that she didn't have hobbies. Jogging, growing roses, chess or rock-climbing, cake decoration, model aeroplanes. No. Hobbies involved preferences and preferences had to be avoided; preferences excluded people. One had no preferences. Her job was to take an interest, not to be interested herself. And besides, reading wasn't doing. She was a doer. So she gazed round the book-lined van and played for time.

"Is one allowed to borrow a book? One doesn't have a ticket?"

"No problem," said Mr Hutchings.

"One is a pensioner," said the Queen, not that she was sure that made any difference.

"Ma'am can borrow up to six books."

"Six? Heavens!"

Meanwhile the ginger-haired young man had made his choice and given his book to the librarian to stamp. Still playing for time, the Queen picked it up.

"What have you chosen, Mr Seakins?" expecting it to be, well, she wasn't sure what she expected, but it wasn't what it was.

"Oh. Cecil Beaton. Did you know him?"

"No, ma'am."

"No, of course not. You'd be too young. He always used to be round here, snapping away. And a bit of a tartar.

Stand here, stand there. Snap, snap. So there's a book about him now?"

"Several, ma'am."

"Really? I suppose everyone gets written about sooner or later."

She riffled through[1] it. "There's probably a picture of me in it somewhere. Oh, yes. That one. Of course, he wasn't just a photographer. He designed, too. *Oklahoma*, things like that."

"I think it was *My Fair Lady*, ma'am."

"Oh, was it?" said the Queen, unused to being contradicted.

"Where did you say you worked?" She put the book back in the boy's big red hands.

"In the kitchens, ma'am."

She had still not solved her problem, knowing that if she left without a book it would seem to Mr Hutchings that the library was somehow lacking. Then on a shelf of rather worn-looking[2] volumes she saw a name she remembered. "Ivy Compton-Burnett! I can read that." She took the book out and gave it to Mr Hutchings to stamp.

"What a treat![3]" She hugged it unconvincingly before opening it. "Oh. The last time it was taken out was in 1989."

"She's not a popular author, ma'am."

"Why, I wonder, I made her a dame."

Mr Hutchings refrained from saying that this wasn't necessarily the road to the public's heart.

The Queen looked at the photograph on the back of the jacket. "Yes. I remember that hair, a roll like a pie-crust that went right round her head."

She smiled and Mr Hutchings knew that the visit was over. "Goodbye."

He inclined his head as they had told him at the library to do should this eventuality ever arise, and the Queen went off in the direction of the garden with the dogs madly barking[4] again, while Norman, bearing his Cecil Beaton, skirted[5] a chef lounging by the bins having a cigarette and went back to the kitchens.

Alan Bennett, *The Uncommon Reader,* 2007.

1. *to riffle through* feuilleter rapidement
2. *worn-looking* usés (*worn* = participe passé de *to wear*, porter, mais aussi user)
3. *What a treat !* quelle aubaine !
4. *to bark* aboyer
5. *to skirt* contourner

## EXPRESSION

Hutchings comes back home. He tells his wife about what happened on that day and how he felt. Imagine their conversation.

**Sujet de bac LV1** SÉRIE L, ES, S

## Comment valoriser votre copie

**Bien présenter**

Le sujet est un dialogue entre Hutchings et sa femme. C'est un sujet d'invention qui se place chronologiquement après les événements relatés dans le texte.

Pensez à écrire à la manière de l'auteur :
– les verbes doivent être conjugués au prétérit (temps du récit)
– pas de tirets, mais des guillemets lorsque vos personnages parlent.

**Bien définir**

Dans le texte, Hutchings semble un personnage respectueux et poli. Il ne faut pas lui retirer ces qualités. Par contre, vous avez toute liberté pour sa femme. Cela vous permettra de mobiliser vos connaissances lexicales.
Dans le contexte, on peut imaginer que, comme de nombreux Britanniques, elle éprouve une profonde admiration pour la Reine.

## EXPRESSION

Once back home, Hutchings was still bemused[1]. He had known that eventuality could arise, but had not really believed it. He rushed toward the kitchen to tell his wife the whole story.
"Hello sweetheart, you're home at last!" she exclaimed.
"You won't believe your ears. The Queen visited my library today!" he boasted.
"You mean, our Queen?" she explained.
His wife knew that the library was in the palace but the monarch had never set foot there.
"Oh, please tell me everything about her. What was she like?" She kindly asked.
"I was so impressed. As soon as I recognized her, I blushed but I managed to answer her questions with composure and respect. She was as well-dressed as usual, and her bearing[2] was sophisticated. Did you know that she wants to be called 'ma'am'?"
"No, I didn't. Aren't you supposed to use 'Your Majesty' to speak to her?" she asked smiling.
"Elsewhere yes, but at the Palace, she prefers 'ma'am'. The Queen is very mindful[3] of correct etiquette when she speaks to her personnel."

**Gagnez des points !**

Variez les verbes introducteurs, n'oubliez pas d'ajouter des adverbes et des exclamatives.
Votre lecteur doit voir la scène et entendre les personnages parler !

1. *bemused* perplexe – 2. *a bearing* une posture, une allure – 3. *to be mindful of* être attentif à

"Does she often borrow books from the library?"
"No, I don't think so. It was the first time I had seen her there. Besides she didn't know she could borrow up to six books," he answered.
"I have heard that she reads the press every day. Every morning she is given the newspaper when she wakes up. I can understand that she is so busy that she can't read books. Political matters as well as the well-being of her subjects are her priority. When she relaxes, she takes her dogs out or she grows her roses," she retorted.
"I know you're a true Royalist. And I must admit you're right. She leads the country with strength and courage. That's why I was so proud to see her in the library. Do you know that she talked to Seakins?"
"Are you kidding? The ginger-haired boy?" she asked, gaping at her husband.
"Yes, the boy who works in the kitchens. He introduced himself, and they talked about his reading."
"What an approachable monarch! I wish I had been there to meet her!" she declared.
"I suppose you would have bowed[1] to Her Majesty."
"Oh yes! Maybe I will someday..."

1. *You would have bowed* tu aurais fait la révérence

# Cahier Spécial Oral

- **Description de l'épreuve orale de langue**
  - Séries ES, S, technologiques
  - Série L
- **La compréhension orale (séries ES, S, technologiques)**
  - Les modalités officielles
  - Conseils pour réussir l'épreuve
  - S'entraîner
  - Sujet 1
  - Sujet 2
  - Sujet 3
  - Sujet 4
- **L'expression orale**
  - Les modalités officielles
    - Séries ES, S, technologiques
    - Série L
  - Conseils pour réussir l'épreuve
- **Scripts des sujets de compréhension**

# DESCRIPTION DE L'ÉPREUVE

## 1 Séries S, ES, technologiques

■ L'épreuve orale de langue pour les séries S, ES et séries technologiques se déroule en deux étapes :
– premier temps : la **compréhension orale**, **à partir du mois de février** de l'année de Terminale ;
– deuxième temps : l'**expression orale**, **à partir du mois de février**. L'épreuve consiste à présenter une notion choisie par l'examinateur (10 minutes).

■ Chaque étape donne lieu à une évaluation qui entre pour un quart dans la note finale de l'épreuve de langue (écrit + oral).

## 2 Série L

**L'épreuve de langue obligatoire**

■ L'épreuve de langue obligatoire, en L, se déroule **en fin d'année de Terminale** et est une épreuve d'**expression orale**. À partir de textes présentés à l'examinateur, l'épreuve se compose de :
– une prise de parole en continu pour présenter la notion et les documents (10 minutes) ;
– une conversation, conduite par l'examinateur (10 minutes).

■ La note d'expression orale compte pour moitié dans la note finale de l'épreuve de langue (écrit + oral).

**L'épreuve de langue vivante approfondie (non traitée dans cet ouvrage)**
Durée : 30 minutes (préparation 10 minutes ; oral 20 minutes)
Vous choisissez deux notions étudiées dans l'année, et pour lesquelles vous avez constitué un dossier (deux documents étudiés en classe et deux documents de votre choix). L'examinateur choisit l'une de ces notions.
L'épreuve se compose de :
- une prise de parole en continu pour présenter votre dossier et justifier votre choix (10 minutes) ;
- une conversation conduite par l'examinateur (10 minutes).

# COMPRÉHENSION ORALE
## Séries ES, S, séries technologiques

## 1 Les modalités officielles

### Une épreuve en continu

■ L'épreuve est organisée **pendant le deuxième semestre** et sur le temps scolaire et vous la présentez **dans votre lycée**. L'épreuve est corrigée par vos professeurs (dans la mesure du possible, selon la taille du lycée, il est fait en sorte que les professeurs ne corrigent pas leurs propres élèves). Elle est conçue afin de tester la capacité de compréhension du candidat à l'oral.

### Des documents nouveaux

■ L'épreuve s'appuie sur des documents enregistrés qui n'ont pas été étudiés en classe mais dont les thèmes sont liés aux quatre notions du programme. Le candidat retrouve donc un vocabulaire connu. La longueur de l'enregistrement ne dépasse pas **une minute trente**. Lors de l'épreuve, vous écoutez **trois fois** l'enregistrement. Entre chaque écoute, vous avez une minute de pause.

### Le niveau attendu

■ La difficulté du document sonore correspond au niveau attendu en classe de Terminale. Le niveau attendu en LV1 est B2 et celui attendu en LV2 est B1. On évalue le niveau de compréhension selon une fiche d'évaluation et de notation (B.O. 43 du 24 novembre 2011), définie selon les indications du CECRL (Cadre Européen Commun de Référence pour les langues).

| | |
|---|---|
| **A1** | Le candidat a relevé des mots et des expressions. Seules les phrases les plus simples ont été comprises. La compréhension du document est insuffisante. |
| **A2** | Certaines informations ont été comprises, cependant des nuances ou des précisions n'ont pas été relevées. La compréhension du document reste lacunaire ou partielle. |
| **B1** | Les informations essentielles ont été comprises et relevées. La compréhension est satisfaisante. |
| **B2** | Les informations essentielles du document ainsi que les détails significatifs ont été compris et relevés. Le candidat a également indiqué l'attitude du locuteur (ton, point de vue, etc.). C'est une compréhension fine. |

### Un compte-rendu écrit en français (10 minutes)

■ Après les trois écoutes, vous avez **dix minutes** pour rendre compte **par écrit et en français** de ce que vous avez compris. La longueur de votre compte-rendu peut varier selon le document sonore, mais il doit toujours être clair et **construit**.

## 2 Conseils pour réussir l'épreuve

### Anticiper le thème

■ Tout d'abord, avant la première écoute, **on vous indiquera le titre du document, la notion et le nom des personnages**. Il va vous permettre **d'anticiper le thème de l'enregistrement** et vous préparer à son écoute. On comprend d'autant mieux un message oral que l'on a une idée de sa teneur.

### Première écoute, vous repérez

■ Il s'agit d'une compréhension globale. Vous allez repérer du vocabulaire.
– **Repérez en priorité les verbes et leurs sujets** : la phrase se structure autour du verbe. Il est donc essentiel de les repérer, soyez attentif aux modes et aux temps employés, déterminez leur sujet.
– **Commencez à repérer les connecteurs logiques** (*first and foremost, consequently, however*…).

■ Vous pouvez préparer au brouillon un **tableau** de ce type, que vous remplirez au fur et à mesure des trois écoutes :

| | | | |
|---|---|---|---|
| **Qui ?** | | | |
| **Quand?** | | | |
| **Où ?** | | | |
| **Quoi ?** | | | |
| **Pourquoi ?** | | | |

■ Pendant la pause d'une minute, rajoutez tout ce que vous avez compris, dont vous vous souvenez, mais que vous n'avez pas eu le temps d'écrire. Notez également tout ce qui peut aider au compte-rendu du document : type de document, nombre de personnes qui interviennent, ton employé, accent…

### Deuxième écoute, vous précisez

– **Soyez attentif aux adjectifs, aux adverbes, aux compléments circonstanciels** qui permettent de préciser le sens des phrases.
– **Précisez les liens entre les différentes informations.** Soyez attentifs à tous les mots qui marquent des rapports de temps (*before, after, while, as soon as*…), des rapports logiques (*that's the reason why, unless, providing*…).

■ La pause d'une minute vous permet d'établir un nouveau bilan des informations obtenues, que vous pouvez commencer à organiser à l'aide d'une **carte mentale** (voir application dans les quatre sujets qui suivent).

## Troisième écoute, vous vérifiez

■ Cette dernière écoute doit vous permettre de vérifier les informations que vous avez notées : les formes verbales, les indications de temps, les adverbes, les connecteurs logiques, et de rajouter quelques précisions. C'est ce qui vous permettra d'élaborer un compte-rendu aussi complet, et surtout précis, que possible.

## Un compte-rendu en français (10 minutes)

■ **Le compte-rendu est rédigé en français** et vous avez **dix minutes** pour l'élaborer. Il ne s'agit pas de traduire tout ce que vous avez entendu, mais de **construire**, avec les éléments que vous avez compris, **un texte qui rende compte au maximum des idées, des informations et de la cohérence interne du document sonore écouté.** Vous pouvez donc être amené à restituer les informations dans un ordre différent de celui du document sonore. Pour ce faire, mettez en évidence les enchaînements logiques.

## Comment vous évaluer ?

■ Selon votre niveau de compréhension de l'extrait audio, vous vous classez à ce niveau :

| | |
|---|---|
| **A2** | Type de document<br>Lieu et période<br>Nombre de personnages<br>Sexes, noms, fonctions<br>Problématique du document<br>Lien avec la notion |
| **B1**<br>**LV2** | Restitution des informations<br>Utilisation de connecteurs logiques (chronologie, opposition, cause, conséquence)<br>Données chiffrées éventuelles et exemples à relier aux idées développées<br>*Pour ce niveau B1 (LV2), il ne faut pas obligatoirement chercher à restituer toutes les informations du document !* |
| **B2**<br>**LV1** | Présentation des informations implicites que vous avez pu déduire lors des trois écoutes :<br>– Ressenti d'un ou des personnages : colère, joie, regret, rancœur…<br>– Réaction attendue par l'un des personnages<br>– Commentaire sur l'attitude de l'un des personnages<br>*Pour l'épreuve du compte-rendu, il ne faut pas donner votre avis sur le sujet !* |

## 3 S'entraîner

**Écoutez, écoutez, et écoutez encore…**

■ N'hésitez à écouter le plus souvent possible parler anglais. Regardez les films en VO (sous-titrée en anglais, pas en français), écoutez des chansons, écoutez les informations ou regardez des documentaires ou des séries à la télévision (www.tvdirect.live.com). Ce sont autant de moyens pour se familiariser avec les accents, les sons et le rythme d'une langue.

**Comme si vous y étiez…**

■ Pour vous entraîner plus spécifiquement à l'épreuve de compréhension orale, nous vous proposons ici d'écouter quatre enregistrements sur les différents thèmes du programme.

■ Dans le corrigé, nous vous proposons un exemple de la démarche à suivre, un modèle pour le résumé et une fiche de correction construite à partir des niveaux définis par le CECRL. Vous trouverez également aux pages 265 à 268 le script des enregistrements.

# Sujet 1

## 1 Document oral: *Disastrous situation in Somalia*

Écoutez ce document audio sur le site abcbac.com (1'40)
*Vous trouverez le script de cet extrait audio en p. 265.*

**Notion :** Places and Forms of power
**Noms propres :** Sylvia Lorne, Tom Silver, Al Shabab

## 2 Corrigé

### 1. APPLICATION DE LA MÉTHODE

#### Le titre et le thème

Le titre « Situation catastrophique en Somalie » nous indique qu'il s'agit d'un bilan de la situation économique ou sociale de la Somalie. Les noms propres nous mettent sur la piste d'un document journalistique. Il s'agit donc d'un reportage. Comme la notion est Lieux et Formes du pouvoir, on peut en déduire qu'un lien sera fait avec le conflit qui a frappé la Somalie.

#### 1re écoute

– Repérez les mots sur lesquels les locuteurs s'arrêtent, les mots qui se répètent, les verbes et les articulations logiques les plus évidentes.
– Construisez votre tableau :

| | |
|---|---|
| **Qui ?** | L'ONU |
| **Quand ?** | 2010 – 2012 |
| **Où ?** | Somalie |
| **Quoi ?** | Reportage du 6 juin – famine – nombre de victimes – conflit |
| **Pourquoi ?** | Rapport alarmant – des chiffres plus élevés |

Pendant la minute de pause, notez que deux personnes parlent. Il s'agit en premier de Sylvia Lorne, puis un homme prend la parole, Tom Silver. On peut en déduire qu'elle est journaliste et qu'il est envoyé spécial en Somalie.

Complétez ce que vous pouvez. On peut ajouter que c'est un bilan effectué par l'ONU et qu'il y a plus de morts que l'on ne pensait.

Notez qu'il y a beaucoup de chiffres et qu'il vous faudra les prendre en note pendant la 2e écoute.

## 2e écoute

Vous allez préciser le sens du document : noter des adverbes, des compléments et des chiffres…

| | |
|---|---|
| L'ONU | Rapport de l'ONU faisant le bilan de la famine. |
| 2010 – 2012 | Comparaison avec 1992. |
| Somalie | |
| Famine – nombre de victimes – conflit | 250 000 morts dont la moitié d'enfants.<br>Communauté internationale.<br>Aide des ONG occidentales.<br>Refus d'Al Shabab.<br>Famine de 1992. |
| Rapport alarmant – des chiffres plus élevés | Chiffres précédents faisaient état de 50 000 à 100 000. |

Pendant la minute de pause, vous allez pouvoir établir une première carte mentale pour tisser des liens entre les informations.

## 3e écoute

Vous allez vérifier le bilan que vous avez fait à la fin de la deuxième écoute et rajouter quelques précisions.

| | |
|---|---|
| Rapport de l'ONU faisant le bilan de la famine. | Chiffres dévoilés pour la 1re fois. |
| Comparaison avec 1992. | 220 000 morts en 1992. |
| Somalie | Sécheresse en Somalie. |
| 250 000 morts dont la moitié d'enfants.<br>Communauté internationale.<br>Conflit.<br>Aide des ONG occidentales.<br>Refus d'Al Shabab.<br>Famine de 1992. | Enfants de moins de 5 ans.<br>Lenteur de réaction.<br><br><br>Pas d'intervention dans les zones contrôlées par Al Shabab. |
| Rapport alarmant.<br>Chiffres précédents faisaient état de 50 000 à 100 000. | |

Cela vous permet de compléter votre carte mentale :

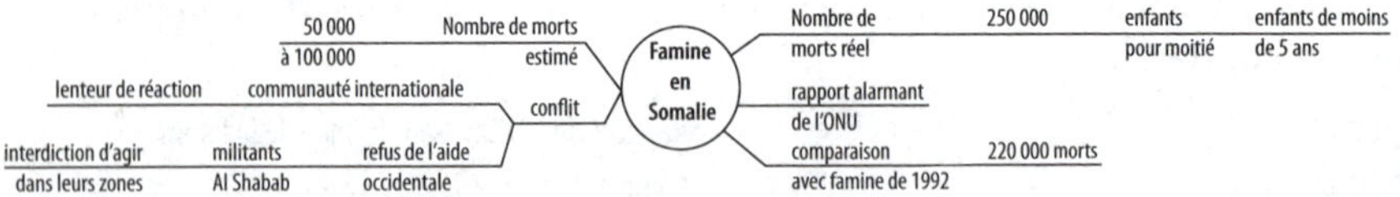


## 2. PROPOSITION DE CORRIGÉS

| | |
|---|---|
| **B1** **LV2** | Il s'agit d'un reportage du 6 juin sur la famine en Somalie entre 2010 et 2012.<br>La journaliste est Sylvia Lorne et elle donne la parole à un envoyé spécial, Tom Silver.<br>Le nombre de morts a été sous-estimé.<br>Il y a eu 250 000 morts alors qu'avait été estimé 50 000 à 100 000 morts.<br>La moitié sont des enfants de moins de 5 ans.<br>La communauté internationale a été lente à réagir.<br>Des signes précurseurs n'ont pas été compris.<br>La famine de 1992 avait fait 220 000 morts. |
| **B2** **LV1** | Le rapport publie ces chiffres pour la 1re fois.<br>La cause de la famine est la sécheresse.<br>Al Shabab a interdit aux ONG occidentales d'apporter une aide.<br>Le conflit a aggravé la famine.<br>La famine a fait plus de morts que celle de 1992. |

### Compte-rendu LV2

A2 — Le document audio est un reportage du 6 juin sur la famine en Somalie entre 2010 et 2012. La journaliste Sylvia Lorne dresse un premier bilan. Elle annonce qu'un rapport de l'ONU fait état d'un nombre de morts plus élevé que celui qui avait été estimé.

B1 — En effet, il y a eu 250 000 morts alors que le gouvernement avait annoncé 50 000 à 100 000 morts. Les enfants comptent pour la moitié des victimes. Elle donne ensuite la parole à Tom Silver, envoyé spécial en Somalie. Il ajoute que la communauté internationale a été lente à réagir alors que des signes précurseurs auraient dû les alerter en 2010. Une précédente famine avait eu lieu en 1992 et elle avait fait 220 000 morts.

## Compte-rendu LV1

**A2** Le document audio est un reportage du 6 juin sur la famine en Somalie entre 2010 et 2012. La journaliste Sylvia Lorne dresse un premier bilan. Elle annonce qu'un rapport de l'ONU fait état d'un nombre de morts plus élevé que celui qui avait été estimé.

**B1** En effet, il y a eu 250 000 morts alors que le gouvernement avait annoncé 50 000 à 100 000 morts. Les enfants comptent pour la moitié des victimes. Elle donne ensuite la parole à Tom Silver, envoyé spécial en Somalie. Il ajoute que la communauté internationale a été lente à réagir alors que des signes précurseurs auraient dû les alerter en 2010. Une précédente famine avait eu lieu en 1992 et elle avait fait 220 000 morts.

**B2** Le constat est d'autant plus alarmant que ces chiffres sont publiés pour la 1re fois. Il apparaît que la sécheresse est la cause de la famine mais le conflit l'a aggravée. Les ONG occidentales ont proposé une aide mais elle a été rejetée par les militants d'Al Shabab qui contrôlent certaines zones. En conclusion, le reportage invite les auditeurs à prendre conscience de la situation catastrophique dans laquelle se trouve la Somalie.

# Sujet 2

## 1 Document oral : *Cyber Monday*

Écoutez ce document audio sur le **site abcbac.com** (1'40)
*Vous trouverez le script de cet extrait audio en p. 266.*

**Notion :** Spaces and Exchanges
**Noms propres :** comScore Networks

## 2 Corrigé

### 1. APPLICATION DE LA MÉTHODE

#### Le titre et le thème

Le titre nous indique qu'un jour de la semaine, le lundi, est un jour où l'utilisation de l'outil informatique est importante. On peut en déduire que les individus doivent davantage se connecter à internet cette journée. Le titre étant au singulier, il s'agit donc d'un lundi en particulier.
La notion est Espaces et Échanges, ce qui signifie probablement que l'on va parler d'achats sur internet.

#### 1re écoute

– Repérez les mots sur lesquels les locuteurs s'arrêtent, les mots qui se répètent, les verbes et les articulations logiques les plus évidentes.
– Construisez votre tableau :

| | |
|---|---|
| **Qui ?** | Les Américains |
| **Quand ?** | Vendredi noir et cyber lundi – 2005 – 2004 – Thanksgiving |
| **Où ?** | États-Unis – internet |
| **Quoi ?** | Le nombre d'achats sur internet est très important le lundi qui suit Thanksgiving |
| **Pourquoi ?** | Les gens achètent en ligne |

Pendant la minute de pause, notez qu'une seule personne parle. On fait référence à une société, comScore Networks, qui donne des statistiques. Il est important ici d'utiliser ses connaissances culturelles, à savoir que le Black Friday, le lendemain de Thanksgiving, est le 1er jour des soldes.

## ■ 2e écoute

Vous allez préciser le sens du document : noter des adverbes, des compléments et des chiffres…

| | |
|---|---|
| Les Américains | |
| Vendredi noir et cyber lundi – 2005 – 2004 – Thanksgiving | Hiver<br>Lundi 30 novembre 2005 |
| États-Unis – internet | Achats en ligne<br>EBay – Amazon – Wal-mart stores |
| Le nombre d'achats sur internet est très important le lundi qui suit Thanksgiving | Évolution du comportement des acheteurs.<br>485 million de dollars d'achats en ligne le lundi. |
| Les gens achètent en ligne | Les connections internet sont plus rapides au bureau qu'à la maison. |

Pendant la minute de pause, vous allez pouvoir établir une première carte mentale pour tisser des liens entre les informations.

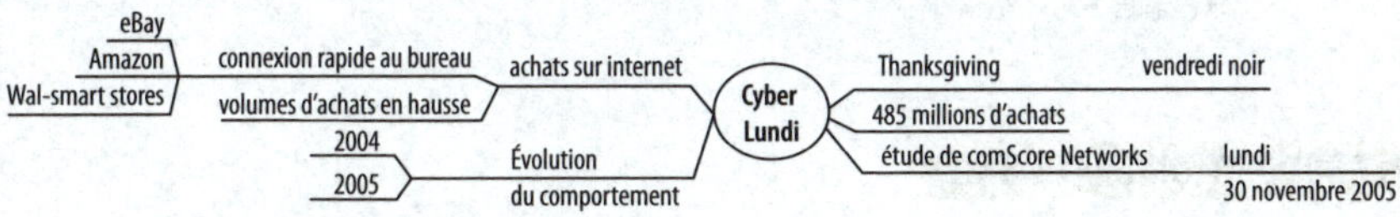


## ■ 3e écoute

Vous allez vérifier le bilan que vous avez fait à la fin de la deuxième écoute et rajouter quelques précisions.

| | |
|---|---|
| Les Américains | |
| Vendredi noir et cyber lundi – 2005 – 2004 – Thanksgiving<br>Hiver<br>Lundi 30 novembre 2005 | Vendredi noir = début de la saison des achats des cadeaux |
| États-Unis – internet<br>Achats en ligne<br>EBay – Amazon – Wal-mart stores | 3 sites favoris des Américains<br>EBay = site d'achats et ventes entre particuliers |
| Le nombre d'achats sur internet est très important le lundi qui suit Thanksgiving.<br>Évolution du comportement des acheteurs<br>485 millions de dollars d'achats en ligne le lundi | Les acheteurs allaient dans les magasins le week-end après Thanksgiving.<br>900 millions de dollars d'achats en ligne entre vendredi et dimanche.<br>26 % de plus qu'en 2004 |

| | |
|---|---|
| Les gens achètent en ligne.<br>Les connections internet sont plus rapides au bureau qu'à la maison. | 12 millions de visiteurs sur le site d'eBay le lundi 30 novembre 2005.<br>Les achats correspondent à 2/3 de l'activité économique américaine.<br>1/4 des achats a lieu pendant la période des vacances. |

Cela vous permet de compléter votre carte mentale :

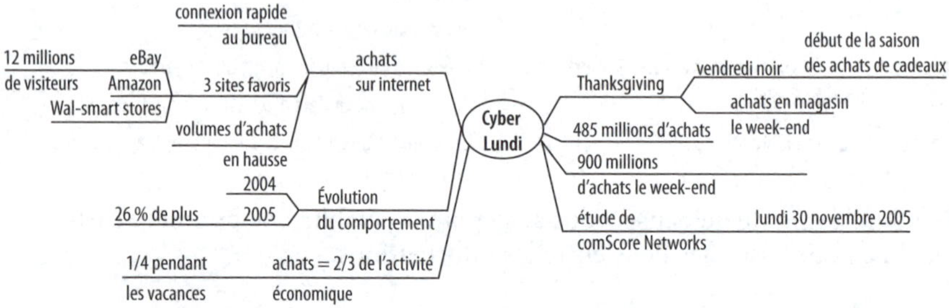


## 2. PROPOSITION DE CORRIGÉS

| | |
|---|---|
| **B1**<br>**LV2** | Il s'agit d'un reportage sur l'évolution des comportements d'achats.<br>Les Américains démarrent leurs achats de cadeaux après Thanksgiving.<br>Aux États-Unis, ils achètent traditionnellement le vendredi qui suit Thanksgiving. On parle de Vendredi Noir.<br>Le nombre d'achats en ligne le lundi est en augmentation. On parle du cyber lundi.<br>Les Américains achètent en ligne le lundi.<br>Les connections internet sont plus rapides au bureau.<br>En 2005, le volume d'achats en ligne a atteint 485 millions de dollars.<br>Les Américains achètent sur 3 sites principaux : eBay, Amazon et Wal-mart stores.<br>eBay est un site d'achats et ventes entre particuliers.<br>eBay a enregistré 12 millions de visiteurs. |
| **B2**<br>**LV1** | Les Américains allaient davantage dans les magasins avant.<br>Le volume total des achats atteint 900 millions de dollars entre le vendredi et le dimanche.<br>Les achats comptent pour 2/3 de l'activité économique américaine.<br>Cela correspond à ¼ pour la période des vacances. |

## Compte-rendu LV2

A2 Le document audio est un reportage sur l'évolution des comportements d'achats aux États-Unis. Le journaliste explique qu'une nouvelle appellation est apparue : le cyber lundi. En effet, après Thanksgiving, les Américains démarrent leurs achats de cadeaux et ils le font de plus en plus en ligne le lundi qui suit le week-end de Thanksgiving.

B1 Traditionnellement, les Américains font leurs achats à partir du vendredi qui suit Thanksgiving. C'est le vendredi noir. Aujourd'hui, avec l'augmentation des achats en ligne, ils attendent le lundi car les connections internet sont plus rapides au bureau. C'est pourquoi, en 2005, le volume d'achats en ligne a atteint 485 millions de dollars. Les achats se font sur 3 sites principaux, eBay, Amazon et Wal-mart stores. EBay, qui est un site d'achats et de ventes entre particuliers, a enregistré 12 millions de visiteurs.

## Compte-rendu LV1

A2 Le document audio est un reportage sur l'évolution des comportements d'achats aux États-Unis. Le journaliste explique qu'une nouvelle appellation est apparue : le cyber lundi. En effet, après Thanksgiving, les Américains démarrent leurs achats de cadeaux et ils le font de plus en plus en ligne le lundi qui suit le week-end de Thanksgiving.

B1 Traditionnellement, les Américains font leurs achats à partir du vendredi qui suit Thanksgiving. C'est le vendredi noir. Aujourd'hui, avec l'augmentation des achats en ligne, ils attendent le lundi car les connections internet sont plus rapides au bureau. C'est pourquoi, en 2005, le volume d'achats en ligne a atteint 485 millions de dollars. Les achats se font sur 3 sites principaux, eBay, Amazon et Wal-mart stores. EBay, qui est un site d'achats et de ventes entre particuliers, a enregistré 12 millions de visiteurs.

B2 En conclusion, le journaliste insiste sur le fait que les comportements d'achats évoluent. Auparavant, les Américains allaient dans les magasins pendant le week-end qui suivait Thanksgiving. Aujourd'hui, la vente en ligne est en augmentation et cela doit être pris au sérieux puisque le volume des achats était de 900 millions de dollars en 2005, soit une augmentation de 26 % par rapport à 2004. Or, les achats de biens constituent 2/3 de l'activité économique américaine et ¼ de ces transactions sont effectuées pendant les périodes de vacances.

# Sujet 3

## 1 Document oral : *The Genius of Steve Jobs*

Écoutez ce document audio sur le site abcbac.com (2'0)
*Vous trouverez le script de cet extrait audio en p. 267.*

**Notion : The Idea of progress**
**Noms propres : Steve Jobs, Steve Wozniak, Walter Isaacson**

## 2 Corrigé

### 1. APPLICATION DE LA MÉTHODE

#### Le titre et le thème

Le titre nous indique que l'on va parler de Steve Jobs et de son génie. Votre culture générale vous permet de dire que le document va retracer la carrière de Steve Jobs, des idées novatrices qu'il a eues pour sa compagnie, Apple, du fait que la notion est L'idée de progrès.

#### 1re écoute

Repérez les mots sur lesquels les locuteurs s'arrêtent, les mots qui se répètent, les verbes et les articulations logiques les plus évidentes.

| | |
|---|---|
| **Qui ?** | Steve Jobs, Steve Wozniak, Walter Isaacson, Bob Dylan |
| **Quand ?** | Vie de Steve Jobs |
| **Où ?** | USA |
| **Quoi ?** | Création d'Apple, sa passion pour Bob Dylan |
| **Pourquoi ?** | Steve Jobs était quelqu'un d'excessif |

Pendant la minute de pause, vous notez que Steve Wozniak était un collègue de travail et que Walter Isaacson était biographe.

#### 2e écoute

Vous allez préciser le sens du document : noter des noms, des compléments…

| | |
|---|---|
| Steve Jobs, Steve Wozniak, Walter Isaacson, Bob Dylan | Steve Jobs = cerveau, homme d'affaires<br>Steve Wozniak = geek<br>Walter Isaacson a rencontré Steve Jobs 40 fois. |

| | |
|---|---|
| Vie de Steve Jobs | Il était déjà ami avec Steve Wozniak 5 ou 7 ans avant la création d'Apple.<br>Ils aimaient tous les deux Bob Dylan. |
| USA | Concerts de Bob Dylan<br>Lieux à explorer<br>Inde |
| Création d'Apple, sa passion pour Bob Dylan | Prêt à faire des kilomètres pour une photo de Bob Dylan.<br>Aimait parler de philosophie et de contre-culture.<br>Convaincu que science et technologie étaient le futur. |
| Steve Jobs était quelqu'un d'excessif. | Deux facettes à sa personnalité :<br>– un artiste en marge de la société,<br>– un homme d'affaires redoutable et un ingénieur. |

Pendant la minute de pause, vous allez pouvoir établir une première carte mentale pour tisser des liens entre les informations :

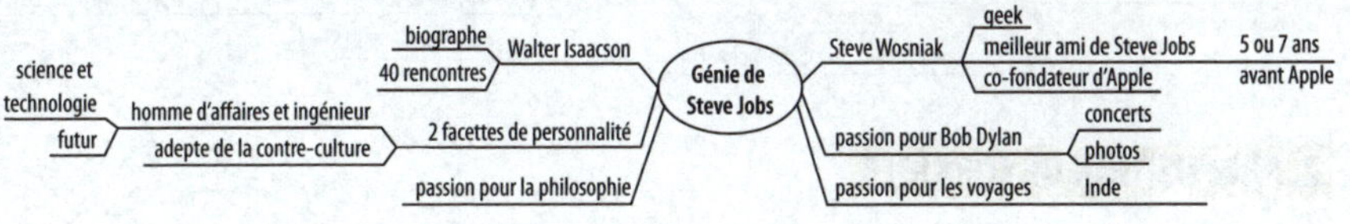


## 3^e^ écoute

Vous allez vérifier le bilan que vous avez fait à la fin de la deuxième écoute et rajouter quelques précisions.

| | | |
|---|---|---|
| Steve Jobs, Steve Wozniak, Walter Isaacson, Bob Dylan | Steve Jobs = cerveau, homme d'affaires<br>Steve Wozniak = geek<br>Walter Isaacson a rencontré Steve Jobs 40 fois. | Steve Wozniak, designer d'Apple |
| Vie de Steve Jobs | Il était déjà ami avec Steve Wozniak 5 ou 7 ans avant la création d'Apple.<br>Ils aimaient tous les deux Bob Dylan. | Bob Dylan était plus qu'une simple passion pour lui. |
| USA | Concerts de Bob Dylan<br>Lieux à explorer<br>Inde | A exploré l'Inde pieds nus pendant plusieurs mois.<br>A quitté l'université avant d'avoir son diplôme. |

| | | |
|---|---|---|
| Création d'Apple, sa passion pour Bob Dylan | Prêt à faire des kilomètres pour une photo de Bob Dylan.<br>Aimait parler de philosophie et de contre-culture.<br>Convaincu que science et technologie étaient le futur. | Était en quête d'éveil spirituel. |
| Steve Jobs était quelqu'un d'excessif. | Deux facettes à sa personnalité :<br>– un artiste en marge de la société,<br>– un homme d'affaires redoutable et un ingénieur. | Il aimait se considérer comme un rebelle. |

Cela vous permet de compléter votre carte mentale :

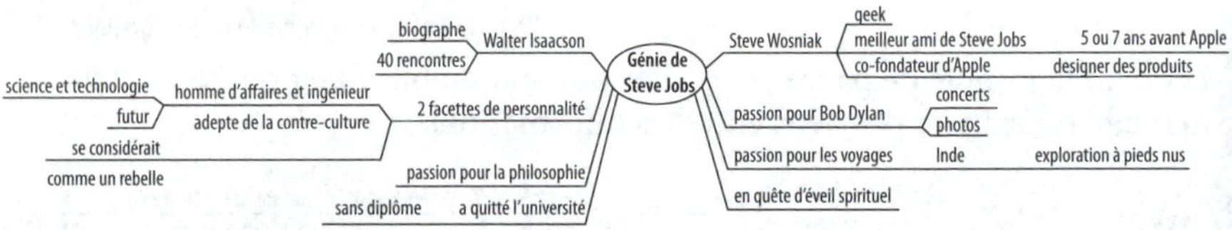


## 2. PROPOSITION DE CORRIGÉS

| | |
|---|---|
| **B1**<br>**LV2** | – Steve Jobs = cerveau, homme d'affaires<br>– Steve Wozniak = geek<br>– Walter Isaacson a rencontré Steve Jobs 40 fois.<br>– Il était déjà ami avec Steve Wozniak 5 ou 7 ans avant la création d'Apple.<br>– Ils aimaient tous les deux Bob Dylan.<br>– Aimait parler de philosophie et de contre-culture.<br>– Convaincu que science et technologie étaient le futur.<br>– Deux facettes à sa personnalité :<br>- un artiste en marge de la société,<br>- un homme d'affaires redoutable et un ingénieur. |
| **B2**<br>**LV1** | – Bob Dylan était plus qu'une simple passion pour Steve Jobs.<br>– A exploré l'Inde pieds nus pendant plusieurs mois.<br>– A quitté l'université avant d'avoir son diplôme.<br>– Prêt à faire des kilomètres pour une photo de Bob Dylan.<br>– Était en quête d'éveil spirituel.<br>– Il aimait se considérer comme un rebelle.<br>– Steve Wozniak, designer d'Apple |

## Compte rendu LV2

A2 Le document audio est un reportage sur le génie de Steve Jobs. Apple, ce n'est pas un Steve, mais deux. Steve Jobs, c'était le cerveau de la société. Il avait les idées, et pour lui science et technologie étaient le futur.

B1 Deux personnes sont invitées à parler de lui. En premier lieu, il s'agit de Steve Wozniak. C'était le meilleur ami de Steve Jobs. Ils se connaissaient déjà depuis 5 ou 7 ans avant de créer ensemble la société Apple. Ils partageaient des passions communes comme la musique de Bob Dylan ou la philosophie. En second lieu, la parole est donnée à Walter Isaacson, biographe qui, pour retracer la vie de Steve Jobs, l'a rencontré 40 fois. Pour lui, le constat est identique. Bob Dylan et la contre-culture avaient une place importante dans la vie de Steve Jobs.
Steve Jobs était quelqu'un d'excessif. Il avait deux facettes à sa personnalité. Il était, d'une part, un artiste en marge de la société et d'autre part, un homme d'affaires redoutable et un ingénieur.

## Compte rendu LV1

A2 Le document audio est un reportage sur le génie de Steve Jobs. Apple, ce n'est pas un Steve mais deux. Steve Jobs, c'était le cerveau de la société. Il avait les idées et pour lui science et technologie étaient le futur.

B1 Deux personnes sont invitées à parler de lui. En premier lieu, il s'agit de Steve Wozniak. C'était le meilleur ami de Steve Jobs. Ils se connaissaient déjà depuis 5 ou 7 ans avant de créer ensemble la société Apple. Ils partageaient des passions communes comme la musique de Bob Dylan ou la philosophie. En second lieu, la parole est donnée à Walter Isaacson, biographe qui, pour retracer la vie de Steve Jobs, l'a rencontré 40 fois. Pour lui, le constat est identique. Bob Dylan et la contre-culture avaient une place importante dans la vie de Steve Jobs.
Steve Jobs était quelqu'un d'excessif. Il avait deux facettes à sa personnalité. Il était, d'une part, un artiste en marge de la société et d'autre part, un homme d'affaires redoutable et un ingénieur.

B2 Steve Jobs, l'ingénieur visionnaire imaginait les produits et c'est son meilleur ami qui les concevait. Cette passion commune pour la musique de Bob Dylan leur a permis d'évoluer dans le monde. Faire des kilomètres pour une photo de Bob Dylan était l'occasion de parler de l'évolution de la société. Steve Jobs était un esprit rebelle qui avait quitté l'université pour arpenter pieds nus l'Inde pendant plusieurs mois. En conclusion, le reportage montre une image différente de l'homme d'affaires redoutable que nous connaissons. On y découvre un homme en quête d'éveil spirituel.

# Sujet 4

## 1 Document oral : *Death of Neil Armstrong*

Écoutez ce document audio sur le site abcbac.com **(2'10)**
*Vous trouverez le script de cet extrait audio en p. 268.*

**Notion :** Myths and Heroes
**Noms propres :** Andrew Chaikin

## 2 Corrigé

### 1. APPLICATION DE LA MÉTHODE

#### Le titre et le thème

Le titre nous indique que le document va annoncer la mort de Neil Armstrong et donc, probablement, retracer son exploit puisque la notion est Mythes et héros. Votre culture générale vous permet d'en déduire que l'on va parler de son premier pas sur la lune.

#### 1re écoute

Repérez les mots ou les idées qui se répètent, ceux sur lesquels les locuteurs s'arrêtent.

| | |
|---|---|
| **Qui ?** | Neil Armstrong, Andrew Chaikin, des auditeurs |
| **Quand ?** | 25 août 2012, jour de la mort de Neil Armstrong |
| **Où ?** | Vermont |
| **Quoi ?** | Andrew Chaikin parle de Neil Armstrong |
| **Pourquoi ?** | Neil Armstrong a accompli un exploit : il a été le 1er homme à marcher sur la lune.<br>Il a prononcé une phrase mémorable : "Un petit pas pour l'homme, un grand pas pour l'humanité". |

Pendant la minute de pause, notez qu'Andrew Chaikin est interviewé à la radio pour parler de son ami, Neil Armstrong.
Soulignez les articulations logiques, les mots qui se répètent : *however, that's why, achievement, quote, besides, thus…*

## 2e écoute

Vous allez préciser le sens du document en complétant les informations notées.

| | |
|---|---|
| Neil Armstrong, Andrew Chaikin, des auditeurs | Andrew Chaikin est interviewé à la radio.<br>Andrew Chaikin était journaliste.<br>Neil Armstrong a donné peu d'interviews. |
| 25 août 2012, jour de la mort de Neil Armstrong | 1988<br>À l'âge de 82 ans |
| Vermont | Andrew Chaikin habite le Vermont. |
| Andrew Chaikin parle de Neil Armstrong | Il explique l'origine de la phrase de Neil Armstrong sur la lune.<br>Elle ne résume pas son exploit. |
| Neil Armstrong a accompli un exploit : il a été le 1er homme à marcher sur la lune.<br>Il a prononcé une phrase mémorable : "Un petit pas pour l'homme, un grand pas pour l'humanité". | Andrew Chaikin a écrit un livre intitulé *A man on the moon: voyages of the Apollo astronauts.* |

Pendant la minute de pause, vous allez pouvoir établir une première carte mentale pour tisser des liens entre les informations.

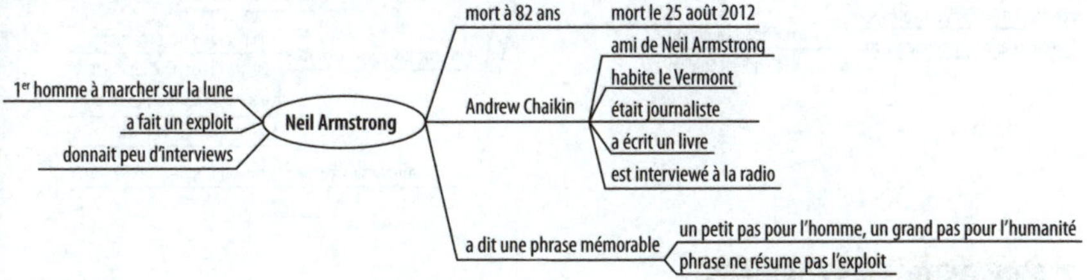


## 3e écoute

Vous vérifiez le bilan que vous avez fait et rajoutez quelques précisions.

| | | |
|---|---|---|
| Neil Armstrong, Andrew Chaikin, des auditeurs | Andrew Chaikin est interviewé à la radio.<br>Andrew Chaikin était journaliste.<br>Neil Armstrong a donné peu d'interviews. | Andrew Chaikin était journaliste scientifique.<br>Neil Armstrong, l'un des 12 Américains qui ont marché sur la lune entre 1969 et 1972. |
| 25 août 2012, jour de la mort de Neil Armstrong | 1988<br>À l'âge de 82 ans | Mort des complications d'une intervention cardiaque.<br>1988 = 1re rencontre entre Andrew Chaikin et Neil Armstrong. |

Cahier Spécial Oral

| | | |
|---|---|---|
| Vermont | Andrew Chaikin habite le Vermont. | |
| Andrew Chaikin parle de Neil Armstrong. | Il explique l'origine de la phrase de Neil Armstrong sur la lune.<br>Elle ne résume pas son exploit. | Andrew Chaikin se souvient de la conversation qu'ils ont eue à propos de la citation.<br>Tout le monde la lui répétait tout le temps et focalisait sur son $1^{er}$ pas sur la lune. |
| Neil Armstrong a accompli un exploit : il a été le $1^{er}$ homme à marcher sur la lune.<br>Il a prononcé une phrase mémorable : "Un petit pas pour l'homme, un grand pas pour l'humanité". | Andrew Chaikin a écrit un livre intitulé *A man on the moon: voyages of the Apollo astronauts.* | Andrew Chaikin a voulu connaître l'émotion que Neil Armstrong a ressentie.<br>Personne n'était intéressé par ce qu'il avait ressenti.<br>Il n'en a pas parlé. |

Cela vous permet de compléter votre carte mentale :

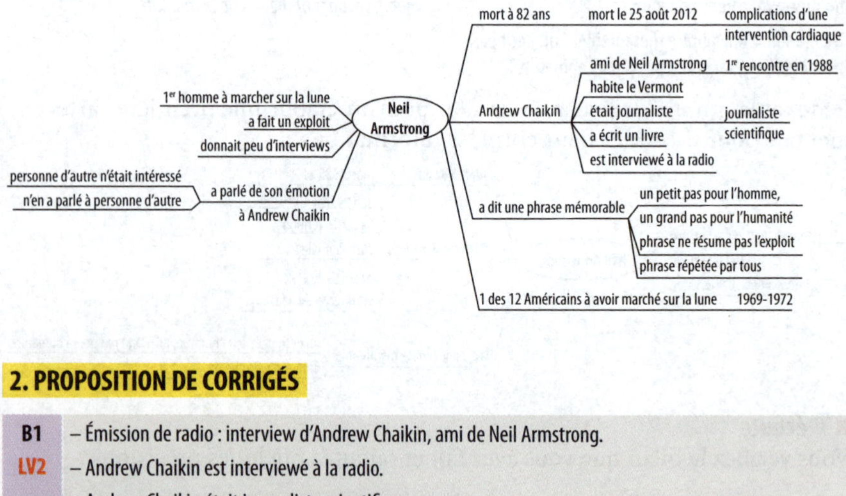


## 2. PROPOSITION DE CORRIGÉS

**B1**
**LV2**

- Émission de radio : interview d'Andrew Chaikin, ami de Neil Armstrong.
- Andrew Chaikin est interviewé à la radio.
- Andrew Chaikin était journaliste scientifique .
- Neil Armstrong a donné peu d'interviews.
- 25 août 2012, jour de la mort de Neil Armstrong (à l'âge de 82 ans).
- Andrew Chaikin habite le Vermont.
- Il explique l'origine de la phrase de Neil Armstrong sur la lune.
- Elle ne résume pas son exploit.
- Andrew Chaikin a écrit un livre intitulé *A man on the moon: voyages of the Apollo astronauts*.

**B2**
**LV1**

- Neil Armstrong, l'un des 12 Américains qui ont marché sur la lune entre 1969 et 1972.
- Mort des complications d'une intervention cardiaque.
- 1988 = 1re rencontre entre Andrew Chaikin et Neil Armstrong.
- Andrew Chaikin se souvient de la conversation qu'ils ont eue à propos de la citation.
- Tout le monde la lui répétait tout le temps et focalisait sur son 1er pas sur la lune.
- Andrew Chaikin a voulu connaître l'émotion que Neil Armstrong a ressentie.
- Personne n'était intéressé par ce qu'il avait ressenti.
- Il n'en a pas parlé.

## Compte-rendu LV2

**A2** Le document audio est une émission de radio du 25 août 2012, dans laquelle un correspondant local interroge Andrew Chaikin, ami de Neil Armstrong qui vient de décéder à l'âge de 82 ans. Neil Armstrong était un astronaute connu pour avoir été le premier homme à marcher sur la lune ; il a prononcé cette phrase mémorable : « Un petit pas pour l'homme, un grand pas pour l'humanité. »

**B1** Neil Armstrong était un homme secret qui ne donnait pas d'interviews. Cependant, Andrew Chaikin, journaliste scientifique, et auteur du livre *A man on the moon: Voyages of the Apollo astronauts*, avait gagné son amitié. C'est pourquoi cet homme, qui vit aujourd'hui dans le Vermont, est interrogé par le journaliste radio à propos de cette citation que tout le monde connaît. Andrew Chaikin ne pense pas, comme les autres journalistes, qu'elle résume l'exploit de Neil Armstrong. C'est une phrase qui a marqué le monde car elle insiste sur l'avancée que constitue ce premier pas sur la lune.

## Compte-rendu LV1

**A2** Le document audio est une émission de radio du 25 août 2012, dans laquelle un correspondant local interroge Andrew Chaikin, ami de Neil Armstrong qui vient de décéder à l'âge de 82 ans. Neil Armstrong était un astronaute connu pour avoir été le premier homme à marcher sur la lune ; il a prononcé cette phrase mémorable : « Un petit pas pour l'homme, un grand pas pour l'humanité. »

B1 Neil Armstrong était un homme secret qui ne donnait pas d'interviews. Cependant, Andrew Chaikin, journaliste scientifique, et auteur du livre *A man on the moon: Voyages of the Apollo astronauts*, avait gagné son amitié. C'est pourquoi cet homme, qui vit aujourd'hui dans le Vermont, est interrogé par le journaliste radio à propos de cette citation que tout le monde connaît. Andrew Chaikin ne pense pas, comme les autres journalistes, qu'elle résume l'exploit de Neil Armstrong. C'est une phrase qui a marqué le monde car elle insiste sur l'avancée que constitue ce premier pas sur la lune.

B2 Néanmoins, cet homme, mort des complications d'une intervention cardiaque, aurait aimé parler de l'émotion qu'il a ressentie le jour où il a posé le pied sur la lune. Neil Armstrong est en effet le premier des 12 Américains à avoir été sur la lune entre 1969 et 1972. Tout le monde se focalisait sur l'acte, et Neil Armstrong ne parlait donc pas de ce qu'il avait ressenti. Seul Andrew Chaikin, lors de leur première rencontre en 1988, l'a interrogé sur son ressenti. En conclusion, Andrew Chaikin se souvient de cette conversation et pour lui, c'est l'émotion qui résume l'exploit de son ami, pas l'acte.

# L'EXPRESSION ORALE

## 1 Les modalités officielles

### Séries ES et S

- L'épreuve se déroule **au troisième trimestre**, sur le temps scolaire **dans votre établissement**. Ce sont les professeurs de votre établissement qui vous interrogent.

- Vous avez préparé les quatre notions du programme. **L'examinateur en tire une au sort** que vous allez lui présenter. **Vous n'apportez aucun document avec vous**, mais lors de votre prise de parole, vous ferez référence aux documents étudiés en classe au cours de l'année scolaire.

- **Vous avez dix minutes de préparation**, puis vous passez **dix minutes devant l'examinateur** : cinq minutes de prise de parole en continu puis cinq minutes d'échange avec l'examinateur.

- L'épreuve donne lieu à une évaluation qui entre pour un quart dans la note globale.

### Série L

- L'épreuve se déroule **en fin d'année**. Vous êtes convoqué **dans un établissement différent** du vôtre. Votre professeur vous remet la liste des documents étudiés en classe, liste que vous présenterez à l'examinateur.

- Vous avez préparé les quatre notions du programme, **l'examinateur en choisit une. Vous apportez avec vous les documents** (textes ou documents iconographiques) qui vont vous permettre d'illustrer votre propos. Les documents ne doivent comporter aucune note ou commentaire. **Ayez-les en double** pour pouvoir les fournir à l'examinateur.

- Vous avez **dix minutes de préparation**, puis vous passez **vingt minutes devant l'examinateur** : dix minutes de prise de parole en continu et dix minutes d'échange avec l'examinateur.

- L'épreuve donne lieu à une évaluation qui entre pour moitié dans la note globale.

## 2 Bien se préparer avant l'épreuve

■ Que ce soit en L, en S ou en ES, vous devez **présenter une notion** et donc en envisager les différents aspects. Les documents sont là pour illustrer ce que vous dites : vous pouvez donner l'exemple d'un personnage, d'une situation. En série L, vous pouvez lire une expression, renvoyer à une phrase ou à un détail du document. Mais attention, il ne s'agit ni de présenter les documents les uns après les autres, comme vous avez pu le faire dans d'autres épreuves, mais de présenter une problématique autour d'une des quatre notions.

■ Préparez **pour chaque notion** :
– **D'abord une fiche** axée sur la notion avec du vocabulaire

**Exemple de fiche sur une notion :** ***Spaces and Exchanges***

| NOMS | ADJECTIFS |
|---|---|
| *The border / frontier:* la frontière | *Broad-minded*: large d'esprit |
| *The Frontier Years:* la Conquête de l'Ouest | *Cosmopolitan*: cosmopolite |
| *The global village:* le village planétaire | *Daring*: audacieux |
| *The Gold Rush:* la ruée vers l'or | *Destitute:* misérable |
| *A landmark:* un repère, un monument | *Hopeful*: plein d'espoir |
| *Settlement:* la colonisation | *Hopeless*: sans espoir |
| *The suburbs:* la banlieue | *Multicultural*: multiculturel |
| *A skyscraper:* un gratte-ciel | *Open-minded:* ouvert d'esprit |
| *The wilderness:* les régions sauvages | *Suburban:* de la banlieue |
| | *Undocumented*: sans-papiers |

| VERBES |
|---|
| *To assimilate:* assimiler |
| *To acculturate:* acculturer |
| *To barter:* troquer |
| *To conquer*: conquérir |
| *To cross the border*: traverser la frontière |
| *To settle down*: s'installer |
| *To start (over) from scratch*: (re)partir de zéro |
| *To trade*: échanger |

– **Ensuite un plan** pour organiser vos idées et repérer dans les documents les éléments qui vont les illustrer. Vous devez utiliser plusieurs documents par problématique. En série L, vous pourrez même lire une phrase ou citer une expression lors de votre présentation, puisque vous aurez les documents avec vous.

***Introduction :***
Définissez la notion, formulez votre problématique et annoncez les points que vous allez développer dans votre présentation, sous forme de plan.

***Développement :***
Développez chaque partie en précisant vos idées et en les illustrant par des références aux documents. Par exemple, si vous parlez de la population en Inde parce que vous avez étudié un extrait de presse qui y fait allusion, citez les chiffres et commentez la politique de natalité, mettez-la en rapport avec ce que vous savez des conditions de vie dans le pays.
N'oubliez pas les phrases de liaison, pour faire les transitions entre les différentes parties de votre présentation.

***Conclusion :***
Synthétisez votre problématique et ouvrez votre réflexion en émettant, si vous le souhaitez, votre avis personnel.

■ **N'oubliez pas qu'un même document peut illustrer des idées dans des notions différentes.**
Un document sur l'Inde pourra illustrer la notion Mythes et héros (Gandhi), la notion Lieux et formes du pouvoir (le rôle de la femme) ou la notion Espaces et échanges (l'américanisation des comportements). Mais dans tous les cas de figure, il faudra que vous puissiez répondre à une question sur l'histoire et la situation actuelle de l'Inde. Si vous faites référence à des œuvres ou à des personnes, sachez les situer dans le temps et donner des précisions.

■ Pour chaque document, classez idées et chiffres dans un tableau de ce type :

| | **Titre** | **Type de document** | ***Idea of progress*** | ***Seats and forms of power*** | ***Spaces and exchanges*** | ***Myths and heroes*** |
|---|---|---|---|---|---|---|
| Doc. 1 | | | Idée 1<br>→ p. XXX | Idée 1<br>→ p. XXX | Idée 1<br>→ p. XXX | Idée 1<br>→ p. XXX |
| | | | Idée 2<br>→ p. XXX | Idée 2<br>→ p. XXX | Idée 2<br>→ p. XXX | Idée 2<br>→ p. XXX |

## 3 Le jour de l'épreuve

Lorsque vous vous présentez à l'examinateur, n'oubliez pas votre convocation, votre pièce d'identité et, pour la série L, la liste des textes étudiés pendant l'année !

**Dès le début, parlez en anglais.**

■ **La préparation** : sur votre brouillon, écrivez clairement votre plan, mettez en valeur les idées essentielles. Écrivez gros pour facilement retrouver vos idées. Vous pouvez rédiger l'introduction et certaines phrases d'articulation, mais n'écrivez pas tout : vous serez moins tenté de lire !

■ **La prise de parole en continu** : regardez votre interlocuteur. Ne parlez ni trop vite ni trop bas, l'examinateur doit aisément suivre votre exposé. N'oubliez pas d'utiliser des mots de liaison pour structurer votre pensée (chronologie, addition, opposition, cause, conséquence). N'hésitez pas à vous corriger, à reprendre une idée ou une explication si vous n'avez pas été assez clair.

À l'oral, on utilise des phrases moins longues qu'à l'écrit. On peut plus facilement se répéter ou se reprendre.

> **Pour saluer**
>
> *Good morning Sir / Madam*
> Bonjour Monsieur/Madame (le matin)
>
> *Good afternoon Sir / Madam*
> Bonjour Monsieur/Madame (l'après-midi)

■ **L'échange avec l'examinateur ou prise de parole en interaction**: il s'agit d'un échange avec l'examinateur, regardez-le et répondez-lui. Si un mot ou une phrase vous pose problème, vous pouvez demander de l'aide.

■ La conversation va porter sur votre présentation. Les questions ou remarques de l'examinateur vont vous amener à approfondir ou à clarifier des points de votre exposé. On peut également vous demander d'élargir votre réflexion et dans ce cas, vous allez pouvoir développer alors des points auxquels vous aviez juste fait allusion. Vous pouvez au cours de la conversation faire référence à des documents dont vous n'avez pas parlé dans votre présentation. Les questions de l'examinateur ne sont là que pour vous aider à aller plus loin dans votre réflexion et pour vous encourager à mettre en valeur ce que vous savez. Ayez confiance et n'hésitez pas à parler.

> **Pour demander de l'aide**
>
> - *How do you say... in English?* Comment dit-on...en anglais ?
> - *What does "..." mean?* Que signifie le mot... ?
> - *Could you repeat please?* SVP, pouvez-vous répéter ?
> - *I don't understand the question.* Je ne comprends pas la question.

**SUJET 1**

**Disastrous Situation in Somalia**

Welcome to the latest news recorded at 10 AM GMT on June 6th.

Good morning, I'm Sylvia Lorne.

Coming up this morning: the United Nations Organization report that above a quarter of a million people died of hunger during the last famine in Somalia. The number of casualties is higher than previously estimated.

In fact, the report says that more than 250,000 people died of hunger during the last famine in Somalia. Half of them were children under 5.

What is alarming is that the figure is much higher than in previous estimates. In a previous report, the government estimated that between 50,000 and 100,000 people had died in the famine between 2010 and 2012.

Here is Tom Silver, our special correspondent in Somalia.

*One of the report's authors says that it is the first time we have measured the true enormity of this tragedy.*

*Tens of thousands of people died needlessly because the international community was too slow to react. There were early signs of famine in the country in 2010, but they were ignored. The famine started off as a drought and it was made worse by the conflict. Besides, western NGOs wanted to bring aid but Al Shabab militants refused to allow them into areas under their control.*

*These figures dwarf even those of the famine in the country in 1992. During the first famine, 220,000 people are said to have died, which is less than during the famine in 2010-2012.*

**SUJET 2**

**Cyber Monday**

For American people, the traditional season to buy winter holiday gifts begins on the last Friday in November. "Black Friday" is the name for the day just after Thanksgiving. But now there is a term for another popular shopping day that follows Black Friday. It is called Cyber Monday.

In fact, scientists who study the buying habits of American people have observed that some of them have changed their behaviour. Many people usually go into stores over the Thanksgiving weekend to look for gifts. However, they now wait until they return to work on Monday to buy online.

This is due to the fact they have faster Internet connections on their computers at work than at home.

In 2005, an Internet research company, comScore Networks, noticed that Americans spent more than 900 million dollars online from Thanksgiving through Sunday. In addition, they also spent 485 million dollars on line on the next day, Monday. All in all, the research company announced both amounts were 26% higher than in 2004.

On Cyber Monday, shoppers have their favourite online websites. EBay has reached their goal, since they are believed to have had almost 12 million visitors on Monday, 30th November 2005. Contrary to other websites, eBay is a website on which private individuals sell goods to each other. The other preferred websites for online shopping are Amazon and Wal-mart.

In a nutshell, consumer spending represents two-thirds of all economic activity in the USA. About one-fourth takes place during the holiday season, and in particular in the period from Black Friday to Cyber Monday.

**SUJET 3**

**The Genius of Steve Jobs**

The computing company Apple was founded by two different Steves. On the one hand, there was Steve Jobs. He was the business brain. On the other hand, there was Steve Wozniak. He was the geek, an electronics wiz who was at the origin of the design of the company's products.

"We were best friends for all the years before creating Apple. Indeed we met five or seven years before the foundation. We loved the same things. That's why we could go driving off to far-away places to explore. We spent time together looking for catalogues of Bob Dylan and people that had photographs of him. We enjoyed attending concerts together and we talked about them for hours. We imagined where the world was going. We spoke about philosophy, the counterculture movement and sort of this ideal we had about young people and also the revolution which was on the way..."

Steve Jobs was obsessive in everything he did. His passion for Bob Dylan was much more than a passing fad. Walter Isaacson, who wrote a biography of Steve Jobs, interviewed him several times and he had the opportunity to understand how important Dylan was in Jobs's life. Isaacson met Jobs 40 times, and he realised that Jobs's attitude never changed.

"In his last days, I asked him what was on his iPad 2 and we started talking about Bob Dylan and how everything was changing...

I believe Steve Jobs always liked thinking of himself as a rebel. That's the reason why he loved Bob Dylan. To me, the truth is that there are two sides to Steve Jobs' personality.

One side of his personality was counterculture. He was an alternative, spiritual seeker who dropped out of college and wandered barefoot through India for months. This was a quest for spiritual enlightenment. He loved the artistic side of it.

The other side of his personality was the hard-nosed businessman, the engineer who believed science and technology were our future."

**SUJET 4**

**Death of Neil Armstrong**

Dear Listeners, 'One small step for a man, one giant leap for mankind…'

Indeed, we are sorry to tell you that today, on August 25, 2012, Astronaut Neil Armstrong, the first man to walk on the moon, died at the age of 82, from complications after a heart procedure.

He was the first of only 12 Americans who managed to walk on the moon between 1969 and 1972.

Neil Armstrong was known as a private man and gave very few interviews. So journalists had only few opportunities to ask him questions. However, science journalist Andrew Chaikin was lucky enough to convince Armstrong to talk to him in 1988. He wanted to ask him questions for his book *A Man on the Moon: Voyages of the Apollo Astronauts*.

Neil Armstrong and Andrew Chaikin became true friends. That's why, our local correspondent is now calling Andrew Chaikin from his home in Vermont:

"Good afternoon, Andrew. First question: that quote, "One small step for a man, one giant leap for mankind"… that quote summed up Neil Armstrong's achievement, didn't it?"

"Well, I don't really agree with you. To me what really summed up Neil's achievement was the conversation we had about that quote."

"OK, could you be more precise?"

"In fact, during that conversation, I promised him I would not ask him about that quote in our interview because everybody kept asking him about it all the time. Can you imagine how awful it became? Besides, I already knew the story of how we came up with that quote on the moon, just a few hours after they landed."

"Yes, I understand."

"I asked him if the exact moment of the landing had been emotional for him. He said yes, that he had been very aware of it being the first physical contact with the moon in all of human history. He had been looking for a way to express that. Although he felt that people were more focussed on the achievement of setting foot on the moon than on what he had to say, in fact, he did a wonderful job. He came up with a sentence that is still remembered, almost 50 years later."

"Thank you for speaking to us, Andrew Chaikin."

# Annexes

# THE UNITED STATES OF AMERICA

Quebec City
Montreal
OTTAWA
MAINE (ME)
Augusta
Montpelier
VERMONT (VT)
NEW HAMPSHIRE (NH)
Concord
Boston
MASSACHUSETTS (MA)
Providence
RHODE ISLAND (RI)
Hartford
CONNECTICUT (CT)
Albany
NEW YORK (NY)
New York
Toronto
L. Ontario
Buffalo
Lake Superior
MICHIGAN (MI)
Lake Huron
Lake Michigan
Lansing
Detroit
L. Erie
WISCONSIN (WI)
Madison
Milwaukee
Chicago
ILLINOIS (IL)
Springfield
INDIANA (IN)
Indianapolis
OHIO (OH)
Columbus
Cleveland
Cincinnati
PENNSYLVANIA (PA)
Philadelphia
Trenton
Pittsburgh
Harrisburg
NEW JERSEY (NJ)
Dover
DELAWARE (DE)
MARYLAND (MD)
Annapolis
WASHINGTON D.C.
WEST VIRGINIA (WV)
Charleston
VIRGINIA (VA)
Richmond
Ohio
Frankfort
Louisville
KENTUCKY (KY)
St Louis
Jefferson City
MISSOURI (MO)
Appalachian Mts
Raleigh
NORTH CAROLINA (NC)
Mt Mitchell 2038
Nashville
TENNESSEE (TN)
Memphis
Tennessee
ARKANSAS (AR)
Little Rock
Mississippi
Columbia
SOUTH CAROLINA (SC)
Atlanta
GEORGIA (GA)
ALABAMA (AL)
Montgomery
Alabama
MISSISSIPPI (MS)
Jackson
LOUISIANA (LA)
Baton Rouge
New Orleans
Tallahassee
FLORIDA (FL)
Tampa
Miami
Gulf of Mexico
ATLANTIC OCEAN
Straits of Florida
BAHAMA ISLANDS
CUBA
500 km
500 miles
Federal capital
State capital
Important city
State boundary
2000 m +
1000 m +
200 m +
0 m - 200 m

# THE BRITISH ISLES

# LES PRONOMS PERSONNELS

| Pronoms personnels sujet | Pronoms personnels complément | Pronoms personnels réfléchis | Adjectifs possessifs | Pronoms possessifs |
|---|---|---|---|---|
| *I work* | *He gives* **me** *an orange* | *myself* | *my* house | *It's* **mine** |
| *You work* | *I give* **you** *an orange* | *yourself* | *your* house | *It's* **yours** |
| *He works* | *I give* **him** *an orange* | *himself* | *his* house | *It's* **his** |
| *She works* | *I give* **her** *an orange* | *herself* | *her* house | *It's* **hers** |
| *It works* | *I give* **it** *an orange* | *itself* | *its* house | *It's* **its** |
| *We work* | *They give* **us** *an orange* | *ourselves* | *our* house | *It's* **ours** |
| *You work* | *They give* **you** *an orange* | *yourselves* | *your* house | *It's* **yours** |
| *They work* | *We give* **them** *an orange* | *themselves* | *their* house | *It's* **theirs** |

**Attention !**

Ne pas confondre : *they them their theirs* entre eux, mais aussi avec *there.* La prononciation est très semblable, mais la construction des phrases et l'orthographe des mots ne le sont pas du tout.

→ ***They*** *like chocolate.* **Ils** aiment le chocolat. (pronom personnel sujet)
→ *We hate* ***them****.* Nous **les** détestons. (pronom personnel complément)
→ *It is* ***their*** *car.* C'est **leur** voiture. (adjectif possessif)
→ *Yes it is* ***theirs****.* Oui, c'est **la leur**. (pronom possessif)
→ ***There*** *are many people in the street.* **Il y a** beaucoup de gens dans la rue.

**Pronoms possessifs de la troisième personne**

En anglais, ils prennent le genre (masculin, féminin, neutre) **de la personne qui possède** et ne s'accordent pas avec le nom qu'ils précèdent. Le possessif peut donc changer pour un même nom.

→ *her house* sa maison (la maison appartient à une femme)
→ *his house* sa maison (la maison appartient à un homme).

# LES PRINCIPAUX QUANTIFIEURS

| | Quantifieur | Noms dénombrables | Noms indénombrables |
|---|---|---|---|
| Quantité nulle | ***No*** | ➔ *She has* ***no*** *brothers.* Elle n'a pas de frères.<br>Devant les dénombrables au singulier, on préfère utiliser *a* plutôt que *no*.<br>➔ *We haven't got* ***a*** *car.* Nous n'avons pas de voiture. | ➔ *She has* ***no*** *money.* Elle n'a pas d'argent. |
| | ***Not… any*** | ➔ *He has* ***not*** *got* ***any*** *brothers and sisters.* Il n'a pas de frères et sœurs. | ➔ *She has* ***not*** *got* ***any*** *money.* Elle n'a pas d'argent. |
| | ***None***<br>***No one***<br>(pronom personnel) | ➔ How many children came to the party? Combien d'enfants sont venus à la réception ?<br>***None****/none of them.* Aucun/aucun d'entre eux.<br>***No one*** *came.* Personne n'est venu. | |
| Petite quantité | ***Little*** peu de<br>***A little*** un peu de | | ➔ *Please, spend* ***a little*** *time with me.* S'il te plait passe un peu de temps avec moi.<br>➔ *They were giving* ***little*** *information.* Ils donnaient peu de renseignements. |
| | ***Few*** peu de<br>***A few*** quelques | ➔ *There are* ***few*** *birds, it's too cold.* Il y a peu d'oiseaux, il fait trop froid.<br>➔ *I have seen* ***a few*** *friends.* J'ai vu quelques amis. | |
| Grande quantité | ***Much*** beaucoup<br>Peut être adjectif ou pronom.<br>S'emploie surtout dans les phrases négatives. | | ➔ *I can't lend you* ***much*** *money because I haven't got much.* Je ne peux pas te prêter beaucoup d'argent parce que je n'en ai pas beaucoup. |
| | **Too much** trop de | | ➔ *I have* ***too much*** *wine in my glass.* J'ai trop de vin dans mon verre. |
| | ***Many*** beaucoup<br>Peut être adjectif ou pronom.<br>S'emploie surtout dans les phrases négatives. | ➔ *I could not read* ***many*** *books during the holidays.* Je n'ai pas pu lire beaucoup de livres pendant les vacances. | |

| | Quantifieur | Noms dénombrables | Noms indénombrables |
|---|---|---|---|
| | ***Too many*** trop de | → *There were* ***too many*** *animals in the zoo*. Il y avait trop d'animaux dans le zoo. | |
| **Grande quantité** | ***A lot of / lots of / plenty of*** beaucoup / plein de | → *I have seen* ***a lot of*** *his films and I really appreciate them.* J'ai vu beaucoup de ses films et je les apprécie.<br>→ *There were* ***lots of*** *cats / plenty of cats around.* Il y avait beaucoup de chats aux alentours. | → *In England you always drink* ***a lot of*** *tea.* En Angleterre, on boit toujours beaucoup de thé.<br>→ *Don't worry, we have* ***lots of*** *time / plenty of time.* Ne t'inquiète pas, on a tout le temps qu'il faut. |
| **Quantité indéterminée : du/ de la /des**<br><br>**Dans les phrases affirmatives** | ***Some*** | → *I have got* ***some*** *very interesting new photographs to show you.* J'ai de nouvelles photographies très intéressantes à vous montrer. | → *I can give you* ***some*** *information if you want.* Je peux vous donner des renseignements si vous voulez. |
| et aussi dans les phrases **interrogatives** dites « de politesse » qui ne laissent aucun doute sur la réponse positive, ou bien si c'est une offre. | | → *Can I have* ***some*** *biscuits please?* Puis-je avoir des biscuits s'il vous plait ? (si on en propose, c'est qu'il y en a). | → Would you like **some** coffee? Voulez-vous du café ? (si on en propose, c'est qu'il y en a). |
| **Dans les phrases négatives** | ***Any*** | → *I don't want* ***any*** *reward.* Je ne veux pas de récompense. | → *He does not accept* ***any*** *money.* Il n'accepte pas d'argent. |
| et aussi **interrogatives** lorsqu'on ne connaît vraiment pas la réponse. | | → *Have you received* ***any*** *letters?* Avez-vous reçu des lettres ? | → *Do you have* ***any*** *change?* Avez-vous de la monnaie ? |

# LES CONNECTEURS LOGIQUES

- *Although / Though* bien que, quoique • ***Although*** *Pat was an Irish name, the man on the phone sounded totally English.*
- *As / Since* comme, étant donné que, puisque • ***As*** *there are so many pubs in London, Bridie could have been mistaken.*
- *As* au fur et à mesure que • ***As*** *the story unfolds, we realize that she is not going to meet the man she expected.*
- *As* comme, de la même façon que • ***As*** *it is usually the case when you meet someone for the first time, Bridie finds it hard to contain herself.*
- *As if / As though* comme si • *When the little Indian started talking to her, Bridie reacted* ***as if*** *she had felt insulted.*
- *As long as / So long as* tant que, pourvu que, à condition que • ***As long as*** *you don't expect to meet your friend you won't be disappointed.*
- *As soon as* dès que, aussitôt que • ***As soon as*** *the Indian man started to talk to her she looked down on him.*
- *Because of / Due to / Owing to* à cause de, en raison de • ***Due to*** *the unusual conditions, they were both very embarrassed.*
- *Besides* d'ailleurs, en outre • *Pat meant no harm to her.* ***Besides****, he addressed her very politely.*
- *Contrary to* en opposition à, à l'encontre de • ***Contrary to*** *the tall Prince Charming she had been dreaming of, Pat was a small man.*
- *Despite / In spite of* malgré, en dépit de • ***Despite*** *Bridie's lack of enthusiasm, the Indian man insisted on taking her out to dinner.*
- *Either… or* ou (bien)… ou (bien) • *On a blind date you* ***either*** *accept to be surprised* **or** *you do not go at all.*
- *Even though* bien que • ***Even though*** *Pat was smiling, Bridie remained very cold and unwelcoming.*
- *For* depuis (+ durée) • ***For*** *weeks she had been dreaming of this!*
- *For fear of* de peur de, de crainte de • *She could hardly speak* ***for fear of*** *letting her disappointment transpire.*
- *However / Yet / Still / Nevertheless* pourtant, cependant • *The reader has mixed feelings about Bridie.* ***However****, he sympathizes with Pat.*
- *However* + **adjectif ou adverbe:** aussi (+ adjectif + subjonctif) ; avoir beau • ***However unlikely*** *it seems, they might have agreed to meet again.*
- *If* si • ***If*** *I were you, I would never go to another blind date.*
- *In order to / So as to* afin de • *She was just about ready to do anything* ***in order to*** *avoid any more blind dates.*

• *Insofar as / Inasmuch as* dans la mesure où • ***Insofar as*** *she did not know his last name, she could not guess he was Indian.*
• *Moreover / Furthermore / What's more* de plus, qui plus est, en outre • *This text relates the story of a blind date.* ***Moreover*** *it tackles an interesting issue: the difficulties of integration in a biased society.*
• *Neither… nor* ni… ni • ***Neither*** *Pat* ***nor*** *Bridie was relaxed.*
• *No matter what / Whatever* quoi que (+ subjonctif) ; peu importe • **No matter what** he said, at this stage, she had made her decision.
• *No matter who / Whoever* peu importe qui • ***No matter who*** *is in front of you, remember beauty is only skin deep.*
• *Once / As soon as* une fois que, dès que • ***Once*** *she has found a suitable man, she will be happy.*
• *Provided (that) / Providing (that)* pourvu que, à condition que • ***Provided*** *you can speak a little English, visiting London is a treat.*
• *Since* depuis (+ moment précis) • *English women over 21 have had the right to vote* ***since*** *1928.*
• *So / And that's why / Thus* ainsi, donc, par conséquent • *There are myriads of pubs in London,* ***so*** *pick the trendy ones!*
• *So that* afin que, pour que • *The narrator gives us a lot of details* **so that** *we may visualize the scene.*
• *Therefore* donc, par conséquent, pour cette raison • *He is desperately looking for someone,* ***therefore*** *he may not find anyone.*
• *Though / And yet* et pourtant • *They are not made for each other, they might get along in the end* ***though****.*
• *Unless* à moins que • *She will remain single* ***unless*** *she tries to be more open-minded.*
• *Until / till* jusqu'à • ***Until*** *recently it took three hours from Paris to go to London by train, now it has gone down to two hours and 15 minutes!*
• *Whatever* quoi que (+ subjonctif) / *Whenever* chaque fois que / *Whoever* qui que / *Wherever* où que • ***Whatever*** *you do, be honest with yourself* ***whenever*** *you can,* ***whoever*** *you are,* ***wherever*** *you are.*
• *Whereas / While* alors que (par opposition) • *Pubs have strict schedule rules,* ***whereas*** *cafés are open all day long.*
• *Whether… (or)* si… (… ou) • *We may wonder* ***whether*** *Pat had foreseen what actually happened.*
• *Whether… (or not)* que (+ subjonctif) (… ou non) • ***Whether*** *you speak English* ***or not*** *makes a great difference when you travel.*
• *While* pendant que • *You must strike* ***while*** *the iron is hot.*
• *Yet* jusqu'ici • *This is likely to be her best blind date* ***yet.***
• *(Not) Yet* (pas) encore • *While the reader is aware of the Indian man's purpose, Bridie has* ***not*** *got any clue* ***yet.***

Annexes

# LES ERREURS À ÉVITER

| | WRONG | REMEMBER | MEMORIZE |
|---|---|---|---|
| **« Être d'accord »**<br>**« Ne pas être d'accord »** | – *I ~~am~~ agree*<br>– *I'~~m not~~ agree* | *To agree* est un verbe | – *I* **agree with** *that statement*<br>– *I* **don't agree with** *you* |
| **« Avoir raison »**<br>**« Avoir tort »** | – *She ~~has reason~~*<br>– *He ~~has wrong~~* | – *To be right*<br>– *To be wrong* | – *She* **is right**<br>– *He* **is wrong** |
| **Expression du but** | *I'm going to London ~~for~~ find a job* | Jamais *"for"* devant un verbe pour exprimer un but | *I'm going to London* **(in order) to** *find a job* |
| **« Permettre à quelqu'un de faire quelque chose »** | *Watching movies in the original version ~~permits~~ me to improve my English* | *To enable / allow someone to do something* | *Watching movies in the original version* **enables / allows** *me to improve my English* |
| **Depuis : durée / moment précis** | *He ~~sleeps since~~ eight hours* | *For* et *since : present perfect be + V-ing* | *He***'s been sleeping for** *eight hours /* **since** *8:00 pm* |
| **« Pendant »**<br>**« Pendant que »** | *~~During~~ three years* | – *During = at one point, in a certain period of time*<br>– Pendant que = *while* | – **During** *my holidays I went to London* **for** *three days*<br>– **While** *you were reading, I was doing my homework* |
| **Adjectifs** | *The ~~french~~ students are ~~differents~~ from the ~~american~~ students* | – Adjectifs invariables<br>– Majuscules aux nationalités | *The* **French** *students are* **different** *from the* **American** *students* |
| **Adjectifs composés** | *The main character is ~~thirteen years~~* | – Traits d'union<br>– et pas de *"s"* | *The main character is* **a thirteen-year-old boy** |
| **Assez** | *He's ~~enough~~ old to understand* | *"Enough"* après l'adjectif | *The main character is* **old enough** *to understand* |

| | WRONG | REMEMBER | MEMORIZE |
|---|---|---|---|
| **"Much"**<br>**"Many"** | *~~Much~~ people think…* | – *"Much"* suivi d'un indénombrable<br>– *"Many"* suivi d'un dénombrable | – *He doesn't have* **much money**<br>– **Many people** *think…* |
| **Gérondifs** | *She drinks after ~~to eat~~* | *V-ing* après une préposition : *without, instead of, before, after* | *She drinks* **without** *eat***ing** |
| **« Tous »**<br>**« Tout »** | *Every ~~men are~~* | – *Every* + singulier<br>– *All* + pluriel<br>– *Everything* | – *Every* **man is** *an island*<br>– **All** *students* **are** *told to work*<br>– *Thank you for* **everything** |
| **« Vouloir que quelqu'un fasse quelque chose »** | *The teacher ~~wants that…~~* | *To want someone to do something* | *The teacher* **wants the students to** *work hard* |
| **L'habitude dans le passé** | *People used to ~~smoking~~* | *Used to* + base verbale | *People* **used to** *smoke* |
| **Subjonctif** | *I suggest he ~~goes~~ there* | *Suggest / Require* + base verbale | *I suggest he* **go** *there* |
| **Modaux** | *He must ~~to~~ leave now* | *Must / can / may / might / should…* + base verbale | *He* **must leave** *now* |
| **Verbes à deux compléments** | *~~They tell us~~ that* | Voix passive *(give, offer, award, show, teach, ask, send…)* | **We are told** *that…* |
| **"To tell" ≠ "to say"** | *He ~~said me~~* | Constructions différentes des verbes *to tell* et *to say* | – *He* **said to me**: *"I'll come"*<br>– *He* **told me** *he would come* |
| **"As" ≠ "like"** | – *She sleeps ~~as~~ a log*<br>– *I did ~~like~~ you told me* | – *"Like"* + substantif<br>– *"As"* + proposition (verbe) | – *She sleeps* **like** *a log*<br>– *I did* **as** *you told me* |
| **"The same… as"** | *This essay deserves the same grade ~~than~~ that one* | *The same* est suivi de *"as"* | *This essay deserves* **the same** *grade* **as** *that one* |

Annexes

# PRINCIPAUX FAUX-AMIS

| anglais | français | français | anglais |
|---|---|---|---|
| *to abuse* | insulter | abuser (de la situation) | *to take advantage of* |
| *actually* | vraiment, en fait | actuellement | *currently* |
| *an agenda* | un programme / un ordre du jour | un agenda | *a diary / a schedule* |
| *a coin* | une pièce | un coin | *a corner* |
| *a college* | une université | un collège | *a junior school* |
| *to deceive* | tromper | décevoir | *to disappoint* |
| *to deliver* | livrer | délivrer | *to free* |
| *eventually* | finalement | éventuellement | *possibly* |
| *a figure* | un chiffre | la figure | *the face* |
| *an information* | un renseignement | les informations | *the news* |
| *to injure* | blesser | une injure | *an insult* |
| *a journey* | un voyage | une journée | *a day* |
| *a lecture* | une conférence | la lecture | *reading* |
| *a library* | une bibliothèque | une librairie | *a book shop* |
| *to pass an exam* | réussir un examen | passer un examen | *to sit (UK), take(US) an exam* |
| *petrol* | l'essence | le pétrole | *oil* |
| *a phrase* | une expression | une phrase | *a sentence* |
| *a rest* | une sieste | rester | *to stay* |
| *sensible* | raisonnable | sensible | *sensitive* |
| *to support* | soutenir / encourager | supporter (une douleur…) | *to put up with* |
| *a surname (UK)* | un nom de famille | un surnom | *a nickname* |
| *sympathetic* | compatissant | sympathique, aimable | *friendly* |

# QUELQUES VERBES PRÉPOSITIONNELS ET À PARTICULES

| **Quelques verbes ou expressions prépositionnels**<br>*Attention : quand on met un verbe après une préposition, il est en V –ing.* | **Quelques verbes à particules**<br>*Les particules adverbiales n'introduisent pas de complément ; elles changent le sens du verbe.* |
|---|---|
| *to account for* expliquer | *to talk back* rétorquer (réalphabétiser) |
| *to agree with s.o. on something* être d'accord avec quelqu'un sur quelque chose | *to break out* éclater (une guerre/un conflit) |
| *to (dis)approve of* (dés)approuver | *to bring up (children)* élever (des enfants) |
| *to be different from* être différent de | *to call off* reporter, remettre à plus tard |
| *to be interested in* être intéressé par | *to carry on* continuer |
| *to be responsible for* être responsable de | *to come through* s'en sortir |
| *to be synonymous with* être synonyme de | *to cut down* réduire |
| *to blame s.o. for sthg* accuser quelqu'un de | *to cut off* supprimer (une somme d'argent) |
| *to borrow sthg from s.o.* emprunter | *to fill in* remplir (un formulaire) |
| *to cope with* faire face, surmonter | *to get along with s.o.* s'entendre bien avec quelqu'un |
| *to deal with* s'occuper d'un problème, régler un problème | *to get by* se débrouiller |
| *to depend on* dépendre de | *to give back* rendre |
| *to escape from* s'échapper | *to give in* céder |
| *to get on well with s.o.* s'entendre bien avec quelqu'un | *to give up* abandonner |
| *to be good at* être bon en | *to go on* continuer |
| *to glance at* jeter un coup d'œil | *to keep on* continuer |
| *to laugh at s.o.* se moquer de quelqu'un | *to let s.o. down* laisser tomber quelqu'un |
| *to listen to* écouter | *to look down on s.o.* mépriser quelqu'un |
| *to look after s.o.* s'occuper de | *to look a word up in the dictionary* vérifier un mot dans le dictionnaire |
| *to look for* chercher | *to make out* comprendre / distinguer dans l'obscurité |
| *to look forward to* attendre avec impatience de | *to pick up* ramasser |
| *to look like s.o.* ressembler à | *to put off* reporter |
| *to prevent s.o. from* empêcher quelqu'un de | *to set up a business* créer une entreprise |
| *to put up with* supporter (une douleur…) | *to slow down* ralentir |
| *to rely on* compter sur | *to sum up* résumer |
| *to take to* se mettre à | *to take off* ôter un vêtement / décoller (avion) |
| *to suceed in* réussir à | *to throw away* jeter |
| *to wait for* attendre | *to turn down* refuser une offre / baisser le son |

# ANGLAIS BRITANNIQUE ET ANGLAIS AMÉRICAIN

| British English | American English | Français |
|---|---|---|
| *autumn* | *fall* | l'automne |
| *the bill* | *the check* | l'addition |
| *a biscuit* | *a cookie* | un gâteau sec |
| *chips / crisps* | *french fries / chips* | des frites / des chips |
| *a Christian name* | *a first name* | un prénom |
| *a film* | *a movie* | un film |
| *a flat* | *an apartment* | un appartement |
| *ground floor* | *first floor* | le rez-de-chaussée |
| *holidays* | *vacation* | les vacances |
| *a last name* | *a surname* | un nom de famille |
| *a lift* | *an elevator* | un ascenseur |
| *a lorry* | *a truck* | un camion |
| *a mark* | *a grade* | une note (à l'école) |
| *a motorway* | *a highway* | une autoroute |
| *a pavement* | *a sidewalk* | un trottoir |
| *petrol* | *gas* | de l'essence |
| *to queue* | *to line up* | faire la queue |
| *sweets* | *candy* | des bonbons |
| *a tap* | *a faucet* | un robinet |
| *a taxi* | *a cab* | un taxi |
| *trousers* | *pants* | des pantalons |
| *underground / the tube* | *the subway* | le métro |

**Il existe également certaines différences orthographiques :**
Les mots en -**our** en anglais s'écrivent -**or** en américain : *colour* (UK), *color* (US)
Les mots en -**tre** en anglais s'écrivent -ter en américain : *theatre* (UK), *theater* (US)

# NOMS DE PAYS ET ADJECTIFS DE NATIONALITÉ

| Pays | Adjectifs de nationalité | Noms des habitants |
|---|---|---|
| *Africa* | *African* | The Africans |
| *America / The USA* | *American* | The Americans |
| *Australia* | *Australian* | The Australians |
| *Austria* Autriche | *Austrian* | The Austrians |
| *Burma (Myanmar)* Birmanie | *Burmese* | The Burmese |
| *Canada* | *Canadian* | The Canadians |
| *China* | *Chinese* | The Chinese |
| *Denmark* | *Danish* | The Danes |
| *England* | *English* | The English |
| *Europe* | *European* | The Europeans |
| *France* | *French* | The French |
| *Germany* Allemagne | *German* | The Germans |
| *Great Britain* | *British* | The British |
| *Greece* | *Greek* | The Greeks |
| *Holland / The Netherlands* | *Dutch* hollandais | The Dutch |
| *Iraq* | *Iraqi* | The Iraqis |
| *Ireland* | *Irish* | The Irish |
| *Israel* | *Israeli (Israelian)* | The Israelis |
| *Italy* | *Italian* | The Italians |
| *Japan* | *Japanese* | The Japanese |
| *Lebanon* | *Lebanese* | The Lebanese |
| *Morocco* | *Moroccan* | The Moroccans |
| *Norway* | *Norwegian* | The Norwegians |
| *Poland* | *Polish* | The Poles |
| *Portugal* | *Portuguese* | The Portuguese |
| *Russia* | *Russian* | The Russians |
| *Saudi Arabia* | *Saudi* | The Saudis |
| *Scotland* | *Scottish* | The Scots |
| *Spain* | *Spanish* | The Spanish (the Spaniards) |
| *Sweden* | *Swedish* | The Swedes |
| *Switzerland* | *Swiss* | The Swiss |
| *Thailand* | *Thai* | The Thai |
| *Vietnam* | *Vietnamese* | The Vietnamese |
| *Wales* | *Welsh* | The Welsh |

# QUELQUES VERBES IRRÉGULIERS

Les verbes suivis de * ont aussi une forme régulière.

*was / were born* : naître.

| infinitif | preterit | participe passé | traduction |
|---|---|---|---|
| *be* | *was / were* | *been* | être |
| *bear* | *bore* | *borne* | supporter |
| *beat* | *beat* | *beaten* | battre |
| *become* | *became* | *become* | devenir |
| *begin* | *began* | *begun* | commencer |
| *bend* | *bent* | *bent* | se courber |
| *bet* | *bet* | *bet* | parier |
| *bite* | *bit* | *bitten* | mordre |
| *bleed* | *bled* | *bled* | saigner |
| *blow* | *blew* | *blown* | souffler |
| *break* | *broke* | *broken* | casser |
| *breed* | *bred* | *bred* | élever |
| *bring* | *brought* | *brought* | apporter |
| *build* | *built* | *built* | construire |
| *burn** | *burnt* | *burnt* | brûler |
| *burst* | *burst* | *burst* | éclater |
| *buy* | *bought* | *bought* | acheter |
| *cast* | *cast* | *cast* | lancer |
| *catch* | *caught* | *caught* | attraper |
| *choose* | *chose* | *chosen* | choisir |
| *come* | *came* | *come* | venir |
| *cost* | *cost* | *cost* | coûter |
| *cut* | *cut* | *cut* | couper |
| *deal* | *dealt* | *dealt* | distribuer, négocier, s'occuper de |
| *dig* | *dug* | *dug* | creuser |
| *do* | *did* | *done* | faire |
| *draw* | *drew* | *drawn* | tirer [un trait] |

| infinitif | preterit | participe passé | traduction |
|---|---|---|---|
| *dream** | *dreamt* | *dreamt* | rêver |
| *drink* | *drank* | *drunk* | boire |
| *drive* | *drove* | *driven* | conduire |
| *eat* | *ate* | *eaten* | manger |
| *fall* | *fell* | *fallen* | tomber |
| *feed* | *fed* | *fed* | nourrir |
| *feel* | *felt* | *felt* | sentir, se sentir |
| *fight* | *fought* | *fought* | lutter, combattre |
| *find* | *found* | *found* | trouver |
| *flee* | *fled* | *fled* | fuir |
| *fly* | *flew* | *flown* | voler [en avion] |
| *forbid* | *forbade* | *forbidden* | interdire |
| *forget* | *forgot* | *forgotten* | oublier |
| *freeze* | *froze* | *frozen* | geler |
| *get* | *got* | *got* | obtenir, se procurer |
| *give* | *gave* | *given* | donner |
| *go* | *went* | *gone* | aller |
| *grow* | *grew* | *grown* | pousser, croître |
| *hang* | *hung* | *hung* | accrocher, suspendre |
| *have* | *had* | *had* | avoir |
| *hear* | *heard* | *heard* | entendre |
| *hide* | *hid* | *hidden* | cacher |
| *hit* | *hit* | *hit* | frapper, atteindre |
| *hold* | *held* | *held* | tenir, occuper |
| *hurt* | *hurt* | *hurt* | blesser, faire mal |
| *keep* | *kept* | *kept* | garder, conserver |
| *kneel* | *knelt* | *knelt* | s'agenouiller |
| *know* | *knew* | *known* | savoir, connaître |
| *lay* | *laid* | *laid* | coucher, placer |
| *lead* | *led* | *led* | mener, diriger |
| *lean** | *leant* | *leant* | s'appuyer |
| *learn** | *learnt* | *learnt* | apprendre |

| **infinitif** | **preterit** | **participe passé** | **traduction** |
|---|---|---|---|
| *leave* | *left* | *left* | quitter, partir |
| *lend* | *lent* | *lent* | prêter |
| *let* | *let* | *let* | permettre, laisser |
| *lie* | *lay* | *lain* | être couché, situé |
| *lose* | *lost* | *lost* | perdre |
| *make* | *made* | *made* | fabriquer, faire |
| *mean* | *meant* | *meant* | vouloir dire, signifier |
| *meet* | *met* | *met* | rencontrer |
| *pay* | *paid* | *paid* | payer |
| *put* | *put* | *put* | mettre, placer |
| *quit* | *quit* | *quit* | quitter |
| *read (pron: reed)* | *read (pron: red)* | *read (pron: red)* | lire |
| *ride* | *rode* | *ridden* | aller à cheval, à vélo |
| *ring* | *rang* | *rung* | sonner, téléphoner à |
| *rise* | *rose* | *risen* | se lever, s'élever |
| *run* | *ran* | *run* | courir |
| *say* | *said* | *said* | dire, déclarer |
| *see* | *saw* | *seen* | voir |
| *seek* | *sought* | *sought* | chercher |
| *sell* | *sold* | *sold* | vendre |
| *send* | *sent* | *sent* | envoyer |
| *set* | *set* | *set* | placer, fixer |
| *shake* | *shook* | *shaken* | secouer |
| *shine* | *shone* | *shone* | briller |
| *shoot* | *shot* | *shot* | lancer, tirer |
| *show* | *showed* | *shown* | montrer |
| *shut* | *shut* | *shut* | fermer |
| *sing* | *sang* | *sung* | chanter |
| *sink* | *sank* | *sunk* | couler, sombrer |
| *sit* | *sat* | *sat* | s'asseoir, rester assis |
| *sleep* | *slept* | *slept* | dormir |
| *slide* | *slid* | *slid* | glisser |

| infinitif | preterit | participe passé | traduction |
|---|---|---|---|
| *smell** | *smelt* | *smelt* | sentir |
| *speak* | *spoke* | *spoken* | parler |
| *spell** | *spelt / spelled* | *spelt / spelled* | épeler |
| *spend* | *spent* | *spent* | dépenser, passer [temps] |
| *spill* | *spilt* | *spilt* | répandre |
| *spit* | *spat* | *spat* | cracher |
| *split* | *split* | *split* | fendre |
| *spoil** | *spoilt* | *spoilt* | gâter, gâcher |
| *spread* | *spread* | *spread* | étendre |
| *stand* | *stood* | *stood* | se tenir debout |
| *steal* | *stole* | *stolen* | voler, dérober |
| *stick* | *stuck* | *stuck* | coller |
| *strike* | *struck* | *struck* | frapper |
| *string* | *strung* | *strung* | enfiler |
| *swear* | *swore* | *sworn* | jurer |
| *sweep* | *swept* | *swept* | balayer |
| *swim* | *swam* | *swum* | nager |
| *take* | *took* | *taken* | prendre |
| *teach* | *taught* | *taught* | enseigner |
| *tear* | *tore* | *torn* | déchirer |
| *tell* | *told* | *told* | dire, raconter |
| *think* | *thought* | *thought* | penser, réfléchir |
| *throw* | *threw* | *thrown* | jeter, lancer |
| *undergo* | *underwent* | *undergone* | subir |
| *understand* | *understood* | *understood* | comprendre |
| *undertake* | *undertook* | *undertaken* | entreprendre |
| *wake* | *woke* | *woken* | se réveiller |
| *wear* | *wore* | *worn* | porter [vêtements] |
| *weep* | *wept* | *wept* | pleurer |
| *win* | *won* | *won* | gagner |
| *write* | *wrote* | *written* | écrire |

**Crédits photo**

**106** SHUTTERSTOCK/© Andras_Csontos ; **107** SHUTTERSTOCK/© Pierre Leclerc ; **109** SHUTTERSTOCK/© Francesco Ferrarini ; **134** BIS/Ph.© The British Library, Londres/ Archives Bordas ; **136 h et b d** Archivo L.A.R.A/PLANETA ; **136 bas g** BIS/Ph.Gustavo Tomsich © Archives Larbor ; **166 ht g** © Sciences Photo Library/AKG-Images ; **166 ht d** SHUTTERSTOCK/© Action Sports Photography ; **166 bas g** © Martine Archambault/ FIGARO PHOTO.COM ; **166 bas d** SHUTTERSTOCK/© Helga Esteb ; **196** Archivo L.A.R.A/PLANETA ; **221** BASTIEN Pascal ; **222 ht g** BIS/Ph.© Archives Nathan ; **222 ht d** © Roy Export Company Establishment ; **222** SHUTTERSTOCK/© S_Bukley ; **222 bas d** Photo by Art Shay/The LIFE Images Collection/Getty Images.

---

Réalisation éditoriale : Roseline Messager
Conception graphique intérieur : Élise Launay
Couverture : Marc & Yvette
Iconographie : Gaëlle Mary
Compositeur : Linéale

MIXTE
Papier issu de sources responsables
FSC® C022030
www.fsc.org

N° éditeur : 10199953
Dépôt légal : mai 2016
Imprimé en France
par Loire Offset Titoulet à Saint-Étienne